알기 쉬운
교육심리학

Educational Psychology

신명희 · 강소연 · 김은경 · 김정민 · 송수지 · 원영실 공저

학지사

머리말

교육심리 수업을 하다 보면 "교사가 되었을 때 만나게 될 학생들을 이해하는 데 필요할 것 같아 수강 신청을 했는데 수업을 들어 보니 저 자신을 더 잘 이해하게 되었어요."라고 말하는 학생들을 종종 만나게 된다. 교육심리학은 유능한 교사나 좋은 부모가 되는 데 필요한 지식을 제공할 뿐 아니라 자신이 어떤 사람인지 알아가는 데 도움을 준다. 교육심리학을 공부하다 보면 자신의 발달 과정을 돌아보게 되고, 자신의 특성을 알게 되며 자신을 수용하는 경험을 하기도 한다.

또한 교육심리학은 타인을 이해하는 데 도움을 준다. 아들러는 『인간 이해』에서 대인관계나 공동체 생활의 부적응은 대부분 인간 이해의 부족에서 비롯된 결과라고 주장한다. 교사와 학생의 갈등, 부모와 자녀의 갈등, 교사와 학부모의 갈등과 같은 다양한 문제가 상대방에 대한 이해 부족에서 발생하는 것일 수 있다. 교육심리를 공부하면서 나의 부모님, 형제자매, 친구, 교사, 학생이 나와 다른 환경에서 성장했고, 나와 다른 특성을 가지고 있다는 것을 알게 되며 그들의 말이나 행동을 이해하기 시작한다.

교육심리학을 전공하거나 교직 이수를 하는 학생에게 필요한 교육심리학의 기본 내용에 충실하면서도 좀 더 많은 사람이 쉽게 교육심리학 이론을 접하고 자신과 타인에 대한 이해와 수용의 폭을 넓히는 데 도움을 주고자 『교육심리학(5판)』을 간추리고 보완하여 이 책을 집필하게 되었다. 책의 구성은 다음과 같다. 1장은 교육심리학의 기초로 교육심리학이 어떤 학문이고 어떤 역할을 하는지 다루고, 연구방법을 소개한다. 2~5장은 학습자의 발달과 관련하여 인지발달, 성격 및 사회성 발달, 도덕성 발달을 살펴본다. 6~8장은 학습자의 개인차와 관련하여 지능, 창의성, 특수학습자 및 학습유형 등 학습자의 다양성을 다룬다. 9~12장은 교수 · 학습과정과 관련하여 행동주의 학습이론, 인지주의 학습이론, 동기화, 교수 · 학습이론 및 교수방법을 다룬다. 13장은 교사전문성, 교수효능감, 교사 기대 및 학급운영에 대해 살펴보며, 14장은 학업성취도 평가와 관련하여 시험 문항 유형, 좋은 평가도구의 조건, 수행평가 등에 대해 살펴본다. 각 장의 저자는 다음과 같다. 1, 2장은 신명희, 3, 4, 5장은 김은경, 6, 11장은 원영실, 7, 12장은 강소연, 8, 13, 14장은 김정민, 9, 10장은 송수지가 집필하였다.

저자들이 『알기 쉬운 교육심리학』을 집필하기 위해 시간을 내어 함께 토론하고 회의하는 과정이 쉽지만은 않았지만, 교육심리학 공부가 삶의 여러 영역에서 도움이 되고 있음을 다시 한번 느낄 수 있는 귀중한 시간이었다. 아무쪼록 독자분들도 이 책을 통해 교육심리학이 얼마나 재미있고 유용한 학문인지 경험할 수 있었으면 하는 바람이다. 끝으로 이 책을 출간하기까지 도움을 주신 학지사 관계자 분들께 감사 인사를 드린다.

2025년

저자 일동

차례

제6장 지능 • 103

제7장 창의성 • 117

제8장 학습자의 다양성 • 135

제9장 행동주의 학습이론 • 155

제10장 인지주의 학습이론 • 177

제14장 학업성취도 평가 • 245

EDUCATIONAL PSYCHOLOGY

EDUCATIONAL PSYCHOLOGY

제1장

교육심리학의 기초

1. 교육심리학의 성격
2. 교육심리학의 연구방법

교육은 사람을 만들고 사람은 세상을 만든다. 좋은 세상을 만드는 좋은 교육을 하기 위하여 오늘도 우리는 끊임없는 노력을 한다. 교육심리학은 교사, 학생, 교육방안과 환경을 연구하여 더 좋은 교육을 하는 것을 목적으로 하는 학문이다.

1. 교육심리학의 성격

1) 정체성과 정의

교육심리학은 심리학과 교육학 사이에서 학문적 정체성이 논의되어 왔다. 심리학이 과학적인 방법으로 사람의 생각과 행동을 연구하는 학문이라면 교육학은 가르치고 배우는 과정을 통하여 사람을 완성해 가는 실천적인 학문이다. 그렇다면 교육심리학은 가르치고 배우는 과정에 관련된 사람의 생각과 행동을 과학적으로 연구하는 학문이라고 할 수 있다.

교육심리학의 성격을 확실하게 이해하기 위하여 먼저 심리학과 교육학의 학문의 목적과 관심의 차이를 간단하게 정리해 보면 다음과 같다. 첫째, 심리학의 목적이 인간행동의 일반적인 원리와 법칙을 발견하고 확립하는 것이라면, 교육학은 학습자 개인의 특성을 변화시키는 것이 목적이다. 둘째, 일반적인 법칙을 확립하려는 심리학은 그 방법에서 정밀성과 경제성이 중요하지만 교육학은 정밀성과 경제성이 다소 떨어지더라도 학습자의 행동에 의미 있는 변화를 일으키는 변인에 더 관심을 둔다. 셋째, 심리학이 가치중립적이고 서술적(descriptive)이라면, 교육학은 가치를 추구하며 처방적(prescriptive)이다. 예를 들어, 심리학이 사람의 행동을 있는 그대로 관찰하고 분석하여 그 결과를 기록한다면, 교육학은 더 바람직한 행동을 연구하고 그 결과를 교육에 적용할 것을 처방한다. 넷째, 심리학의 이론과 법칙이 주로 통제된 실험실에서 확립된다면, 교육학은 예측 불가능한 교실상황 혹은 교육현장에 기반을 둔다.

일반적인 법칙을 발견하는 것이 목적인 심리학은 사람의 여러 가지 행동에 대하여 기록하고 설명하며 예측하려는 과학이다. 이와 달리 교육학은 의학이나 법학, 경영학 등과 같이 최대의 관심을 실천에 두고 있다. 교육자들은 매일 매 순간 다양한 문제에 부딪힌다. 교육현장에서는 과학적인 연구가 부족하거나 없다고 해서 그대로 멈출 수가 없다. 의사가 하던 수술을 연구가 부족하다고 해서 멈추거나 교육자가 학교 문을 닫을 수는 없는 일이다.

교육현장을 이해하는 데 있어서 심리학의 역할은 중요하다. 사람이 어떻게 생각하고 행동하며, 의사를 전달하고, 상호작용하고, 학습하는지에 대한 과학적인 연구들은 사람을 대상으로 하는 교육의 기본이 되며 효율적인 학교교육의 실행에 필요한 내용들이다. 그러나 실험실에서 연구되는 원리가 예상하지 못한 문제가 언제든 일어날 수 있는 교실 상황에 적용되는 것은 또 다른 문제일 수 있다. 예를 들어, 실험실에서 연구한 학습의 일반적인 법칙은 가르치고 배우는 과정이 상호작용하는 교육현장에서는 다르게 나타날 수 있다. 따라서 교수와 학습이 하나의 집단행동으로 이해되고 연구되어야 하며, 이것이 바로 교육심리학이 관심을 가지는 부분이다.

교육심리학이 심리학의 이론과 법칙을 그대로 교육 실제에 적용하는 심리학의 응용분야인지, 아니면 그 자체의 이론구조를 가진 독립적인 기초학문인지에 관한 논쟁은 교육심리학의 정체성에 관한 논의의 주요 관심사였다. 그러나 많은 학자가 동의하는 일반적인 견해는 교육심리학이 심리학의 이론과 방법을 교실과 학교에서 그대로 적용하는 심리학의 응용학문이 아니라, 그 자체의 이론과 연구주제, 연구방법을 가진 독자적인 학문이라는 것이다.

교육심리학은 그 근본 목적이 교육에 대한 이해와 개선이기 때문에 심리학과는 구별된다(Wittrock, 1992). 교육심리학은 교육현장에 내재하는 모든 심리적인 과정을 과학적으로 연구하는 학문이다. 교육심리학은 심리학의 이론과 방법을 적용하고 그 자체의 이론과 방법을 가진, 가르치고 배우는 과정을 연구하는 학문으로 정의된다.

2) 역할

가르치는 교사와 배우는 학생의 상호작용이 교육이라면 교사는 교육의 집행을 맡고 있는 핵심 주체이다. 교육현장에서 교사는 각양각색의 학생을 만나고, 해결이 필요한 수많은 문제에 부딪힌다. 수업을 거부하는 아이, 항상 공격적이고 적대적인 아이, 언제나 외톨이거나 혹은 집단 괴롭힘의 대상이 되는 아이, 자아존중감이 낮거나 자아개념이 부정적인 아이, 심지어 일반수업으로는 학습이 불가능한 학습장애아나 정서장애아, 지적장애아 혹은 영재아 등 여러 유형의 학습자를 만난다. 그리고 이들에게 적용할 수업방안과 수업목표 설정, 학습의 동기화, 학습의 기억과 전이의 강화, 효율적인 학급운영, 공정하고 정확한 평가와 같은 지적 측면의 문제뿐만 아니라 바람직한 가치와 태도, 올바른 사회관계의 기술, 자아개념의 형성과 같은 정의적 측면의 교육문제에 이르기까지, 매일 부딪히고 해결해야 하는 많은 문제가 있다. 교실은 교사에게 언제나 새로운 도전이며, 하루에도 수십 번씩 복잡하고 분명하지 않은 상황에서 결정을 내려야 하는 실행의 장소이다. 한 조사연구에서는 교사가 하루에 800건의 결정을 해야 할 때도 있는 것으로 나타났다(Jackson, 1968). 그런데 아무리 많은 결정 사항이 있어도 어느 누구도 이러한 결정에 도움을 주지 않으므로 교사는 오로지 스스로 해결하고 결정해야만 한다.

직관이 뛰어나고 경험이 풍부한 교사라면 이와 같은 여러 유형의 문제상황을 잘 해결하고 적절한 결정을 내릴 수 있을 것이다. 그리고 경험이 적은 교사라고 하더라도 학습자에 대한 지식과 더불어 교수·학습에 대한 지식과 기술을 가지고 있다면 문제를 효과적으로 해결하고 바른 결정을 할 수 있을 것이다.

공학자가 공학을 연구하고 행정가가 행정의 지식을 축적하듯이, 교육자는 교수와 학습, 학급운영의 이론과 기술에 친숙해져야 한다. 교사는 학습자의 심리를 이해해야 하며 학습과 동기에 대한 원리를 알아야 한다. 그뿐 아니라 교실 안에서 효율성을 극대화할 수 있는 과정을 알아야 한다. 유능한 외과의사라면 해부학, 생물학, 병리학은 물론 어디를 어떻게 절개해야 하는지도 잘 알아야 하는 것처럼, 유능한 교사라면 학생들이 어떻게 발달하는지, 학생들을 어떻게 동기화하고, 학

습을 지도해야 하는지 알아야 한다. 의사가 특정한 병을 치료하는 다양한 방안과 각 방안의 효과와 경비 등을 알고 있듯이 교사는 교실에서 생기는 문제에 대한 다양한 해결방안과 그것이 학생의 학습, 동기, 수업에 어떠한 영향을 미치는지 알아야 한다. 교사는 가르친다는 일에 기술과 창의성을 가지고 그것을 적용할 수 있는 지적 기능인이어야 한다.

교육심리학자들은 교육현장에서 벌어지는 수많은 문제에 대한 답을 찾기 위하여 연구를 하고, 연구의 결과물을 축적하여 교사를 위한 교육지식을 구축한다. 교육심리학은 교사에게 이러한 교육의 문제를 다룰 수 있는 필요한 지식과 교육현상에 대한 통찰력을 제공하여 교사가 유능한 교육전문가로 발전할 수 있도록 도움을 주는 역할을 한다.

3) 영역

교육에 대한 이해와 개선을 근본 목적으로 하고, 교수자에게 효율적인 도구를 마련해 주는 역할을 하는 교육심리학은 앞서 밝힌 바와 같이 단순히 심리학의 이론과 방법을 교육에 적용한 심리학의 응용분야가 아니라 그 자체의 연구대상과 연구주제, 그리고 연구방법을 가진 독자적인 과학이며 따라서 고유한 연구의 영역을 가지고 있다. 다음과 같은 주제들은 일반적으로 심리학과는 구별되는 교육심리학의 독특한 주제들이다.

- 인지수준, 성격, 사고유형 등의 개인차에 따른 교수방법의 조정
- 교실에서의 동기 유발과 운영의 원리
- 교사-학생 상호작용의 역동성
- 교실수업과 학습의 모형과 이론
- 교수와 평가에서 수업목표 설정과 사용을 위한 전략

이와 같은 교육심리학의 주제는 더 바람직한 교육행동의 결과를 목표로 하며,

실험실이 아닌 교육현장에서 연구되는 주제이다.

교육심리학의 주제를 영역별로 정리하면 다음과 같다.

첫째, 교육의 대상인 학습자에 대한 이해이다. 학습자의 특성에 대한 올바른 이해가 없이는 효과적인 교육을 할 수 없다. 교육과 관련된 학습자의 특성으로는 지능, 창의성과 같은 인지적인 요인과 성격, 사회성, 도덕성과 같은 정의적인 요인이 있다. 학습자의 이해는 이러한 요인의 시기에 따른 발달적인 변화와 그 수준을 이해하는 측면과 더불어, 각각의 학습자가 지닌 개인차를 이해하는 측면으로 다루어진다.

교수자는 학습자가 무엇을 생각하고 어떻게 생각하는지 그 인지발달의 수준을 알아야 적합한 수업을 설계하고 교수방법을 선정할 수 있다. 또한 학습자에게 어떤 도움이 필요한지를 결정하기 위하여 학습자의 성격, 사회성, 도덕성의 발달에 관한 지식도 필요하다. 그뿐 아니라 교수자는 교실에서 아주 다양한 학습자를 만나게 된다. 지능과 창의성의 개인차는 학업성취에 주요한 영향을 주는 변수이다. 학습자의 학습유형과 문화적 배경은 교수자와의 상호작용에 영향을 준다. 특히 특수아동의 존재는 초임교사에게 큰 도전이 된다. 최근 통합교육의 경향으로 거의 모든 교사에게 특수교육이 필요한 아동에 대한 이해와 지도방법의 습득이 필요해졌다.

둘째, 학습과 교수과정에 대한 이해이다. 학습이 어떻게 일어나는지에 대한 설명은 행동주의이론과 인지주의이론으로 나누어진다. 학생들의 행동을 다루는 교사는 행동주의 학습원리를 이해해야 한다. 이것은 학습자의 바람직한 행동은 증가시키고 바람직하지 못한 행동은 감소시키는 데 매우 유용하다. 인지주의 학습이론은 사고의 변화에 초점을 둔다. 학습하는 동안 정보를 처리하고 표상하는 것의 바탕이 되는 정신 과정을 강조한다. 학습의 원리를 이해함으로써 학습과정에 영향을 주는 여러 가지 요인을 식별하고 효과적인 학습을 조정할 수 있는 통찰력을 갖게 된다. 효과적인 교실수업을 위한 교수이론과 다양한 교수방법에 대한 이해도 교육심리학의 주요 내용이다. 유능한 교사는 이러한 교수이론과 교수방법을 학습자의 개인차를 고려한 교실수업으로 어떻게 효율적으로 전개할 수 있는지 알

고 있다. 그러나 무엇보다도 학습자의 학습동기 유발은 교사에게 매우 중요한 과제이다. 교사가 아무리 훌륭한 교재와 수업을 준비하여도 학습자가 교사의 수업을 들을 마음이 전혀 없다면 학업성취는 이루어지지 않는다. 교사는 여러 유형과 다양한 연령의 학습자를 어떻게 동기화하여 성공적인 학업성취로 이끌 수 있는지를 알아야 한다.

셋째, 교수자에 대한 이해이다. 교육은 교육의 대상인 학습자와 교육의 주체인 교수자의 상호작용 과정이다. 학습자에 대한 이해 못지않게 교수자에 대한 이해 또한 중요하다. 교수자의 특성은 자신이 수행하는 다양한 교수활동과 관계될 뿐 아니라 학습자의 학업성취와 행동에도 영향력을 행사한다. 교수자의 학급경영능력과 더불어 교수자의 인성과 심리적 안정감, 교수효능감, 교수자의 기대 등과 같은 교수자의 자질은 학습자의 학업성취뿐 아니라 태도와 동기화에도 중대한 영향을 미친다.

마지막으로, 평가에 대한 이해이다. 평가는 학습목표의 달성을 측정할 뿐 아니라 앞으로의 학습목표를 설정하는 기반이 된다. 평가는 학습자의 동기와 학습을 증진하며, 교수자가 자신의 수업을 개선하는 데 도움을 준다. 교수자는 평가를 통해 수업목표의 달성을 확인하고, 교수 · 학습과정을 설계하는 데 피드백을 받을 수 있다. 학습자는 자신이 얼마나 배웠는지를 확인하고, 이는 학습자의 동기 유발에 영향을 준다. 학습자의 학업성취를 제대로 공정하게 측정하기 위하여 교사는 어떤 평가방식을 사용하고, 어떻게 문항을 구성할 것인지 알아야 한다.

이상과 같이 교육심리학은 학습자, 교수 · 학습, 교수자, 평가를 중심으로 교육과 관련된 광범위한 영역에서 이론체계를 확립하고 그것을 실제 교실상황에 효과적으로 적용하기 위한 학문이다.

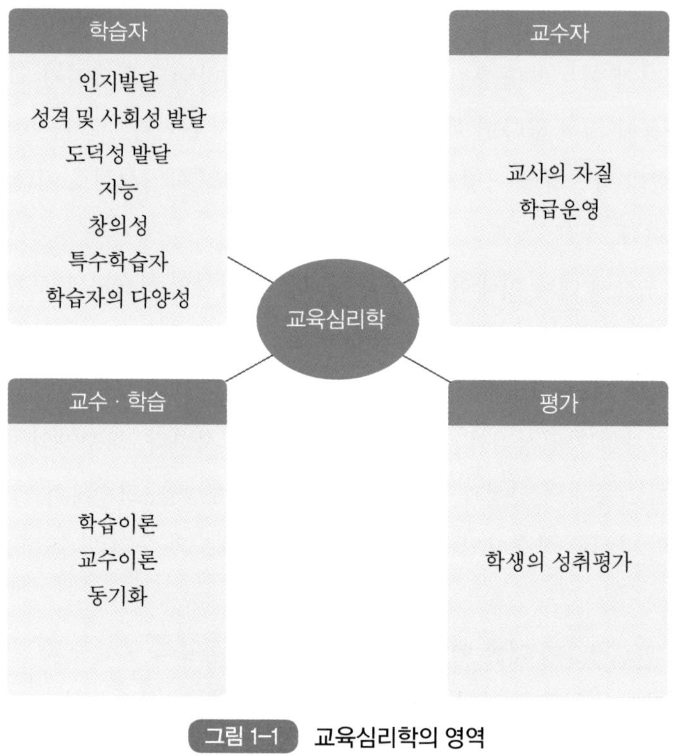

그림 1-1 교육심리학의 영역

2. 교육심리학의 연구방법

교육은 어떤 분야보다도 우리의 생활에 더 광범위하게 밀착되어 있다. 성장기의 많은 시간을 학교생활로 보내고, 성인이 되어서는 자녀들의 양육과 교육에 또 상당한 세월을 쓴 대부분의 사람은 교육에 대하여 잘 알고 있다고 스스로 생각한다. 이러한 이유로 교육심리학자들은 때로는 '당연한 것'을 쓸데없이 연구한다는 의심을 받는다. 그러나 과연 '당연한 상식'이 언제나 사실일까? 많은 교육심리학의 연구들은 지금까지 당연한 상식으로 알려져 온 일반적인 사실들이 절대적이지 않음을 밝히고 있다. 예를 들어, 사람들은 능력별 학급편성이 학생들의 능력 범위를 좁혀 교사가 더 효과적으로 가르칠 수 있게 하므로 학생들의 학업성취가 높아

지는 것이 당연하다고 생각한다. 그러나 연구의 결과는 낮은 수준 학급에 속한 학생들의 학업성취가 떨어지는 것으로 나타남으로써 사람들이 당연하게 생각해 왔던 확신이 틀린 것으로 드러났다(Good & Marshall, 1984; Slavin, 1987).

이처럼 사람들에게 친숙한 분야에서는 많은 경우에 사람들이 일반적으로 가지고 있는 생각이 적합하지 않을 수 있다. 교육심리학의 조사연구 목적은 교육에 관련된 당연한 혹은 모호한 질문을 과학적인 방법을 사용하여 실험하고 검증하는 것이다.

교육과 관련된 많은 문제와 질문에 답하기 위한 시도로 교육심리학자들은 여러 종류의 연구를 설계하고 실행한다. 가장 보편적인 연구방법으로는 기술연구, 상관연구, 실험연구가 있다.

1) 기술연구

기술연구

검사, 면담, 설문, 관찰 등의 방법을 사용하여 한 현상의 상태나 특징을 기술하는 연구

기술연구(descriptive research)는 관심이 있는 어떤 현상이나 사건을 있는 그대로 관찰하고 조사하여 기술하는 연구방법이다. 기술연구는 실제 생활 속의 어떤 특정 상황에서 일어나는 현상과 사건들의 관계를 어떤 조작이나 통제도 하지 않고 자연적인 상황에서 있는 그대로를 파악하여 정확하게 기술하는 것이 연구의 목적이다.

기술연구에 흔히 쓰이는 기법으로는 관찰법(observation method), 질문지법(questionnaire method), 면접법(interview method), 사례연구법(case study method), 민속지학(ethnography) 등이 있다. 예를 들어, 유능한 교사의 특징을 알기 위하여 연구자는 교사의 학급을 자세히 관찰하여 기술하거나 혹은 교사와의 면담을 녹음한 자료를 함께 분석하여 초임교사와 유능한 교사의 차이를 기술할 수 있다. 관찰법에는, 실제 생활의 현장에서 행동이나 환경에 어떤 변동도 없이 본 그대로 기록하는 자연관찰(naturalistic observation)과 실험실과 같은 통제된 환경에서 관찰하고 기록하는 실험실관찰(laboratory observation)이 있다. 또한 학생이나 교사의 입장에서 행동을 이해하기 위하여 직접 그 학교나 교실에서 같이 활동하며 관찰하

는 참여관찰(participant observation)을 할 수도 있다.

사례연구
한 개인 혹은 상황에 대한 집중적인 연구

민속지학
한 집단 내의 생활에 초점을 두고 장기간의 관찰을 통하여 그 집단의 사람들에게 미치는 사건의 의미를 연구하는 방법

사례연구법은 한 개인 혹은 작은 집단에 대한 집중적인 연구로, 오랜 기간에 걸쳐 깊게 연구한다. 사례법이 한 개인의 심층연구라면, 한 특정 집단을 장기간에 걸쳐서 심층적으로 조사하는 **민속지학**의 방법도 있다. 민속지학이란 한 집단 내의 생활에 초점을 두고 장기간의 관찰을 통해 그 집단의 사람들에게 미치는 사건의 의미를 이해하기 위하여 하는 연구이다. 예를 들어, 새로운 교육정책에 대한 반응을 이해하기 위하여 1년 동안 특정 학교에 머물며 학생과 교사를 면담하고 관찰하여 결과를 기술하는 것이다.

기술연구는 아동의 발달 특성을 알아내기 위한 방법으로 흔히 사용된다. 교육심리학의 중요한 부분인 피아제(Piaget)의 인지발달이론은 자신의 아이들이 여러 가지 과제를 수행하는 것을 주의 깊게 관찰하여 그 결과를 이론으로 발전시킨 것이다.

기술연구는 교육 상황에 관한 귀중한 정보를 제공하지만, 미래의 사건을 예측하게 하거나 관계를 기술하지는 않는다. 변수 간의 관계를 발견하는 것은 상관연구이다.

2) 상관연구

상관연구
자연적인 상황에서 변수 간에 발생되는 관계의 연구

상관
두 개 이상의 변수 간 정적 혹은 부적 관계

아마도 교육심리학에서 가장 많이 사용되는 연구방법은 **상관연구**(correlational research)일 것이다. 상관연구는 둘 혹은 그 이상의 변수들의 관계를 조사하는 연구법이다. 변수 간의 관계를 말하는 **상관**(correlation)은 방향(정적 혹은 부적)과 강도로 표현된다.

변수들은 서로 정적으로 상관되기도 하고 부적으로 상관되기도 하며 전혀 상관이 없을 수도 있다. 정적 상관(positive correlation)이란 한 변수의 값이 높아질 때 다른 변수의 값도 높아지는 것을 말한다. 예를 들어, 교사의 행동과 학생의 성취 관계의 연구에서 교사의 질문 횟수와 학생들의 성취는 정적 상관으로 나타났다. 즉, 교사의 질문이 많을수록 학생들의 성취는 높아졌다(Shuell, 1996). 부적 상관

(negative correlation)은 한 변수의 값이 높아질 때 다른 변수의 값은 낮아지는 것을 의미한다. 예를 들어, 교사가 교재(teaching material)를 설치하거나 유인물을 나누는 것과 같은 비수업 행동에 소비하는 시간량과 학생들의 성취는 부적 상관으로 나타났다. 즉, 수업시간에 교사가 비수업 행동을 많이 할수록 학생들의 성취는 낮아졌다(Brophy & Good, 1986).

변수 간 관계의 강도는 **상관계수**(correlation coefficient: r)로 표현되는데, −1.00에서 +1.00으로 나타난다. 상관계수의 수치는 관계의 강도를 의미하고 부호(+, −)는 관계의 방향을 의미한다. 수치가 클수록, 즉 ±1에 가까울수록 두 변수의 관계는 강하다. 상관계수가 +1인 것은 완전한 정적 상관을, −1인 것은 완전한 부적 상관을, 0.00은 두 변수가 전혀 상관이 없음을 뜻한다. 그러나 실제 생활에서는 완전한 정적 혹은 부적 상관은 거의 드물다.

상관계수
둘 혹은 그 이상의 변수 간 상관의 방향과 정도를 기술하는 +1.00에서 −1.00까지의 범위를 가진 숫자

상관연구는 한 변수의 정보를 가지고 다른 변수를 예측할 수 있게 한다. 예를 들어, 폭력물 시청과 공격성이 정적 상관이라는 연구에서 우리는 폭력물을 더 많이 보는 아동은 폭력물을 보지 않는 아동보다 더 자주 싸울 것임을 예측할 수 있다.

상관연구의 장점은 연구자가 인위적인 상황을 만들지 않고 변수를 있는 그대로 연구할 수 있고, 여러 변수의 상호관계를 동시에 연구할 수 있다는 것이다. 공격성과 관계된 여러 변수, 예를 들면 폭력물 시청, 폭력적인 생활환경, 선천적인 공격기질 등 여러 변수의 관계를 동시에 연구할 수 있다.

비록 공격성과 폭력물 시청의 강한 정적 상관이 두 변수가 인과관계일 수 있음을 암시하더라도, 폭력물 시청이 공격성의 원인이라고 결론지을 수는 없다. 역으로, 공격성이 폭력물 시청의 원인이 될 수 있고, 혹은 또 다른 변수인 폭력적 생활환경이 공격성과 폭력물 시청의 원인이 될 수도 있기 때문이다. 인과관계를 확실하게 규정할 수 있는 방법은 실험을 통하여 검증하는 것이다.

3) 실험연구

실험연구
어떤 변화(처치)를 주고 그것의 결과(영향)를 보는 연구

상관연구가 자연적 상황에서 변수 간의 관계를 찾는다면, **실험연구**(experimental

research)는 원인과 결과를 결정하기 위하여 변수를 체계적으로 조작한다. 연구자는 어떤 인위적인 처치(treatments=원인)를 하고 그것의 영향(effects=결과)을 분석한다.

실험연구는 보통 상관연구의 연장으로 이루어진다. 정적 상관으로 나타난 교사의 조언 횟수와 학생의 성취 간 관계 연구를 예로 들어 보자. 이 연구에서 연구자는 교사들을 실험집단과 통제집단으로 무작위배정하였다. 무작위배정(random assignment)은 참가자가 어떤 집단에 배정될 확률을 동일하게 해 준다. 이러한 방식으로 실험 전에 실험집단과 통제집단의 동질성을 확보하고, 두 집단이 비교 가능하다는 것을 확인시켜 준다. 실험집단의 교사들은 학생들이 질문의 답에 실패했을 때 조언과 암시를 제공하도록 훈련을 받았는데, 연구자는 이 훈련을 통해 '교사의 조언 횟수'를 계획적으로 조작하였다. 통제집단의 교사들은 아무런 훈련도 받지 않았고 평상시에 그들이 하는 방식으로 수업하였다. 학년말에 이 두 집단의 교사들이 가르친 학생들의 읽기 성적을 비교하였는데, 실험집단 교사들이 가르친 학생들의 성적이 통제집단 교사들이 가르친 학생들의 성적보다 통계적으로 유의미하게 더 높았다(Anderson, Evertson, & Brophy, 1979). 이 연구는 교사의 조언 제공이 학생의 성취를 높이는 원인이라는 결론을 내리게 한다.

이처럼 실험연구에는 연구자가 조작하는 변수(교사의 조언)와 그 변수의 영향을 받는 변수(학생의 성취)가 있는데, 조작변수를 **독립변인**(independent variables)이라고 하고 독립변수의 영향을 받는 변수를 **종속변인**(dependent variables)이라 한다. 그리고 처치(조언훈련)를 받는 집단을 **실험집단**(experimental group), 처치를 받지 않는 집단을 **통제집단**(control group)이라 한다.

독립변인
연구의 대상이 되는 변인

종속변인
독립변인의 영향을 받는 변수

실험집단
실험 중 처치를 받는 집단

통제집단
실험 중 처치를 받지 않는 집단

실험연구가 변수 사이에 존재하는 인과관계를 밝혀 줄 수 있는 강력한 방법이기는 하지만, 앞에서 예를 든 연구처럼 실험실이 아닌 집이나 학교와 같은 일상상황에서 자연스럽게 이루어지는 현장실험연구(field experiment research)의 경우에는 처치변수 외에 결과에 영향을 주는 다른 변수를 철저하게 통제하기 어려울 수 있다. 또한 비록 무작위배정으로 실험집단과 통제집단의 동질성을 확보하였다고는 하나, 각 집단에 속한 개인의 특성을 모두 철저하게 통제하기는 어렵다. 그러

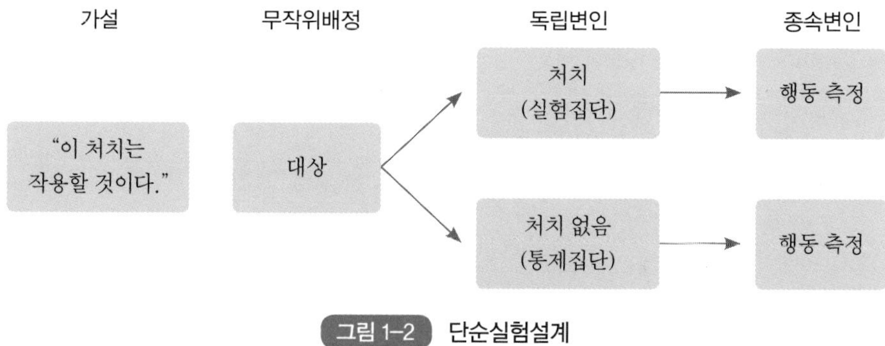

그림 1-2 단순실험설계

나 실제 교실 상황에서 장기간 실험이 이루어졌다는 것은 실험결과의 일반화 가능성, 즉 실험결과가 실제 상황에 적용되는 정도가 클 수 있음을 의미한다. 실제로 현장실험연구는 새롭게 시도하는 교수방법을 시험하거나 교육 프로그램을 평가하는 데 유용하게 사용되고 있다.

이상의 기술연구, 상관연구, 실험연구는 교육심리학의 주요 연구방법인데, 실제의 연구에서는 어느 한 가지 방법만을 쓰기보다는 여러 방법을 혼합하여 사용하는 경우가 많다. 주어진 교육문제와 질문에 답할 수 있는 적절한 방법을 선택하기 위해서는 가능한 한 많은 연구방법을 잘 알고 있어야 한다.

EDUCATIONAL PSYCHOLOGY

제 2 장

인지발달

1. 피아제 인지발달이론
2. 비고츠키 인지발달이론
3. 피아제와 비고츠키 이론의 공통점과 차이점

학습자가 어떻게 생각하고 그들의 사고가 연령에 따라 어떻게 변화하는지를 아는 것은 학습자를 이해하기 위한 핵심적인 내용이다. 인지발달(cognitive development)은 사고의 변화 과정을 말한다. 학자들은 학습자의 인지능력이 성숙과 환경의 상호작용을 통해 발달한다고 보았으나, 그 세부적인 발달과정과 상호작용의 내용에 대해서는 서로 의견을 달리한다. 이 장에서는 학습자의 인지발달에서 생물적 성숙과 물리적 환경의 중요성을 주장한 피아제(Piaget)의 인지발달이론과 사회문화적 환경의 영향력을 강조한 비고츠키(Vygotsky)의 인지발달이론을 살펴보기로 한다.

1. 피아제 인지발달이론

피아제(Jean Piaget)는 사람의 사고가 발달하는 과정에 대한 이론을 제시하였다. 피아제는 인지발달에 두뇌의 성숙이 선행되어야 하므로 신경계가 미성숙한 아동의 사고는 성인의 사고와 질적으로 다르다고 주장하여 아동이 성인의 축소판이라고 생각하던 기존의 아동관을 변화시켰다. 아동은 외부의 지식을 수동적으로 받아들이는 것이 아니라 자신의 생물적 성숙을 바탕으로 환경과 상호작용을 통해 능동적으로 지식을 구성하고, 사고의 수준에 질적인 변화가 나타나면서 인지가 발달한다.

그의 이론은 심리학과 교육분야에 큰 영향을 끼쳤으며, 지능과 사고과정을 포괄적으로 설명하는 대표적인 인지발달이론이다.

1) 개념

피아제는 지적능력이란 개인이 주어진 환경에 효과적으로 적응할 수 있는 능력이라고 보았다. 인지발달을 이해하는 것은 지적인 능력이 환경과의 상호작용

을 통하여 변화해 가는 양상을 이해하는 것이라고 하였다. 그는 생물학에서 다른 환경에서 성장하는 동물들이 주어진 환경에 적응하기 위하여 신체 구조를 다르게 발전시켜 가는 것에 주목하고, 이를 사람의 지능의 문제에 적용하였다. 인간은 환경과 끊임없이 상호작용하면서 환경의 요구에 따라 자신의 인지구조(cognitive structure)를 끊임없이 재구성해 간다고 하였다. 그는 도식과 조작이라는 두 개의 주요개념과 적응, 조직, 평형화라는 세 개의 선천적 경향성으로 인지발달을 설명하였다.

도식(schema)이란 우리의 머릿속에 저장된 생각 또는 행동의 조직화된 형태이다. 아동은 자라면서 이 도식이라는 인지구조를 점점 더 복합적으로 만들어 가는데, 더 많은 정보를 획득할수록 도식은 더 복합적이 된다. 예를 들어, 갓난아기는 '빨기도식'과 같은 선천적인 반사적 행동 형태를 가지지만 곧 엄마의 젖과 젖병, 손가락을 빨 때 상황에 따라 달라진 빨기 행동을 할 수 있는 복합적인 도식으로 발전한다.

도식
우리 머릿속에 저장된 생각이나 행동의 유형

피아제(Jean Piaget, 1896~1980)

스위스에서 태어난 피아제는 22세에 생물학 박사학위를 받았고, 이후 취리히 대학교에서 심리학에 관심을 가지게 되었다. 1920년 파리에 있는 Binet 연구소에서 지능검사를 표준화하는 작업에 참여하면서 그는 비슷한 연령의 아동들이 어떤 문제에 같은 오답을 한다는 것을 확인하고 아동의 오류가 연령집단에 따라 질적으로 다르다는 사실을 발견하였다. 이러한 발견을 통해 피아제는 아동의 사고과정이 성인과는 근본적으로 다르다는 결론을 내리고 아동의 사고발달을 본격적으로 연구하기 시작하였다.

그는 세 자녀의 성장과정을 주의 깊게 관찰함으로써 인지발달이론을 정립하였다. 생물학적 원리와 방법을 인지발달 연구에 상당 부분 적용한 그는 수백 편의 논문과 60권이 넘는 책을 집필하였고, 73세가 되던 1969년에 유럽인으로서는 최초로 '미국심리학회'로부터 '특별 과학 공헌상'을 수상하였다.

조작
논리적인 정신작용

피아제는 논리적인 사고를 중요시하였기 때문에 조작(operation)의 발달에 주목하였다. 조작은 환경에 적응하려는 내적인 정신활동으로, 5개의 공 중에서 2개를 빼면 3개가 남는 것을 이해하는 것과 같은 논리적인 정신작용을 말한다. 그는 조작능력이 어느 정도 발달했느냐에 따라 인지발달의 단계를 구분하였다. 즉, 전조작기는 논리적인 정신작용이 발달하기 전 단계이고, 구체적 조작기는 논리적인 정신작용이 발달하기 시작하였으나 구체적인 또는 물리적인 상황에서만 논리적인 사고가 가능한 시기이다. 형식적 조작기는 추상적인 상황을 포함한 모든 상황에서 논리적인 사고가 가능한 시기를 말한다.

생물학 지식을 가진 피아제는 모든 유기체가 적응(adaptation), 조직(organizatiion), 평형화(equilibrium)라는 선천적 경향성을 타고나며 이러한 선천적 경향성에 따라 인지발달이 이루어진다고 보았다.

동화
자신이 이미 가지고 있는 도식 속에 새로운 대상을 받아들이는 인지과정

조절
자신의 기존 도식이 새로운 대상을 받아들이는 데 적합하지 않을 때, 새로운 대상에 맞도록 이미 가지고 있는 도식을 바꾸는 인지과정

도식은 적응과 조직의 과정을 통하여 형성된다. 적응은 동화와 조절의 통합적인 기능이라고 할 수 있다. 동화(assimilation)는 자신이 이미 가지고 있는 도식, 즉 인지구조 안에 새로운 대상을 맞추어 넣으려는 인지과정이다. 그러나 모든 새로운 정보가 이미 가지고 있는 도식 안에 동화되지는 않는다. 기존의 도식에 맞지 않는 정보를 받아들이기 위하여 우리는 조절이라는 기능을 사용하게 된다. 조절(accommodation)은 자신의 기존 도식이 새로운 대상을 받아들이는 데 적합하지 않을 때, 새로운 대상에 맞도록 기존의 도식을 수정하거나 새로운 도식을 만드는 인지과정이다. 즉, 동화는 새로운 경험을 이해하고 인지하기 위하여 현재의 사고와 이해를 사용하는 과정이고, 조절은 새로운 경험을 수용하기 위하여 현재의 인지구조를 변형하거나 새롭게 형성하는 과정이다. 앞의 빨기도식을 예로 들면, 젖병을 사용하던 아기는 유아용 컵을 주었을 때, 젖병을 빠는 방식으로 컵을 사용하려는 동화의 과정을 보인다. 그러나 컵을 사용할 때는 혀와 입술의 동작이 달라져야 한다는 것을 알아차리면서 자신의 빠는 방식을 수정하는 조절의 모습을 보인다.

조직
물리적 또는 심리적 구조를 보다 높은 수준의 체계로 통합하는 기능

조직(organization)은 유기체가 행동과 사고를 일관성 있는 체계로 형성하도록 통합하는 과정이다. 예를 들면, 아기는 물건을 잡는 행동도식과 시각 초점을 맞추

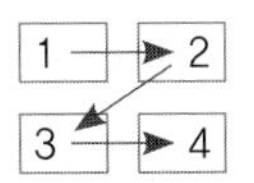

1. 물건을 잡아 자기에게 끌어당기는 도식을 가진 아기가 자신이 가진 도식대로 행동하였으나(동화) 2. 칸막이에 걸려 가져올 수 없게 되자, 3. 이번에는 자신의 도식을 바꾸어 물건을 다른 방향으로 잡아 끌어당겨(조절) 4. 목표를 달성하였다(적응).

그림 2-1 적응의 과정

는 행동도식을 가지고 있다. 발달 초기에는 이 두 도식이 독립적으로 움직인다. 하지만 어느 정도 발달이 이루어지면, 아기는 두 가지 행동도식을 조직하여 물건을 보면서 잡는 높은 수준의 도식을 가지게 된다. 즉, 조직이란 개별적으로 만들어진 물리적 또는 심리적인 인지구조를 재배열하고 재조직하여 보다 높은 수준의 체계로 통합하는 것이다.

평형화
현재의 인지구조와 새로운 정보 간의 균형을 회복하는 과정

평형화(equilibrium)는 현재의 인지구조와 새로운 경험 간의 균형을 회복하려는 경향성이다. 적응은 동화와 조절을 통해 균형을 이룬 평형화의 상태이다. 적응의 과정에서 평형화는 동화에서 조절로 넘어갈 것을 지시한다. 기존의 인지구조로 새로운 경험을 이해할 수 없을 때(동화 실패) 아동은 불평형의 불편한 상태를 경험한다. 이에 기존의 인지구조를 수정하거나 새로운 인지구조를 만들어 새로운 경

험을 수용하면(조절) 다시 안정된 상태를 회복한다. 우리는 끊임없이 새로운 환경에 노출되며, 새로운 환경은 우리를 인지적 갈등(cognitive conflict)이 생기는 불평형 상태로 만든다. 우리는 불평형 상태를 줄이기 위해 동화와 조절의 인지활동을 하여 평형상태를 이루고, 이전보다 더 높은 인지수준에 도달하게 된다. 즉, 인지발달이 이루어진 것이다.

성인도 끊임없이 동화와 조절을 통한 인지적 평형화를 이끌어 낸다. 예를 들어, 새로 산 휴대전화로 전화를 걸 때, 우리는 예전의 휴대전화를 다루던 방식으로 상대방 전화번호를 누른 후 '통화' 버튼을 누른다. 즉, 동화다. 하지만 문자를 보낼 때, 예전 휴대전화와는 방식이 다른 것을 발견하고 불편해진다. 이때 기능 버튼을 이리저리 눌러 봄으로써 새로운 휴대전화로 문자를 보내는 방법을 익힌다. 즉, 조절이다. 이와 같이 우리는 끊임없이 동화와 조절의 인지활동을 통해 새로운 환경에 적응해 나간다.

아동의 인지가 성장하면서 인지적 내용은 변할 수 있지만 앞에서 제시한 인지발달의 근본적인 경향성은 언제나 작용한다. 피아제는 적응과 조직의 과정을 통하여 새롭게 형성된 인지구조는 기존의 인지구조와 질적으로 다르다고 가정하고, 이러한 인지구조의 질적인 변화를 크게 묶어서 인지발달단계를 제안하였다.

2) 단계별 특징

인지발달단계는 피아제 이론의 핵심이라 할 수 있다. 그는 모든 사람은 정해진 일련의 보편적인 인지발달단계를 지난다고 제안하였다. 각 단계는 정보의 양적 증가뿐만 아니라 지식과 이해의 질적 변화도 같이 일어난다. 그의 초점은 아동들이 한 단계에서 그다음 단계로 넘어갈 때 일어나는 인지의 변화였다. 피아제의 인지발달단계의 전제는 다음과 같다.

첫째, 각 단계는 서로 질적으로 다른 인지구조와 능력의 출현으로 특징지어진다. 이전 단계에서 다음 단계로 변화하는 것은 같은 능력이 양적으로 많아지는 것이 아니라 질적으로 다른 사고의 변화가 나타나는 것을 의미한다.

표 2-1 **피아제의 인지발달단계**

단계	연령	주요 특성
감각운동기	출생~2세	• 감각운동적 도식 발달 • 반사행동에서 목적을 가진 행동으로 발전 • 대상영속성 습득
전조작기	2~7세	• 언어와 상징과 같은 표상적 사고능력의 발달 • 직관적 사고와 중심화 • 자아중심성
구체적 조작기	7~11세	• 구체적인 상황에서의 논리적 사고 발달 • 가역성, 유목화, 서열화 개념 습득 • 사회지향성
형식적 조작기	11세 이후	• 논리적으로 추상적인 문제해결 • 가설 연역적 추리 가능 • 조합적 추리 가능

둘째, 각 단계의 순서는 모든 아동이 동일하며, 이전 단계의 발달을 완성하여야만 이후 단계로 나아갈 수 있다. 이전 단계의 발달에 기반을 두고 이후 단계의 발달이 이루어지므로 한 단계를 건너뛰어 다음 단계로 넘어갈 수 없다.

셋째, 각 단계에 도달하는 나이는 아이의 경험, 문화, 성숙도에 따라 다를 수 있다. 즉, 6세이지만 구체적 조작기에 있는 유아가 있을 수 있고, 8세이지만 전조작기에 머물러 있는 아동이 있을 수 있다.

각 단계와 그에 해당하는 연령, 주요 특성을 제시하면 〈표 2-1〉과 같다.

(1) 감각운동기(sensorimotor period, 출생~2세)

태어나서 2세까지의 영아기가 이 단계에 해당한다. 감각운동기는 주로 감각이나 운동을 통해서 환경을 경험해 나가는 시기이다. 이 시기의 영아는 손에 잡힌 모든 대상물을 입에 가져간다. 그리고 두드린다. 즉, 이들은 입의 촉감과 두드리는 운동을 통해 대상을 인식하고 환경에 적응해 나간다. 따라서 이 시기 영아의 입은 성인의 눈에 비유된다. 즉, 이 시기에 입으로 가져가는 물건을 뺏는 것은 학

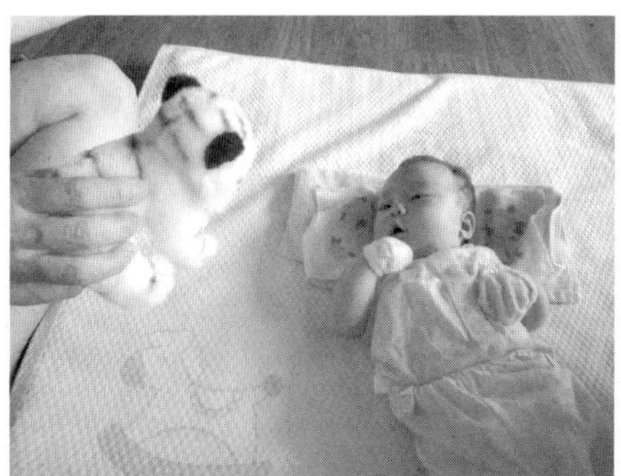
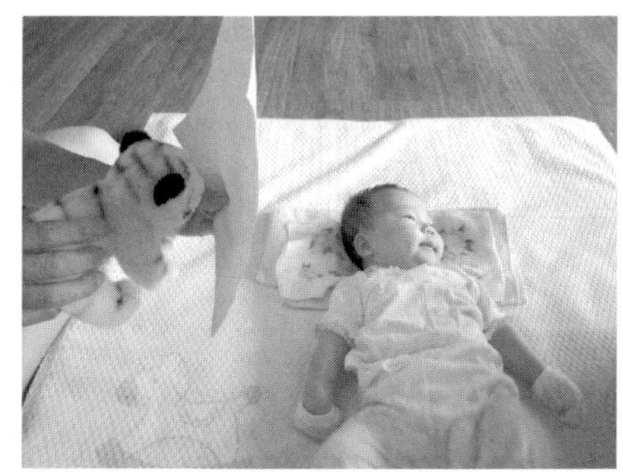

그림 2-2 영아의 대상영속성 실험

생이 공부하려고 책을 보는데 눈을 가리는 것과 마찬가지이다.

영아는 태어나면서 반사 행동을 보이나 이러한 반사 행동은 다양한 감각운동적 도식으로 변화하며 목적이 있는 행동으로 바뀌게 된다. 즉, 갓 태어난 신생아는 입 속에 들어온 모든 대상을 무조건적으로 빠는 빨기 반사 행동을 보이나, 점점 자신이 배고플 때에만 빠는 목적 행동으로 바꾼다.

대상영속성
대상이 시야에서 사라지더라도 계속 존재한다는 것을 인식하는 능력

감각운동기에 일어나는 가장 중요한 인지발달의 변화는 **대상영속성**(object permanence)의 습득이다. 대상영속성은 대상이 시야에서 사라지더라도 계속 존재한다는 것을 인식하는 능력이다. 갓 태어난 영아는 대상영속성을 가지고 있지 않다. 즉, 영아가 가지고 놀던 인형을 종이로 가리면 영아는 그 인형을 찾지 못한다([그림 2-2] 참조). 그러나 영아가 자라면서 어떤 물건이 눈앞에서 사라진다 하더라도 여전히 존재한다는 것을 알며 그 물건을 찾는 행동을 하게 된다. 감각운동기가 끝날 즈음 영아는 언어와 같은 기본적인 상징 도식이 발달하기 시작함으로써 정신적인 표상을 할 수 있다.

(2) 전조작기(preoperational period, 2~7세)

표상적 사고
마음속의 어떤 것을 그릴 수 있는 정신능력

전조작기는 상징 도식이 활발하게 발달하는 시기이다. 유아기로 넘어오면서 이들은 상징(symbol)을 사용하기 시작한다. 이제 유아는 '사탕'이라는 단어를 들으면 머릿속으로 사탕을 떠올리며 침을 꿀꺽 삼킬 수 있다. 이러한 **표상적 사고**

(representational thought) 능력이 생기면서 유아의 사고는 이전과는 질적으로 다른 도약을 하게 된다. 이 시기의 유아는 소꿉놀이, 병원놀이 등 가상놀이를 할 수 있게 되고, 이들이 그리는 그림에는 내면의 심리가 반영된다.

하지만 이 단계의 유아는 아주 단순한 수준의 정신적인 조작을 할 수 있으며, 논리적인 추리보다는 비논리적인 추리를 한다. 즉, 이 시기 유아는 직관적 사고, 중심화, 자아중심성의 특징을 보인다.

직관적 사고(intuitive thinking)는 현저한 지각적 특성으로 대상을 파악하는 사고를 말한다. 즉, 이 시기의 유아는 귀신 가면을 쓴 엄마를 보고 귀신이라 생각하여 무서워한다. 이는 겉모습(appearance)과 실재(reality)를 구별하지 못하고 겉모습이 곧 실재라고 생각하기 때문에 나타나는 현상이다. **중심화**(centration)는 사물의 한 가지 차원에만 초점을 두고 다른 중요한 특성은 간과하는 경향성을 뜻한다. 피아제는 **보존**(conservation) 실험을 통해 전조작기 유아의 직관적 사고와 중심화 특성을 설명하였다. [그림 2-3]에서 유아는 자기 앞에 놓인 두 개의 컵에 같은 양의 주스가 채워지는 것을 본다. 유아는 "어느 컵의 주스가 더 많을까?"라는 질문에 같다고 대답한다. 그 후 유아는 한쪽 컵의 주스를 길고 좁은 컵으로 옮겨 붓는 것을 지켜본다. 그리고 다시 "어느 컵의 주스가 더 많을까?"라고 물으면, 유아는 길고 좁은 컵의 주스가 더 많다고 대답한다. 이것은 주스의 높이라는 시각적 인상에 의해 유아의 사고가 지배당하는 직관적 사고 때문에 보이는 오류이다. 또한 주스의 높이에만 주목하고 넓이의 변화는 간과하는 중심화 때문에 나타난 현상이다.

직관적 사고
대상의 지각적인 특징으로 그 대상의 특성을 파악하는 사고

중심화
사물의 한 가지 차원에만 초점을 두고 다른 중요한 특성은 간과하는 경향성

보존
물질의 모양이나 위치가 변하여도 물질의 속성은 동일하다는 개념

그림 2-3 피아제의 보존 실험

보존 개념을 이해하기 위해서는 가역성, 동일성, 상보성을 획득하여야 한다. 가역성(reversibility)은 처음의 상태로 돌이켜 생각할 수 있는 능력을 말한다. 이 실험에서 유아는 길고 좁은 컵으로 옮겨진 주스를 다시 원래의 컵으로 옮길 수 있는 가역적인 정신작용이 불가능하였다. 동일성(identity)은 아무것도 더하거나 빼지 않았으므로 그 양은 같다는 논리이다. 즉, 이 실험에서 유아는 컵의 주스가 옮겨지는 과정에서 더해지지 않았으므로 그 양이 같다는 사고를 하지 못하였다. 상보성(compensation)은 여러 특성의 관계를 상호 비교하고 통합하는 조작능력을 뜻한다. 이 실험에서 유아는 새로운 컵의 높이가 높아진 만큼 넓이는 줄어들었다는 것을 고려하지 못하였다. 이와 같이 이 시기의 유아는 물질의 모양이나 위치가 변하여도 물질의 양은 보존된다는 원리를 이해하지 못한다.

자아중심성
타인의 생각, 감정 등이 자신과 동일하다고 믿고 타인의 관점을 이해하지 못하는 경향

전조작기의 또 다른 특성인 **자아중심성**(egocentrism)은 타인의 생각, 감정 등이 자신과 동일하다고 믿고 타인의 관점을 이해하지 못하는 경향을 말한다. 이는 중심화의 한 현상으로, 내가 중심이 되는 것이다. 예를 들어, 이 시기의 유아는 자신이 제일 아끼는 장난감을 엄마도 제일 좋아할 것이라고 믿으며, 엄마의 생신 선물로 이 장난감을 주기로 결심한다. 피아제는 전조작기 유아의 자아중심성을 밝히

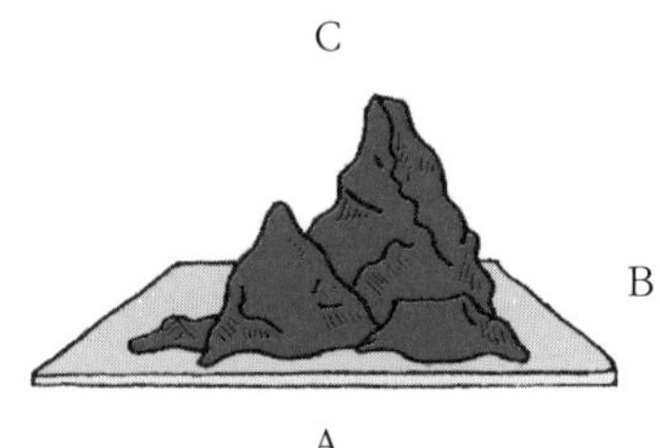

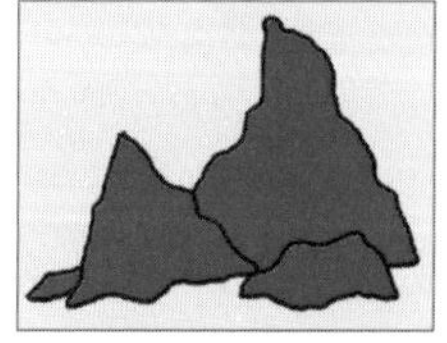
A 위치에서 본 산

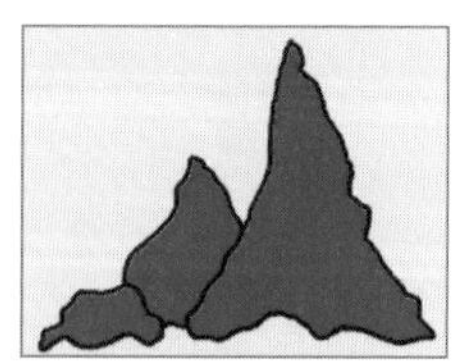
B 위치에서 본 산

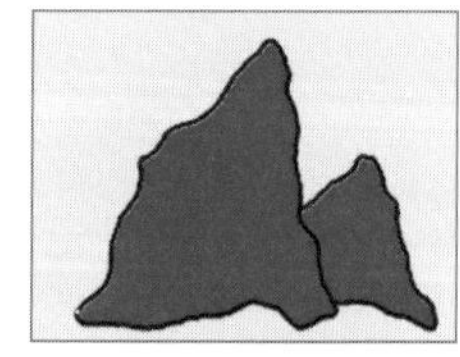
C 위치에서 본 산

그림 2-4 **피아제의 세 산 모형 실험**(신명희 외, 2013)

기 위해 세 산 모형 실험을 하였다([그림 2-4] 참조). 피아제는 전조작기 유아를 A에 앉히고 인형을 C에 앉힌 후, 유아에게 산들의 모습이 어떻게 보이는지 물었다. 그러고 나서 유아에게 C에 앉은 인형은 어떤 산의 모습을 보겠느냐고 물었다. 그러자 유아는 C에 앉은 인형도 A에 앉은 자신과 동일한 산의 모습을 본다고 말하였다.

자아중심성은 유아의 언어에서도 명백히 나타난다. 유아가 모여 노는 모습을 멀리서 지켜보면 같이 잘 노는 것처럼 보인다. 하지만 가까이 다가가서 대화 내용을 들으면 실제적인 상호작용이나 대화 없이 각자 자신의 말을 열심히 할 뿐이다.

이 외에도 이 시기의 유아는 전인과적 사고(precausal thinking), 물활론(animism)의 사고 특성을 보인다. 전인과적 사고란 원인과 결과에 대한 논리적 추론능력이 부족하여 나타나는 비논리적이고 주관적인 인과적 사고를 말한다. 예를 들어, 이 시기의 유아는 묘지에 가면 죽는다고 생각하여 묘지에 가는 것을 두려워한다. 이는 묘지가 죽음을 결정짓는 원인이라고 추론하였기 때문에 나타나는 현상이다. 물활론은 생명이 없는 대상에게 생명과 감정을 부여하는 사고로, 이 시기의 유아는 인형도 밥을 먹고 잠을 자야 한다고 생각한다. 또한 문지방에 걸려 넘어진 후, 문지방을 때리며 "나빠! 맴매!" 하는 것도 물활론적 사고에 기인한 행동이다.

(3) 구체적 조작기(concrete operational period, 7~11세)

구체적 조작기의 아동은 인지능력의 극적인 변화로 인해 이전 단계의 유아와는 전혀 다른 사고를 하게 된다. 이들은 체계적이고 논리적인 사고를 할 수 있게 되고 가역성의 개념을 획득하여 보존 과제를 성공적으로 수행할 수 있다.

그렇다고 구체적 조작기의 아동이 갑자기 모든 보존 개념 실험을 성공하게 되는 것은 아니다. 보존 개념의 획득은 앞에서 제시된 양에 대한 보존 실험 이외에도 길이나 부피 등 여러 영역에서 이루어지며, 과제의 형태에 따라 습득되는 시기가 다

보존 과제	획득 연령	최초 배열	변형	변형된 배열	원리
수	6~7세	A줄과 B줄에 같은 수의 바둑알이 있는가?	한 줄을 길게 늘인다.	A줄과 B줄에 바둑알 수가 같은가?	재배열 후에도 수는 동일하다.
질량	6~8세	찰흙으로 만든 A공은 B공과 같은 양인가?	B공을 눌러서 납작하게 바꾼다.	A와 B는 같은 양인가?	모양이 변해도 찰흙 양은 동일하다.
길이	7~8세	막대 A와 B의 길이는 같은가?	막대 하나를 왼쪽이나 오른쪽으로 움직여 배열을 변화시킨다.	A와 B는 같은 길이인가?	배열이 변화해도 길이는 변하지 않는다.
용액	7~8세	A컵과 B컵의 물은 같은 양인가?	A컵의 물을 넓고 얕은 컵에 붓는다.	A와 B의 물은 같은 양인가?	물을 담은 컵의 모양이 변하더라도 물의 실제 양은 동일하다.
면적	8~9세	여기 두 농장이 있는데 각 농장에는 풀들이 있다. 소가 농장에서 풀을 뜯어 먹는다. 소는 A와 B에서 같은 양의 먹을 풀을 갖고 있는가?	한 농장의 풀들의 간격을 벌려 놓는다.	A와 B에서 같은 양의 먹을 풀을 갖고 있는가? 아니라면 왜 그렇지 않은가?	면적을 덮고 있는 물체의 위치를 옮겨도 덮이지 않은 전체 면적은 변함이 없다.
무게	9~10세	A와 B는 공 모양의 찰흙덩어리인데 둘 다 같은 무게인가?	질량의 보존에서와 같이 A나 B 찰흙공 하나를 눌러서 납작하게 만든다.	저울에 올려놓으면 A와 B는 같은무게일까?	모양이나 부피가 변해도 무게는 동일하다.
부피	10~15세	같은 모양의 찰흙공 A와 B를 물에 넣으면 올라오는 높이가 같은가?	찰흙공 하나의 모양을 눌러서 변형시킨다.	A와 B가 용기 속의 물을 똑같은 높이로 올릴 것인가?	모양이 변해도 부피는 변하지 않으므로 물 높이는 동일하다.

그림 2-5 여러 가지 형태의 보존 과제(신명희 외, 2013)

르다. [그림 2-5]에서 보듯이 처음에는 수에 내한 보존 개념을 습득하고, 그다음에는 질량, 길이, 면적, 무게, 마지막으로 부피 순으로 보존 개념을 습득한다.

이 시기의 아동은 또한 타인의 관점과 생각이 자신과 다를 수 있음을 이해하게 됨으로써 탈중심화가 일어난다. 즉, 아동은 타인의 감정과 사고에 관심을 가지는 사회지향적인 특성을 보인다. 이제 이들은 자신이 제일 아끼는 장난감을 엄마가 꼭 좋아하지는 않는다는 것을 알게 된다.

구체적 조작기에 습득되는 또 다른 중요한 개념은 유목화와 서열화이다. **유목화**(class-inclusion)는 부분과 전체의 논리적 관계, 상하의 위계적 관계를 이해하는 것이다. 즉, 전체는 부분보다 크며, 상위 유목은 하위 유목보다 크다는 것을 이해하는 것이다. 유목화 개념이 없는 전조작기 유아는 5명의 남자아이와 2명의 여자아이로 구성된 놀이반에서 "아이들이 많니, 남자아이들이 많니?"라고 물으면, 남자아이들이 많다고 대답한다. 하지만 구체적 조작기의 아동은 아이들이 남자아이들의 상위 개념임을 이해하고 아이들이 더 많다고 대답할 수 있게 된다([그림 2-6] 참조).

유목화
부분과 전체의 논리적 관계, 상하의 위계적 관계를 이해하는 것

서열화(seriation)는 크기나 무게와 같은 하나의 기준에 따라 대상을 순서대로 배열할 수 있는 능력을 뜻한다. 예를 들어, 연필을 길이 순으로 차례대로 나열할 수 있느냐는 것이다. 이 개념 또한 구체적 조작기에 와서야 완성할 수 있다.

서열화
크기나 무게와 같은 하나의 기준에 따라 대상들을 순서대로 배열할 수 있는 능력

그림 2-6 유목화 실험: 남자아이가 많을까? 아이가 많을까?

구체적 조작기 아동의 사고는 전조작기 유아의 사고와 큰 차이를 보이지만 아직 성인의 사고와는 다르다. 이 시기의 논리적 조작은 개인적인 경험과 밀접하게 관련되어 있어서 자신에게 친숙한 경우에만 가능하며, 추상적인 상황에서는 논리적 오류를 보일 수 있다.

(4) 형식적 조작기(formal operational period, 11세 이후)

사춘기에 접어들면서 청소년의 사고는 성인의 유형으로 발달하기 시작한다. 청소년은 추상적인 개념을 가지고 논리적 사고를 할 수 있게 된다. 즉, '지금 여기'의 구체적 상황뿐 아니라 그 이상의 '가능성'까지 논리적으로 생각할 수 있다. 예를 들어, 미술시간에 교사가 "사람에게 눈이 하나가 더 있다면 어디에 있는 것이 좋을까?"라는 질문을 하면, 구체적 조작기의 아동은 눈이 얼굴에 있다는 사실에서 크게 벗어나지 못한다. 따라서 양쪽 눈 사이에 눈 하나를 추가하는 정도밖에 생각하지 못한다. 그러나 형식적 조작기의 학생은 손끝에 있는 눈 또는 뒷머리에 있는 눈과 같이 사실과는 다른 가상의 상황을 즐길 수 있다.

추상적 사고
눈에 보이지 않는 추상적 개념뿐 아니라 추상적 관련성을 이해하는 것

형식적 조작기 사고의 특징은, 첫째, **추상적 사고**(abstract thinking)능력이 있다. 추상적 사고는 눈에 보이지 않는 추상적 개념뿐 아니라 추상적 관련성을 이해하는 것을 말한다. 피아제(Piaget, 1952)는 10개의 속담과 각 속담이 내포하는 의미를 찾는 문제를 제시하였다. 이 실험에서 구체적 조작기의 아동은 속담의 추상적인 의미를 이해하는 데 어려움을 토로하였다. 예를 들어, '소 잃고 외양간 고친다'라는 속담에 대해 구체적 조작기의 아동은 소를 도둑맞고 빈 외양간을 고친다는 사실 그대로만 설명할 수 있을 뿐, 속담 속에 담긴 비꼬는 의미를 이해하지 못한다.

가설 연역적 추리
현상에 대해 연역적이면서 체계적으로 여러 가설을 세우고, 이를 검증하는 자료를 수집하여 문제해결에 도달하는 전략

둘째, 이 시기의 청소년은 **가설 연역적 추리**(hypothetico-deductive reasoning)를 할 수 있다. 이 시기의 청소년은 다양한 현상에 대해 여러 가설을 세우고, 이를 검증하는 자료를 수집할 수 있다. 구체적 조작기의 아동도 연역적으로 사고할 수 있지만 그들의 사고가 친숙한 사물이나 상황에 제한되는 반면, 형식적 조작기의 청소년은 가설을 가지고 추상적으로 사고할 수 있는 능력을 가지게 된다. 가설을 설정하고 결론을 이끌어 내며 해석을 제안하는 과학적 사고를 할 수 있으며 이러한

사고의 유형은 성인기까지 지속적으로 발달한다. 청년기의 가설적인 사고는 사회, 정치, 철학 등 전 영역에 걸쳐서 이상주의적인 특성으로 확장된다.

셋째, 이 시기의 청소년은 **조합적 추리**(combinational reasoning)를 할 수 있다. 이 시기의 청소년은 문제해결에 필요한 요인을 골라내어 체계적으로 구성할 수 있다. 피아제(Inhelder & Piaget, 1958)는 [그림 2-7]과 같은 액체 실험을 통해 청소년의 조합적 추리능력을 밝혀냈다. 이 실험에서 구체적 조작기의 아동은 여러 가지 방법으로 액체를 조합할 수는 있었지만 모든 경우의 조합을 만들 수는 없었다. 그러나 형식적 조작기의 청소년은 모든 경우의 조합을 체계적으로 만들어 낼 수 있었다.

조합적 추리
문제해결에 필요한 요인들을 골라내어 체계적으로 구성하는 전략

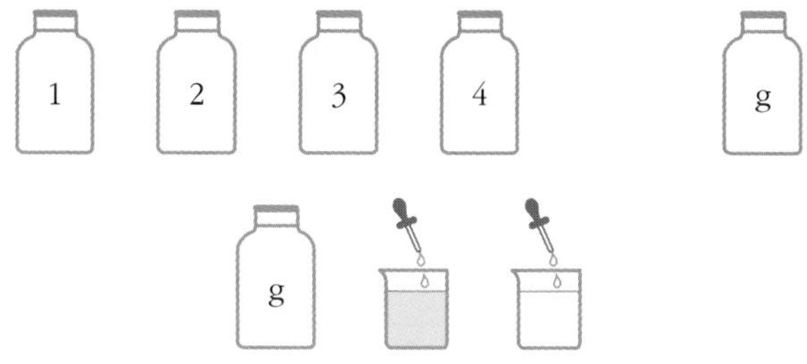

칼륨옥화은을 담은 시약병(g)과 액체가 들어 있는 네 개의 병이 있다. (1)번에서 (4)번까지 번호가 붙은 네 개의 병에 들어 있는 무색무취의 액체는 각각 황산(1), 물(2), 과산화수소(3), 디오황산(4)이다. 실험자는 아이가 지켜보는 앞에서 아래에 따로 준비되어 있는 두 개의 비커 속 액체에 추출기를 사용하여 (g)병에 들어 있는 칼륨옥화은을 각각 떨어뜨렸다. 두 개의 비커 중 하나는 (1)+(3)[황산과 과산화수소]이 들어 있고 다른 하나는 (2)[물]가 들어 있었는데 (1)+(3)의 액체가 황색으로 변하였다. 이제 실험자는 아동에게 위의 네 개 병의 액체와 시약을 사용하여 황색의 액체를 만들도록 지시한다.

이 실험에서 가능한 논리적 조합은 다음과 같으며 이 중에서 (6)번과 (11)번의 조합에서 액체는 황색이 된다.

(1) g+1	(5) g+1+2	(9) g+2+4	(13) g+1+3+4
(2) g+2	(6) g+1+3	(10) g+3+4	(14) g+2+3+4
(3) g+3	(7) g+1+4	(11) g+1+2+3	(15) g+1+2+3+4
(4) g+4	(8) g+2+3	(12) g+1+2+4	

그림 2-7 액체 실험(Inhelder & Piaget, 1958)

3) 비판점

피아제의 이론은 인지발달을 이해하는 데 핵심적인 역할을 하였지만 다음과 같은 점에서 비판을 받는다.

첫째, 그는 감각운동기와 전조작기 유아의 인지능력에 대해서 과소평가하였다. 즉, 전조작기 유아의 실제 능력은 피아제가 생각했던 것보다 더 뛰어나다는 것이다. 최근 연구들(Gelman, 2000; Siegler, 2006)은 전조작기 유아가 보존 과제 실험과 세 산 모형 실험에서 실패하였던 이유는 과제가 친숙하지 않았기 때문이라고 주장한다. 만약 세 산 모형 대신 친숙한 장난감 자동차를 가지고 실험을 하면 많은 유아가 다른 위치에서 보이는 모습을 말할 수 있으며, 보존 과제 수행에서 과제나 질문을 쉽게 하면 성공적으로 수행할 수 있다는 것이다. 감각운동기 영아의 대상영속성 또한 그가 제안한 시기보다 더 빨리 나타나는 것으로 최근 연구(Baillargeon, Graber, DeVos, & Black, 1990)에서 밝혀졌다.

둘째, 오늘날의 연구자들은 피아제가 제안한 것처럼 서로 질적으로 다른 인지발달단계가 명확하게 구분되어 존재하는지에 대해 의심을 갖는다. 이후의 연구들은 하나의 개념이 여러 발달단계에 걸쳐 습득된다는 사실을 밝혀냈다(Halford & Andrews, 2006). 예를 들어, 보존 개념에서의 질량에 관한 보존 과제는 구체적 조작기 아동이 해결할 수 있으나, 수에 대한 보존 과제는 전조작기 유아도 성공할 수 있고, 부피에 관한 보존 과제는 형식적 조작기에 이르러야 해결할 수 있다. 즉, 동일한 개념이 과제의 형태에 따라 여러 발달단계에 걸쳐 습득될 수 있으므로 질적으로 확실하게 구분되는 인지발달단계가 있다고 단언하기 어렵다.

셋째, 피아제는 인지발달이 주로 생물적 성숙으로 일어난다고 하였으나 이후의 연구들은 특정한 상황에서 사람들의 사전 지식과 경험이 그가 제안한 것보다 그들의 논리적인 능력에 더 크게 영향을 미친다고 주장한다(Alexander, 2006; Cole, Cole, & Lightfoot, 2005). 예를 들어, 도시에 거주하는 성인들이 구체적 경험을 주로 하는 농경생활의 시골 성인들보다 형식적 조작의 사고에 능숙하다. 또한 형식적 조작기의 대학생이라 할지라도 처음 배우는 운전에서는 구체적 조작기에 해당하

는 행동을 많이 한다. 즉, 체계적으로 신호등과 차선을 염두에 두고 운전대와 브레이크를 조절하지 않고 무질서하게 모든 것을 시도하려 한다.

4) 시사점

피아제의 인지발달이론이 교육현장에 시사하는 점은 다음과 같다.

첫째, 아동은 세상을 이해하는 나름대로의 틀을 가지고 있는 적극적인 사고가이자 능동적인 학습자이다. 따라서 교육은 아동이 교사의 말을 수동적으로 받아들여 지식을 흡수하게 하기보다는 학습과정에 적극적으로 참여하여 탐구할 수 있도록 교육과정을 구성해야 한다. 피아제는 교육의 목표는 지식의 양을 증가시키는 것이 아니라 발견하고 발명할 수 있는 가능성을 창조하는 데 있다고 하였다.

둘째, 교사는 아동의 인지발달단계를 이해하고 발달의 수준에 적합한 눈높이 교육을 해야 한다. 피아제는 발달에 기초하여 학습이 이루어진다고 하였다. 즉, 감각운동기의 영아는 가능하면 많이 빨고 만져 보는 것이 공부가 된다. 전조작기 유아에게 가상놀이는 상징 도식을 활발하게 확장하는 최고의 공부이며, 구체적 조작기의 아동에게는 직접 경험하게 하는 체험학습이 중요하다. 수업 내용 또한 아동의 인지수준에 맞는 것이어야 한다. 교사가 아무리 훌륭한 수업계획을 구상하였더라도 아동이 수업을 이해하는 데 필요한 인지구조나 조작능력을 가지고 있지 않으면 수업은 무의미해진다.

셋째, 수업에 대립전략(confrontation strategy)을 활용한다. 이것은 아동의 지식체계에 대립되는 정보를 줌으로써 인지적 불평형을 만들어 주는 것을 말하는데, 새로운 정보로 인해 현재의 인지구조가 불평형 상태에 놓이면 동화와 조절의 적응과정을 통해 평형상태를 이루려고 하고, 이 과정에서 아동은 이전에 학습된 개념을 새로운 개념에 연결시키게 된다.

2. 비고츠키 인지발달이론

러시아의 심리학자인 비고츠키(Lev Vygotsky)는 아동의 인지발달의 근원을 사회적인 환경에서 찾았다. 그는 아이들이 자신의 주위에 있는 다른 사람들로부터 배우는 것에 주목하였고 그러한 사회적인 관계 속에서 개념이나 사실, 태도, 기술 등의 발달이 이루어진다고 보았다. 이런 사회적인 환경은 문화를 포함하는 것이기 때문에 비고츠키의 이론을 사회문화적발달이론이라고도 한다.

1) 개념

비고츠키는 자기 자신뿐 아니라 모든 아동이 부모와 친구, 교사와의 상호작용을 통해 많은 것을 배우며 이러한 사회관계 속에서 인지발달이 이루어진다고 보았다. 즉, 그의 인지발달이론에서는 사회·문화적 영향력을 중시한다. 이러한 관점은 그 당시 서구 심리학을 지배하던 개인주의 그리고 피아제의 이론과 상반되

비고츠키(Lev Semyonovich Vygotsky, 1896~1934)

비고츠키는 구소련 벨라루스의 유복한 유대인 가정에서 태어났다. 모스크바 대학교와 샤니아프스키(Shaniavsky) 인민 대학교에서 법학과 문학, 철학, 예술, 심리학을 공부한 그는 1924년 파블로프의 조건반사이론을 비판하는 논문을 발표하면서 관심을 끌기 시작하였다. 그는 아동의 인지발달에서 사회·문화적 맥락의 중요성을 강조하였으며, 1934년에 38세의 젊은 나이로 사망할 때까지 180편이 넘는 논문과 책을 출판하였다.

그는 천재적인 심리학자로 평가받고 있으며, 만약 그가 피아제처럼 장수하면서(피아제는 비고츠키와 같은 해에 출생하여 1980년에 사망하였다) 소련의 탄압을 받지 않고 자유롭게 연구활동을 할 수 있었다면 현대 심리학의 판도가 달라졌을 것이라는 평가까지 나오고 있다.

는 것이었다. 즉, 서구 심리학에서는 인지발달이 개인 내부에서 시작된다고 가정하였으나, 비고츠키는 인지발달이 사람들 사이에서 발생한다고 가정함으로써 인지발달의 사회적 기원을 주장하였다.

(1) 근접발달영역

비고츠키는 발달 수준을 실제적 발달 수준과 잠재적 발달 수준으로 구분하였다. 실제적 발달 수준은 아동이 주위의 도움 없이 스스로 문제를 해결할 수 있는 수준이고, 잠재적 발달 수준은 도움을 받아서 문제를 해결할 수 있는 더 높은 수준이다. 이 두 수준 사이에 존재하는 영역이 **근접발달영역**(zone of proximal development: ZPD)이다([그림 2-8] 참조). 즉, 근접발달영역은 혼자서는 문제를 해결할 수 없지만, 성인의 안내를 받거나 친구와 협동하면 성공적으로 문제를 해결할 수 있는 영역을 말한다.

근접발달영역
혼자서는 문제를 해결할 수 없지만, 성인의 안내를 받거나 친구와 협동하면 성공적으로 문제를 해결할 수 있는 영역

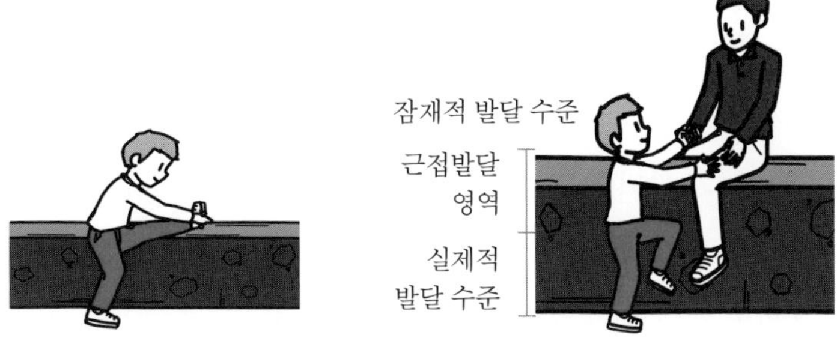

그림 2-8 **근접발달영역**

현재의 발달 수준이 같더라도 근접발달영역은 개인에 따라 다를 수 있다. [그림 2-9]에서와 같이 A 아동과 B 아동은 도움이 없는 상황에서 비슷한 수준의 성취를 보이나, 도움이 주어지는 상황에서는 B 아동이 A 아동보다 더 높은 수준의 성취를 보인다. 즉, B 아동이 더 큰 근접발달영역을 가진다.

지능검사에서 정신연령이 7세로 나온 두 아동에게 답을 유도하는 질문을 던지

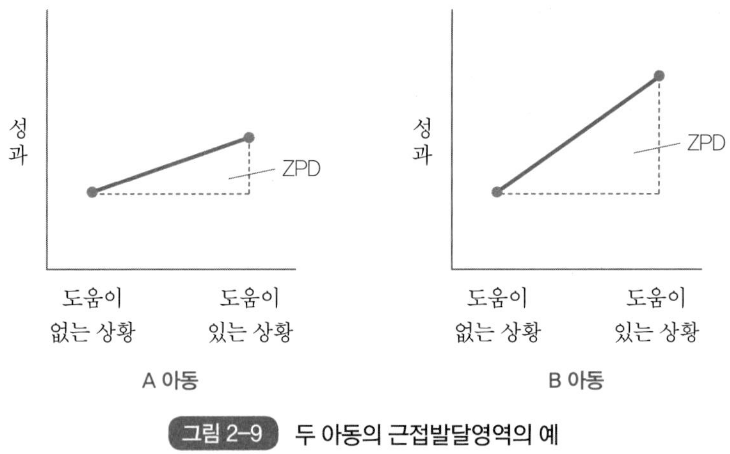

그림 2-9 두 아동의 근접발달영역의 예

거나, 예를 들어 주거나, 시범을 보여 주는 등의 도움을 주면 이 두 아동 중 한 아동은 자신의 실제 발달 수준보다 2세 높은 문제까지 쉽게 해결하고, 다른 아동은 자신의 발달 수준보다 6개월 앞선 문제까지만 푼다. 스스로 문제를 푸는 활동에서는 두 아동이 같은 수준이나, 그들의 잠재적 수준은 전혀 다르다.

근접발달영역은 또한 학습이 일어나야 할 수준을 알려 준다. 학생들은 이미 알고 있는 내용이어서 학습에 지루함을 느끼는 상황에 놓여서도 안 되고, 아직 학습할 준비가 되어 있지 않거나 학습할 수 없는 내용이어서 좌절감을 느끼는 상황에 놓여서도 안 된다. 학생들은 자신의 현재 인지발달 수준을 조금 넘어서는 수준에서 학습해야 하고 교사 또는 다른 학생의 도움이 제공될 수 있어야 한다. 가끔은 자신보다 좀 더 우수한 친구가 성인인 교사보다 더 나은 교수자일 수 있다. 왜냐하면 지금 자신이 풀지 못한 문제의 해결방법을 방금 알아챈 친구의 실제적 인지발달 수준이 나의 근접발달영역에 해당하기 때문이다. 따라서 교사가 설명할 때에는 이해할 수 없었던 것을 친구가 설명하면 더 쉽게 이해하곤 한다. 이러한 상호작용을 통해 근접발달영역은 고정되지 않고 역동적으로 변해 간다.

(2) 비계설정

비고츠키는 아동이 홀로 인지적 조작의 원리를 발견하지는 못한다고 생각하였

다. 이 발견은 가족, 교사, 친구 등의 중재나 도움을 통해 이루어진다. 그리고 이러한 중재나 도움을 주는 과정을 발판 또는 **비계설정**(scaffolding)이라고 하였다(Wood, Brunner, & Ross, 1976). 비계설정은 더 뛰어난 친구나 성인의 도움으로, 근접발달영역 내에서 비계설정이 이루어져야 한다.

비계설정
개인의 잠재적 발달 수준에 제공되는 지원체계

[그림 2-10]과 같이 비계는 건물을 지을 때 높은 곳에서 공사를 할 수 있도록 임시로 설치하는 안전 가설물을 칭한다. 비계는 건물을 조금 더 빨리 그리고 효율적으로 건설할 수 있도록 돕는다. 학습에서도 마찬가지이다. 문제해결을 위한 교사의 힌트 또는 친구들과의 협동학습은 학습자의 인지발달을 앞당길 수 있다. 이러한 도움과 지원이 제공되지 않는다면, 인지발달이 늦어지거나 불완전해질 수 있다. 그러나 효과적인 비계설정은 학습자 스스로 할 수 있도록 지원해 주는 것으로 국한해야 한다. 교사와 부모는 도움을 줄 수 있을 뿐, 실제로 학습하는 주체는 학습자 자신이어야 한다.

또한 학습에서의 비계설정은 초기 단계에는 많은 도움을 제공하다가 점점 지원을 줄여서 스스로 할 수 있는 단계까지 이끌어 나가야 한다. 자전거를 처음 배울 때를 기억해 보면 처음에는 보호자가 뒤에서 양손으로 잡아 주지만 아이가 중심을 잡을 수 있게 되면 한 손을 놓았다가 결국에는 모든 손을 놓았을 것이다. 이처

그림 2-10 비계

럼 비계설정은 처음에는 아동이 할 수 없는 문제해결의 요소들을 교사나 부모가 지원하다가 차츰 아동이 그 문제에 집중하도록 하고 결국에는 자신의 능력 안에서 그 과제를 스스로 해결할 수 있도록 하는 것이다.

(3) 언어

비고츠키는 피아제와 달리 언어가 인지발달에 중요한 역할을 한다고 하였다. 피아제는 언어를 현재의 인지발달 수준을 보여 주는 통로쯤으로 간주하였으며, 아동의 사고과정에서 언어가 중요한 역할을 하지 않는다고 생각하였다. 그러나 비고츠키는 비계설정을 포함하여 대부분의 사회적 상호작용이 언어를 통해 이루어지며, 언어는 학습자로 하여금 다른 사람이 이미 가지고 있는 지식에 접근하도록 해 준다고 하였다. 또한 언어는 스스로 문제를 해결할 수 있도록 돕는다. 그는 아동이 목표를 달성하기 위해 언어를 사용한다는 사실을 발견하였다. 예를 들어, 높은 곳에 사탕이 놓여 있어서 직접 꺼낼 수 없게 되자, 4세 여아는 "의자에 올라가면 사탕을 꺼낼 수 있을 거야. 의자에 올라가서 사탕을 꺼내자."라고 혼잣말을 하면서 사탕을 꺼낸다.

비고츠키는 아동이 말하기의 도움을 받아 과제를 해결하며, 목표를 달성하는데 있어 언어가 중요한 역할을 한다고 주장하였다. 그는 문제를 해결할 때 혼잣말의 형태로 나타나는 언어를 사적 언어(private speech)라고 하였다. 사적 언어는 외부의 사회적 지식을 내부의 개인적 지식으로 바꾸는 장치이며, 자기 자신의 생각을 조절하고 반영하는 수단이다. 사적 언어는 어린 아동에게서 쉽게 발견되며 복잡한 과제일수록, 직접적으로 해결할 수 없는 과제일수록 더 많이 사용된다. 즉, 아동은 자신의 실제 능력보다 약간 더 어려운 문제에 직면했을 때 사회적 언어를 통해 주변 사람의 도움을 구하거나, 자신의 행동에 수반되는 혼잣말을 함으로써 문제를 해결하고자 노력한다. 그러나 과제를 수행하는 동안 아동에게 말을 못하게 하면 주어진 과제를 완수하지 못할 수도 있다. 여러 연구에 따르면, 사적 언어를 열심히 사용한 아동이 그렇지 않은 아동보다 복잡한 과제를 더 효과적으로 학습하는 것으로 나타났다(Emerson & Miyake, 2003; Schneider, 2002).

성장하면서 우리는 더 이상 밖으로 소리 내어 말하지 않지만 사적 언어는 여전히 중요한 역할을 한다. 성인도 밖으로 소리 내어 말하지 않을 뿐 머릿속으로 끊임없이 혼잣말을 한다. 심지어 밖으로 소리 내어 혼잣말을 하기도 한다. 특히 당황할 때나 불확실한 상황에서 혼잣말이 많아진다.

2) 비판점

비고츠키의 이론은 다음과 같은 점에서 비판을 받는다(Wertsch & Tulviste, 1994).

첫째, 비고츠키의 이론은 유럽 중심적인 경향을 보였다. 그 당시 러시아인은 유럽의 문화, 특히 프랑스의 문화가 러시아를 비롯한 다른 나라에 비해 우월하다고 평가하고 유럽의 문화를 동경하는 경향이 있었다. 이러한 영향을 받은 비고츠키는 다른 문화에 비해 우월한 문화가 존재한다고 생각하였고, 유럽의 문화적 도구와 정신기능이 다른 민족의 문화보다 우월하다고 생각하였다.

둘째, 그의 이론은 인지발달의 제한적인 측면만을 다루었다는 비판을 받는다. 비고츠키는 인지발달의 생물학적 성숙요인에 대해 거의 언급하지 않았으며 명확하게 설명하지 않았다. 그는 문화적 영향력이 인지발달에 미치는 과정에만 초점을 맞추었을 뿐, 생물학적 성숙이 인지발달에 어떠한 영향을 미치는지에 대해서는 언급하지 않았다.

셋째, 비고츠키는 아동의 발달이 환경의 산물이므로 개체의 능동적인 발달이 일어나기 어렵다고 주장하였다. 그는 환경이 발달의 원천이므로 발달의 일차적인 힘이 개인 밖에서 온다고 설명하는데, 이런 관점에서 보면 개인이 발달을 위해 능동적으로 할 수 있는 것은 거의 없어 보인다. 따라서 그의 이론은 인간의 창의성과 개혁성을 충분히 설명하지 못한다는 점에서 비판을 받는다.

이 외에도 비고츠키가 제안한 근접발달영역은 개념이 모호하고 실제 측정이 어렵다는 평가를 받는다.

3) 시사점

비고츠키의 인지발달이론이 교육현장에 시사하는 바는 다음과 같다.

첫째, 수업은 발달에 선행하도록 계획되어야 한다. 즉, 수업은 근접발달영역에 작용하여 아동의 잠재적인 능력을 깨우치도록 하는 것이다. 따라서 아동의 인지발달을 이끌기 위해 교사는 아동의 근접발달영역을 찾아내어야 한다. 비고츠키는 학교교육에서 학생들이 혼자서 공부를 하도록 하는 것은 아동의 인지발달을 늦춘다고 하였다.

둘째, 협동학습을 적극적으로 활용한다. 비고츠키는 친구와의 상호작용이 아동의 사고를 향상시키는 데 매우 가치가 있음을 인정하였다. 그의 이론은 함께 과제를 수행하면서 서로 배울 수 있는 협동학습의 활용을 지지한다. 친구들과의 상호작용은 근접발달영역 내에서 이루어지며, 서로에게 좀 더 발전된 모델을 제공해 준다. 또한 협동학습은 아동의 내적 언어를 소리 내어 말하도록 이끌며, 이는 친구들의 각기 다른 추론과정에 대한 통찰을 얻을 수 있게 해 준다. 이때 주의할 점은 집단을 구성할 때 아동의 능력 수준이 서로 다르도록 해야 한다는 것이다. 더 뛰어난 친구가 가르쳐 줌으로써 근접발달영역 안에서의 성장을 촉진할 수 있다.

셋째, 문제해결을 위해 사적 언어를 활용하도록 지도한다. 어떤 초등학교 교사는 수업시간이 매우 조용해야 한다고 생각한다. 하지만 아동으로 하여금 사적 언어 사용을 부끄러워하지 않고 적극적으로 활용하도록 지도해야 한다. 그리고 조금 소란스러운 교실환경을 감내해야 한다.

넷째, 비계설정을 활용한다. 학교에서 학습자에게 다양한 비계설정을 제공해 주면 학생들이 해결할 수 있는 문제의 범위는 넓어진다. 따라서 학생들이 문제해결에 어려움이 있을 때 교사는 부분적으로 해답을 제공하거나, 적극적으로 시범을 보여 주거나, 학생들이 자신의 사고과정을 소리 내어 말할 수 있도록 허용해야 한다.

3. 피아제와 비고츠키 이론의 공통점과 차이점

피아제와 비고츠키의 인지발달이론은 학습자를 소극적인 존재가 아닌 지식을 구성해 나가는 적극적인 존재로 파악하고, 발달이 환경과의 역동적인 상호작용을 통해 이루어진다는 점에서 견해를 같이한다. 특히 두 학자 모두 강의와 설명식 교수법 대신 학생들이 인지활동을 활발히 할 수 있는 학습활동을 설계해야 한다고 주장한다. 그러나 두 학자는 아동과 발달에 대한 이해, 인지발달과 학습의 관계, 인지발달과 언어의 관계에 대해서는 서로 다른 견해를 가진다.

1) 아동과 발달에 대한 이해

피아제는 생물학적 성숙이 인지발달의 근원이라고 주장하며 아동을 잠재력이 있는 꼬마 과학자로 보았다. 그리고 개인 내적 지식이 사회적 지식으로 확대 · 외면화되면서 지식이 형성되어 나간다고 하였다. 따라서 과학자로서 갖추어야 할 조작능력의 발달에 따라 인지발달단계를 구분하였으며, 과학자로서의 성장 가능성을 극대화하고 내적 지식을 쌓을 수 있는 풍부한 물리적 환경의 조성을 중요시하였다.

반면, 비고츠키는 인지발달의 근원은 사회적 환경이며 아동을 사회적 존재로 보았다. 그의 이론에 따르면, 인간은 혼자 행동할지라도 본질적으로 사회 · 문화적이다. 지식 형성과정 또한 사회적 지식이 개인 내적 지식으로 내면화되는 것이다. 즉, 인간은 외부의 간섭에서 자유로울 수 없고 사회 · 문화의 영향을 받으며 성장하는 존재이다. 따라서 그는 아동의 인지발달을 위하여 사회 · 문화 그리고 역사적 환경이 잘 조성되어야 한다고 주장하였다.

2) 인지발달과 학습

피아제는 발달이 학습에 선행한다고 보았다. 즉, 발달에 기초하여 학습이 이루어진다고 주장하였다. 개인의 발달 수준이 사고의 질을 결정하며 현재의 발달 수준을 넘어선 교육을 제시한다면 학습이 일어나지 못한다고 보았다.

비고츠키는 학습이 발달에 선행하며 발달을 주도한다고 주장하였다. 발달과정은 학습과정에 뒤처지는 것으로 보며 아동이 혼자는 할 수 없어도 부모나 교사의 도움으로 문제를 해결할 수 있다고 보았다.

3) 인지발달과 언어

피아제는 언어를 인지발달의 부산물로 보았다. 즉, 인지발달의 수준에 따라 그에 맞는 언어발달이 자연스럽게 뒤따른다는 것이다. 언어는 생각을 표현하는 통로일 뿐으로, 생각하는 만큼 말할 수 있다고 하였다. 반면, 비고츠키는 언어발달이 인지발달을 촉진한다고 보았다. 언어는 다른 사람과의 상호작용을 하기 위해서 필요하며 아동의 사고를 조직화하는 데 중요한 역할을 한다. 언어는 학습과 발달을 매개하는 중요한 요인이라고 하였다.

혼잣말에 대해서도 그들은 서로 견해를 달리한다. 피아제는 혼잣말을 자기중심적 언어(egocentric speech)로 표현하며, 혼잣말을 가장 많이 하는 시기인 전조작기 유아의 미성숙하고 자기중심적인 성향을 대변해 주는 것이라고 하였다. 반면, 비고츠키는 혼잣말을 사적 언어라고 표현하며, 자신의 사고와 행동을 지도하기 위한 수단, 문제해결을 위한 사고의 도구로서 기능한다고 하였다.

EDUCATIONAL PSYCHOLOGY

제 3 장

성격발달

우리는 사람들이 성격에 대해 이야기할 때 '성격이 좋다' 또는 '성격이 나쁘다'로 평가하는 경우를 종종 보게 된다. 그러나 성격은 좋다 또는 나쁘다라고 단순하게 표현하기에는 대단히 복잡하고 다양한 성질을 가지고 있다. 누군가의 성격에 대해 이야기하는 것은 다양한 정보를 통해 그 사람의 특징을 파악하려는 것이라고 볼 수 있다.

성격에 대해 설리번(Sullivan, 1953)은 인간 상호 관계 속에서 개인의 행동을 특징짓는 지속적으로 나타나는 심리적 특성으로 묘사하고 있다. 일반적으로 성격은 한 개인의 가장 뚜렷한 특징으로 어떤 사람에 대해 갖는 일관성 있는 느낌이라고 할 수 있다. 학습자의 대표적인 정의적 특성인 성격은 학교 학습활동 전반에 큰 영향을 미칠 뿐 아니라 성인이 되어 사회 구성원으로서 살아가는 데도 매우 중요한 역할을 한다.

1. 프로이트의 심리성적 발달이론

원초아
태어날 때부터 가지고 있는 정신에너지의 원천적 저장고. 성욕이나 공격욕과 같은 본능적 충동을 주관하며 쾌락원리(pleasure princeple)를 따름

자아
원초아의 욕구가 현실적으로 합당한 방법으로 만족을 얻을 수 있는 방법을 찾고 계획함

초자아
사회적 가치와 도덕이 내면화된 것으로 무엇이 옳고 그른가를 판단하는 원천이 되며 행동을 규제함

프로이트(Freud)는 정신분석학(psychoanalysis)에서 성격발달단계를 최초로 설정하였고 성격이 생물적 성숙 요인에 의해 형성된다고 보았다. 프로이트는 인간의 외적인 행동, 감정, 생각은 우연히 일어나는 것이 아니라 심리적 원인에 의해 결정된다고 보고 어릴 적 한번 형성된 성격은 평생 영향을 미친다고 주장한다. 프로이트는 성격발달에서 초기 아동기 경험의 중요성을 강조함으로써 그 후 아동기에 대한 연구에 많은 자극을 주었다.

프로이트(Freud, 1960)의 이론에서 의식은 수면 위로 드러난 빙산의 부분과 같이 마음 전체 중에서 표면에 해당하는 것이며, 빙산의 대부분이 수면 아래에 있는 것처럼 마음의 대부분은 무의식으로 존재한다. 따라서 인간의 심리현상과 행동은 주로 무의식에서 비롯된다.

프로이트는 성격을 **원초아**(id), **자아**(ego), **초자아**(super-ego)로 나눈다. 이 세 구

프로이트(Sigmund Freud, 1856~1939)

프로이트는 오스트리아의 신경학자로 의과대학에서 신경의학(neurology)을 공부하였다. 그는 히스테리 증상에 대해 연구하였는데, 최면(hypnosis)을 통해 환자들이 무의식으로 억압된 감정을 드러내도록 함으로써 히스테리 증상 치료에 성공하였다. 그러나 최면이 모든 환자에게 효과적이지 않다는 것을 깨닫고, 마음속에 떠오르는 생각을 자유롭게 이야기함으로써 무의식 속의 사고와 감정에 도달하게 하는 자유연상법(free association)을 개발하여 환자를 치료하였다. 1896년 이 치료법을 '정신분석'이라고 명명한다. 주요 저서로는 『꿈의 해석(Die Traumdeutung)』(1900), 『정신분석입문(Abriß der Psychoanalyse)』(1917) 등 다수가 있다.

조는 각기 고유한 기능과 특성 및 역동성을 가지고 있지만 서로 밀접하게 관련되어 있다. 원초아는 자아와 초자아가 작동하는 데 필요한 정신에너지를 제공한다. 인간이 태어난 직후에는 원초아만이 존재하지만 성장하면서 현실적인 제약과 다양한 요구를 만나면서 자아가 발달하고, 초자아는 부모나 양육자와의 상호작용을 통해 수용하게 된 사회의 가치를 자아에 요구하면서 발달한다. 인간의 행동은 세

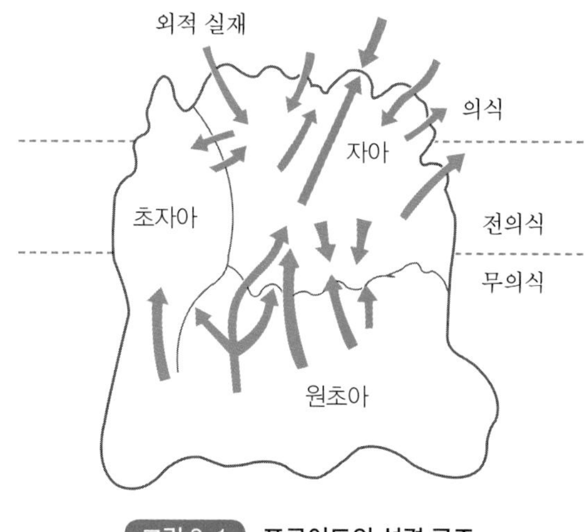

그림 3-1 **프로이트의 성격 구조**

구조 간의 상호작용으로 나타나며 이들의 균형이 깨질 때 문제가 생긴다.

프로이트는 어린 시기에 생물적 · 성적으로 관련된 욕구와 사회의 요구 사이에서 갈등을 처리하면서 성격이 형성된다고 믿었다. 그의 이론은 태어나서 5세까지의 유아기 경험이 성격발달에서 가장 중요하다고 보고 유아교육의 중요성을 일깨워 주었다. 그는 어떤 행동을 추진하게 하는 무의식적인 동기의 추진력(motivational forces)을 의미하는 본능적 욕구 개념을 제시하였다. 성격발달에 가장 영향력이 큰 것은 성 본능이며, 성적 에너지인 리비도(libido)가 일생 동안 정해진 순서에 따라 구강, 항문 및 성기와 같은 다른 신체 부위에 집중된다고 보고 발달단계를 기술하고 있어서 그의 이론을 심리성적이론(psychosexual theory)이라고 한다. 각 단계에서 아동이 성적 쾌감을 충분히 느끼지 못하여 욕구불만이 생기거나 지나치게 몰두하면 **고착**(fixation) 현상을 일으켜 다음 단계로 순조롭게 발달이 이루어지지 못한다. 발달과정에서 해결되지 못한 성격의 문제는 무의식 가운데서 계속 활동하다가 수년 후에 신경증의 원인이 되기도 한다.

고착
각 발달단계에서 추구하는 욕구가 불충족되거나 과잉충족되면 다음 단계로 발달하지 못하고 그 단계에 머무르게 됨

1) 심리성적 발달 5단계

① 구강기(Oral, 0~18개월)

구강기는 출생부터 18개월까지를 지칭하며, 프로이트는 이 단계를 'I get' 단계로 표현한다. 영아는 리비도가 입으로 집중되어 입, 혀, 입술을 통해 젖을 빠는 데서 쾌감을 느끼며 유아성욕(infantile sexuality)을 충족한다. 유아는 자아중심적이고 자신의 욕구중심적이다. 다른 대상에 대한 개념이 없어서 자기애와 자아도취가 특징적이다. 유아는 욕구를 충분히 만족하지 못하거나 과잉충족을 하게 되면 성격적 결함을 나타내는데, 구강기 성격적 결함은 손가락 빨기, 손톱 물어뜯기, 과식과 과음, 지나친 음주, 흡연, 약물남용 등의 특성을 나타낸다. 구강기 욕구가 적절히 충족되면 낙천적이고 먹는 것을 즐기는 성격이 된다.

② 항문기(Anal, 18개월~3세)

항문기는 18개월부터 3세까지로 리비도의 방향이 항문으로 이동하는 'I control' 단계를 말한다. 이 시기는 배변 훈련 시기로 배설물을 참거나 배출하는 데에서 쾌감을 얻는다. 유아는 본능을 충족하고 싶지만 부모로 인해 자기 본능을 마음대로 충족할 수 없다. 따라서 자신의 욕구를 통제하는 부모에 대해 적대감이 생기고, 이러한 적대감과 부모의 사랑을 받으려고 하는 욕구 간의 갈등을 해결해야 한다. 이때 청결, 질서, 정확함, 순종적 또는 반항적 태도를 발전시키게 된다. 부모가 대소변 가리기를 엄격하게 훈련하면 이 시기에 고착현상을 보이고 성인이 되어서 항문기적 성격의 소유자가 된다. 항문기적 성격은 어지르고 무질서하며 물건을 낭비하는 특성을 나타내거나, 지나치게 깨끗한 것과 완전한 것을 찾는 결벽성 또는 완벽주의자의 특성을 나타낸다. 또한 배설활동을 통해 부모를 조종하려고 하므로 다른 사람을 지배 또는 조종하려는 성격을 갖게 되거나 규칙을 무조건 따르는 성격, 구두쇠와 같은 인색한 성격 등의 양극적인 성격의 소유자가 된다. 부모가 대소변 통제를 적절하게 훈련시키면 성장해서 생산적이고 창의적인 사람이 된다.

③ 남근기(Phallic, 3~6세)

남근기는 3세 이후부터 5세까지를 말하며 'I am a Man' 단계이다. 이 시기는 아동이 성기에 관심을 가지게 되는 시기로서, 아동은 순진무구하지 않다는 프로이트의 가설을 가장 단적으로 나타내는 단계이다. 남근기에는 가족의 로맨스가 생기는데, 남아는 오이디푸스 콤플렉스(Oedipus complex)를 갖는다. 오이디푸스 콤플렉스는 남아가 자기 어머니에게 성적인 애정을 가지고 아버지를 애정의 경쟁자로 생각하여 적대감을 갖게 되는 것이다. 이러한 적대감 때문에 아버지에 대한 갈등이 야기되고 우세한 아버지가 자신의 성기를 제거할 것이라는 거세 불안을 갖는다. 거세 불안을 감소시키기 위해서 어머니에 대한 성적 욕망과 아버지에 대한 적대감을 억압하여 어머니의 인정을 얻게 되고, 자신과 성이 같은 아버지의 남성다움을 자기 것으로 받아들인다. 여아는 아버지에 대한 성적 애착을 갖게 되는데 이를 엘렉트라 콤플렉스(Electra complex)라 부른다. 여아는 남자 성기인 남근이 없기 때문에 이를 갖고 싶어 하는 남근 선망을 갖는 동시에 열등감을 갖게 된다. 남근기 갈등의 성공적 해결은 동성 부모의 가치관, 태도, 행동 등을 자기 것으로 받아들여 남성성·여성성을 형성하면서 자아와 초자아를 발달시키는 것이다. 이 시기에 고착되면 남근기적 성격 소유자가 된다. 남근기적 성격은 남성다움을 과시하거나 과장하고, 야심적·공격적이며 경쟁적 관계를 조절하는 능력이 부족하다. 성인이 되어 성불능이나 불감증 등의 성적 문제를 갖게 되기도 한다.

④ 잠재기(Latency, 6~11세)

잠재기는 6세부터 사춘기가 시작되기 전 11세까지를 말한다. 이 시기는 다른 단계에 비해서 평온한 시기로 성적 욕구가 억압되어서 앞의 세 단계에서 가졌던 충동이나 상상, 욕구 등이 잠재되어 있다. 사회관계를 확장하는 시기로 이성에 대한 관심은 줄어들고 동성 친구들과 어울리게 된다. 성적인 에너지가 지적 탐색을 통해 발휘됨으로써 실생활을 살아가는 기본적인 기술과 사회 속에서 다른 사람과 관계 맺는 것을 배운다. 프로이트는 이 시기에 도덕성이나 심미성이 강화된다고 보았고, 이 시기가 성격발달에서는 크게 중요하지 않다고 주장하였다. 그러나 이 시기에 고착될 경우에는 과도한 성욕의 억압에서 오는 수치감, 혐오감 등이 생길 수 있다고 하였다.

⑤ 성기기(Genital, 11세~)

사회성이 발달하는 사춘기에 접어들면서 잠복해 있던 성적 욕구가 활발해지기 시작한다. 이제는 진정한 사랑의 대상을 찾아 만족을 얻기 원하므로 이성과 친밀한 관계를 형성하고, 일하는 것을 통해 사회에 기여하고자 한다. 남근기를 원만하게 거쳐 오지 못한 경우에는 이 시기에 생기는 성적 에너지를 적절하게 처리할 수 없어서 이성과의 성숙된 사랑을 할 수 없고 원만한 관계를 가질 수 없다. 또한 이성에 대한 적응 곤란 및 일반적인 권위에 대한 반항심이 생긴다. 프로이트는 성기기까지 고착현상을 보이지 않고 원만한 발달을 이룬 사람은 세상에 대해 객관적인 시야를 갖게 되어 이타적이고 성숙한 성격의 소유자가 된다고 하였다.

2) 시사점 및 비판점

프로이트는 성격이 항상 움직이고 변화하는 역동적 성질을 가지는 것이라고 가정하였다. 원초아, 자아, 초자아는 조화를 이루기도 하지만 서로 상반되게 작용하기도 하여 끊임없이 수정되고 변형된다. 그의 이론은 성격발달에 관한 중요한 기초 가설을 제공한다는 것과 건전한 성격의 아동을 키우기 위해 생리적 본능을 적절한 시기에 잘 충족하도록 도와야 함을 시사했다는 점에서 의미를 갖는다. 정신건강은 개인의 내적 힘들 간의 조절과 균형이 중요하다. 내면의 욕망에 집착하거나 완벽하게 도덕적으로 행동하려는 것은 원만하고 성숙한 성격 형성에 좋지 않을 수 있다.

프로이트의 이론은 다음과 같은 비판을 받았고 이후 에릭슨은 이러한 비판점을 고려하여 프로이트의 이론을 발전시켰다.

첫째, 프로이트의 발달이론은 가설적 실험 검증보다는 성인 정신병 환자의 치료과정에서 얻어진 자료에 근거하여 추론된 것이어서 비과학적이라는 비판을 받고 있다. 신경증의 치료과정에서 형성된 이론이 과연 보통 사람의 성격을 일반적으로 설명하는 데 적절한가의 문제이다.

둘째, 그의 이론은 성격이 생물적 성숙 요인에 의해서 형성되며 유아기까지 모든 중요한 성격이 형성된다고 주장하는 점에서 비판받고 있다. 인간의 성격은 생물적 성숙 요인의 영향을 받긴 하지만 성장과정에서의 환경적 영향을 크게 받는다. 베일런트(Vaillant, 2002)는 『행복의 조건(Aging Well)』에서 하버드 대학교 연구팀이 1930년대 말에 입학한 2학년생 268명의 삶을 72년 동안 추적 연구한 결과를 소개하고 있는데, 어린 시절의 초기 경험이 성인이 된 이후의 성공, 행복과 관련되지 않았다고 밝히고 있다. 정서적으로 안정된 어린 시절을 보낸 사람이 성인기 이후 행복하고 만족스러운 삶을 살게 될 확률이 높긴 했으나, 초기 경험보다는 그 이후 삶에서의 환경적 영향이 노년의 행복하고 건강한 삶에 더욱 관련된다.

셋째, 그의 이론은 성적인 면을 지나치게 강조하고 있고 이에 대한 설명이 타당하지 못하다. 성적 본능인 리비도가 인간행동을 설명하기에 충분한가에 대해 논란이 있으며, 남아의 성역할 발달에 대한 이해를 확대하여 여아의 성역할 발달을 설명하고 있어서 여아의 성역할 발달을 제대로 설명하지 못하고 있다.

2. 에릭슨의 심리사회적 발달이론

에릭슨(Erik Erikson, 1963, 1968)은 프로이트의 이론을 사회·환경적 상황과 연계하여 확대하였다. 인간의 생애는 신체적·심리적으로 성장하는 인간이 사회적 영향과 상호작용하면서 형성되므로, 생애주기를 통한 발달적 변화, 사회적·역사적 요인에 기초해 성격을 이해하는 것이 중요함을 강조하였다. 프로이트가 발달 초기의 경험이 성인의 정신병리를 일으키는 것을 설명하려 했다면, 에릭슨은 인간이 발달 시기에 따라 겪게 되는 중요한 인생 문제를 어떻게 극복하며, 이를 제대로 극복하지 못했을 때 성장한 후 어떤 어려움을 갖게 되는가를 설명함으로써 우

에릭슨(Erik Erikson, 1902~1994)

에릭슨은 덴마크계 미국인으로 독일 프랑크푸르트에서 덴마크인 부모(어머니는 유대인)에게서 태어났다. 3세 때 아버지가 사망한 후 어머니의 재혼으로 유대인 의부를 갖게 된다. 어린 시절 그는 주위의 유대계인과 구별되는 덴마크인 용모로 인해 정체성 문제를 심하게 겪었고, 이 때문에 자아정체감이 그의 이론에서 중심이 되었던 것으로 보인다. 오스트리아 빈의 사립학교에서 교사로 일하게 되면서 프로이트의 딸인 안나 프로이트를 알게 되었고, 이후 정신분석학자가 되었다. 히틀러의 탄압으로 유럽을 떠나 미국에 정착한 후 아동분석가로 활동하고 인디언에 관한 문화인류학적 연구를 하였으며, 예일 대학교와 하버드 대학교에서 교수로 재직했다. 에릭슨이 프로이트의 이론을 바탕으로 하여 사회 속에서의 개인의 성격발달에 대한 이론을 만들 수 있었던 것은 이민과 강제 이주, 인디언 문화 연구 등 그의 개인적인 체험에서 각 문화 사이의 비교 연구가 있었기 때문이다.

리의 삶을 이해하는 데 초점을 두었다.

에릭슨은 아동의 자아정체감 발달과 사회화에 관심을 기울였고 인간발달과 관련하여 최대의 관심을 기울여야 할 것은 자아라고 보았다. 성적인 욕구를 중심으로 한 원초아가 성격발달의 기초가 된다고 한 프로이트와는 대조적으로 자아가 인간행동의 기초가 된다고 보았다. 그는 생애주기를 8단계로 나누어 각 단계를 통하여 나타나는 자아의 특성에 초점을 맞추고 이러한 인간발달은 모든 인간에게 공통적이라는 가정을 세웠다. 프로이트는 초기 아동기까지의 경험을 중시하고 남근기 이후에는 성격이 변화되기 어렵다고 보고 있지만, 에릭슨은 사회적 경험의 영향을 강조하며 전 생애에 걸친 성격발달을 설명하며 성인도 발달과정에 있음을 설명한다.

성격의 단계는 미리 예정되어 있고 그 순서가 변하지 않는다고 생각한 것은 프로이트의 이론과 유사하다. 생애주기의 각 단계에는 그 단계를 경험하기에 적절한 시기가 있고, 모든 단계가 계획대로 전개될 때 완전한 기능을 하는 성격이 형성된다고 하였다. 각 단계에는 심리사회적 위기(psycho-social crisis)가 있으며, 각 단계의 위기를 성공적으로 해결했을 때 성격발달이 제대로 이루어진다고 보았다. 모든 사람이 심리사회적 위기를 같은 시기에 같은 정도로 경험하는 것은 아니며, 에릭슨이 제시한 시기는 위기를 해결하기에 가장 적절한 시기를 나타낸 것이지 그때만 가능한 것은 아니다. 또한 어느 한 단계를 성공적으로 해결하지 못한다 하더라도 다음 발달단계를 겪게 된다고 보았다. 각 단계마다 해결해야 하는 발달적 위기를 잘 해결하지 못한 사람은 이후에도 계속 그 문제에 부딪히게 된다. 에릭슨은 자아의 중요성과 인간발달의 사회적 측면을 강조하였고, 인간관계를 가족, 사회, 문화와의 관련성 속에서 더욱 포괄적으로 설명했기 때문에 그의 이론을 **심리사회적 발달이론**(psycho-social development theory)이라고 한다.

심리사회적 발달이론
개인의 정서적 욕구와 사회적 환경의 관계를 서술하는 이론

표 3-1 에릭슨의 심리사회적 발달단계

심리사회적 위기	연령	주요 사회관계	주요 특징	바람직한 결과
신뢰 대 불신	출생 ~ 18개월	어머니 (양육자)	유아는 일관성 있는 양육자에 대한 사랑과 신뢰감을 형성하며 양육자의 거부적 태도는 불신감을 발달시킨다.	신뢰, 희망
자율성 대 수치 및 의심	18개월 ~ 3세	부모	걷기, 잡기 등 통제를 포함하는 신체적 기술의 발달이 이루어지도록 허용하고 격려할 때 자율성이 발달한다. 도움이 부족하거나 과잉보호하는 것은 자신의 능력에 의심을 갖게 하여 수치심이 형성된다.	의지
주도성 대 죄의식	3~ 6세	가족	탐색할 수 있는 자유를 허용하고 아동의 질문에 충실히 답해 줄 때 주도성이 발달한다. 아동의 활동을 제한하거나 간섭하고 질문에 불성실하게 대하면 죄의식이 형성된다.	목적, 의도
근면성 대 열등감	6~ 12세	이웃, 학교	새로운 것을 학습할 기회를 부여하고, 성취한 것에 대한 인정을 받으면 근면성이 발달한다. 성취할 기회를 갖지 못하거나 결과에 대해 비난을 받으면 열등감이 형성된다.	유능감
정체감 대 역할혼미	청소년기	또래집단, 리더십 모델	자신의 존재, 가치에 대한 인식이 정체감을 발달시킨다. 신체적 불안감, 성역할과 직업선택의 불안정은 역할혼미를 초래한다.	성실, 충성
친밀성 대 고립	성인 전기	친구, 연인, 회사 동료	타인과 친밀한 인간관계를 유지하는 능력을 발달시킨다. 친밀한 관계 형성에 실패하면 고립감을 느끼게 된다.	사랑
생산성 대 침체	성인 중기	노동 분화와 가사 분담	자녀나 다음 세대의 지도과정에 참여하여 타인과 사회를 위해 노력할 때 생산성이 발달한다. 이러한 활동에 참여하지 못할 때 침체감에 빠진다.	배려

통합성 대 절망	노년기	인류	자신의 인생이 만족스러웠다고 회상하고, 있는 그대로의 자신을 수용하고, 인생에 대한 관조를 할 수 있을 때 통합성이 형성된다. 인생을 후회하고 죽음을 두려워할 때 절망감에 빠진다.	지혜

1) 심리사회적 발달 8단계

① 1단계(출생~18개월): 신뢰 대 불신(trust vs mistrust)

1단계는 프로이트의 구강기에 해당한다. 어머니는 어린아이의 세계에서 최초의 가장 중요한 존재로서, 이 단계에서 영아가 가지는 사회관계는 주로 어머니와의 관계이다. 어머니는 음식이나 애정을 통해 영아의 욕구를 충족해 주어야 하며, 어머니가 영아의 욕구를 충족해 주면 영아는 어머니를 신뢰하게 되면서 기본적 신뢰감을 형성한다. 예를 들어, 영아가 오줌을 쌌거나 배가 고플 때 어머니가 곧 이를 알아차리고 영아의 요구에 잘 반응해 주면, 영아는 이런 경험에 기초해 다음에 비슷한 상황에 부딪혔을 때에도 어머니가 곧 자신의 필요를 충족해 주거나 고통을 덜어 줄 것이라고 기대한다. 하지만 이때 어머니가 적절히 반응해 주지 못하거나 일관성 없이 대하면 영아는 좌절하고 불신감을 갖게 되는데, 이는 발달단계의 전 과정 동안 지속될 수 있다. 영아기에 기본적 신뢰감을 형성하는 것은 후에 맺게 되는 모든 사회관계에서 인간관계를 잘 맺는 것과 관련된다.

② 2단계(18개월~3세): 자율성 대 수치 및 의심(autonomy vs shame and doubt)

2단계는 프로이트의 항문기에 해당한다. 유아는 괄약근의 발달로 대소변을 스스로 조절할 수 있고, 부모의 배변 훈련을 통해 사회의 기대와 사회적으로 적합한 행동을 알게 된다. 그런데 배변 훈련과정에서 실수를 하거나 부모가 너무 엄격하게 배변 실수를 야단치는 경우, 유아는 수치심을 갖게 된다. 수치심이란 자신이 타인의 눈에 좋게 보이지 않는다고 생각할 때 갖는 느낌이다. 오줌을 싼 유아는 다른 사람들이 자신의 이러한 모습을 볼까 봐 부끄러워하게 된다. 수치심은 자신이 강한 존재가 아니며, 결국은 다른 사람들에 의해서 자기가 통제를 받는다는 것을 느끼면서 나타난다.

이 시기의 유아는 여러 개의 충동 가운데에서 어떤 것을 스스로 선택하려고 하고 이를 통해 자신의 의지를 나타내려는 자율성을 갖는다. 자기 발로 서서 걷게 되면서부터 주위를 혼자서 열심히 탐색하게 되고, 음식도 남의 도움을 받지 않고 자신의 힘으로 먹으려고 한다. 이러한 자율성은 그들의 언어에서도 나타나는데, 예를 들어 '나', '내 것' 등의 말을 자주 반복하여 사용하며, 특히 '안 해!', '싫어!'라는 말을 씀으로써 자기주장을 표현한다. 부모가 자율적으로 무엇인가를 할 수 있도록 허용하고 잘 이끌어 줄 때 유아는 자율성을 획득할 수 있다. 너무 엄격하여 실수하는 것을 허용하지 않거나 밥을 먹고 옷을 입는 등 유아가 스스로 할 수 있는 행동까지 부모가 대신 해 주는 것은 좋지 않다. 이러한 부모의 행동은 유아를 자신이 무능하다고 생각하게 만들고, 유아는 사회가 기대하는 만큼 행동하지 못하는 자신의 능력에 대해 수치심을 가지게 된다.

③ 3단계(3~6세): 주도성 대 죄의식(initiative vs guilt)

3단계는 프로이트의 남근기에 해당한다. 이 단계의 아동은 언어능력과 운동기능이 성숙하면서 매우 공격적으로 환경을 탐색하고, 성인의 활동에 열정을 보이며 성인의 일에서 자기의 능력을 평가해 보려 한다. 자유롭게 주도적으로 활동하도록 부모와 가족이 허용한다면 아동은 자신이 독립적임을 확신하고 어떤 사람이 될 수 있는지 발견한다. 아동은 목표나 계획을 세울 수 있고 이러한 목표와 계획을 이루려는 목표지향적인 행동을 하게 된다. 그러나 이 시기에 아동이 무언가를 주도적으로 하려 할 때 부모가 심하게 꾸짖거나 자신이 세운 계획이나 목표를 이루지 못하는 것을 경험하면 죄의식을 느낀다. 부모가 아동의 주도적인 활동과 환상(오이디푸스 콤플렉

스)을 처벌하거나 못하게 하면, 아동은 새로운 활동을 나쁜 것이라고 느끼고 죄책감을 발달시킨다.

부모나 교사는 아동이 환상의 좌절, 죄의식, 처벌에 대한 두려움 등에 방해받지 않고 가치 있는 목표를 설정하고 추구하도록 도와야 한다.

④ 4단계(6~12세): 근면성 대 열등감(industry vs inferiority)

4단계는 프로이트의 잠복기에 해당하는 시기이다. 이 시기는 인지적 기술과 사회적 기술을 습득하고 이것을 숙달시키려는 근면성이 형성된다. 아동이 학교에 들어가면 사회적 세계가 넓어지고, 교사와 친구들의 중요성이 커지면서 부모의 영향력은 줄어든다. 아동이 성공을 경험하면 근면성을 키우고 자신에 대해 유능감을 가지게 되지만, 실패할 경우에는 부정적 자아상과 열등감을 가지게 되어 미래의 학습에 영향을 준다.

⑤ 5단계(청소년기): 정체감 대 역할혼미(identity vs role confusion)

5단계는 정신적 성장이 급격한 신체적 변화를 따라가지 못하는 변화의 시기이다. 청소년은 다른 사람이 어떻게 자신을 생각할 것인지에 관심이 많으며, 자신이 앞으로 어떤 교육을 받고 직업을 가질 것인지를 결정해야 하는 갈등에 직면한다. 내가 누구인가에 대한 의문과 탐색을 통해 이제까지의 심리적 정체감을 다시 분명하게 정한다. 청소년은 자신이 누구이며 잘할 수 있는 것이 무엇인지 알기 위해 직업, 교육, 성역할에 대해 시험해 보려 한다. 이 단계에서 청소년은 자신의 신체 조건, 역할 등을 인정하고 받아들이며 자신의 가치를 발견하도록 노력해야 한다. 자신의 한계를 인정하고 그 안에서 스스로 독립적으로 행동하는 시도를 할 때 정체감이 발달한다. 이 단계에서 긍정적인 **자아정체감**이 확립되면 이후의 심리적 위기를 적절히 넘길 수 있지만 방황이 계속되면 부정적인 정체감을 형성한다.

자아정체감
현실 상황 속에서 자기 자신에 대한 주관적, 객관적인 느낌이나 평가에릭슨은 청소년기에 이전의 발달적 위기가 다시 반복된다고 보았다. 1단계의 유아가 자신과 어머니에 대한 신뢰감을 발달시키는 것처럼 청소년은 믿고 따르는 우상을 찾는다. 2단계의 아동이 자율성을 추구하는 것과 같이 청소년도 독립적으로 자신의 미래를 선택하려고 하며 통제를 거부한다. 3단계 취학 전 아동이 놀이를 하면서 다양한 역할을 해 보는 것처럼 청소년은 자신의 미래 역할을 탐색한다. 4단계 취학 아동이 자신이 잘할 수 있는 일을 찾는 것처럼 청소년은 자신의 직업을 선택하려 한다. 결국 역할혼미는 심리적 과거와 현재 그리고 미래를 통합하지 못한 결과이다.

⑥ 6단계(성인 전기, 20대부터): 친밀성 대 고립(intimacy vs isolation)

6단계는 성인 전기에 해당하는 시기로 부모에게서 독립하면서 직업을 선택하고, 사랑하며 삶을 함께 나눌 배우자를 만나게 된다. 젊은이는 다른 사람과 새로운 신뢰감과 친밀한 관계를 맺을 준비가 되어 있고 배우자나 직장에서의 동료 등 다른 사람과 친밀한 관계를 이루는 것이 중요한 과업이다. 청년기에 긍정적인 자아정체감을 획득해야 성인 전기에 다른 사람들과 진정한 친밀성을 이룰 수 있고, 친밀감을 추구하는 데 실패하면 자신에게만 몰두하여 고립된다.

⑦ 7단계(성인 중기, 60대까지): 생산성 대 침체(generativity vs stagnation)

7단계는 자녀를 낳아 키우고 교육하며 다음 세대를 양성하는 데 관심과 노력을 기울이는 시기이다. 이러한 생산성은 자신의 아이를 낳아 키우면서 발달하며, 다른 사람을 가르치거나 직업적 성취를 통해 나타날 수도 있다. 이 시기에 생산성을 제대로 발달시키지 못하면 침체하게 되고 타인에 대한 배려심과 관대함이 결여되어 자신에게 더욱 몰두하는 경향을 보인다.

⑧ 8단계(노년기): **통합성 대 절망(ego integrity vs despair)**

8단계는 노인기로 삶을 돌아보고 마지막 정체감 위기를 해결하는 시기이다. 신체적으로 노쇠하고 직장에서 은퇴하며, 친구나 배우자의 사망으로 인생의 무상함과 무력감을 느낀다. 이 시기에는 신체적 · 사회적 퇴화를 어떻게 받아들이는가가 중요하다. 자신의 삶을 돌아보고 삶이 무의미한 것이었다고 느끼고 후회하면 절망에 빠지게 되지만, 삶이 보람되고 자신이 삶의 지혜를 가지게 되었다고 느끼면 보다 높은 차원의 인생철학을 발전시켜 통합성을 발달시킨다.

2) 시사점

에릭슨의 이론은 사회 · 문화적 요인을 배경으로 성격이 일생 동안 진화한다는 전생애 발달(life-span development)이라는 개념을 제안하였고 인간의 건강한 발달에 대해 새로운 통찰력을 부여했다는 점에서 의의가 있다. 에릭슨의 이론은 학생들이 발달 과정에서 겪는 갈등의 유형을 이해하는 데 도움을 주며 초 · 중등학교 교육현장에 많은 시사점을 준다.

초등학교 학생은 학교에서 성공할 것이라고 기대하고 입학하지만 곧 상대적인 비교에 의해 성적이 주어지면서 그러한 기대감은 실패감으로 바뀐다. 초등학생은 또래 아동과 관계를 맺으면서 또래 아동만큼 잘하려고 하는 경쟁적인 행동을 하게 된다. 아동은 3단계(주도성 대 죄의식), 4단계(근면성 대 열등감)의 위기를 해결하려고 하므로 그들이 새로운 과제를 하거나 새로운 도전과 만날 때 '나는 할 수 있다'는 성취감을 느낄 수 있는 활동을 격려하는 것이 필요하다. 교사는 성공적으로 끝마칠 수 있는 적절한 수준의 과제를 제시하도록 하고, 학생들이 실패하는 경우에도 죄책감을 느끼기보다는 이를 학습과정의 자연스러운 한 부분으로 인식하도록 교실 분위기를 조성해야 한다. 교사는 이 시기의 아동이 주도적으로 행동하고 자기 행동에 대해 책임지는 것을 배우도록 하며, 높은 성취를 경험할 수 있도록 노력해야 한다.

중 · 고등학교 학생인 청소년은 급격한 신체적 · 정신적 변화로 인해 혼란을 느끼고 감수성이 매우 예민해진다. 청소년은 더 이상 '아동'으로 불리는 것을 원하지 않으며, 성인으로서 취급되기를 원한다. 교사는 공평하고 중립적인 입장에서 다른 학생들 앞에서 드러나지 않게 칭찬하고 잘못된 부분을 지적해야 학생들의 긍정적인 자아정체감 형성을 도울 수 있다. 또한 학생들이 다양한 상황을 경험하도록 하고 일기 쓰기 등을 통해 자신의 행동과 태도, 믿음을 평가하는 기회를 가지도록 함으로써 정체성을 탐색하도록 독려해야 한다. 교사는 '장래 희망이 무엇인가?', '얼마나 오랫동안 진로에 대해 생각해 왔는가?', '학생에게 가장 영향을 미치는 사람은 누구인가?', '진로를 선택했다면 자신의 선택에 대해 얼마나 확신하는가?', '선택한 분야 외에 다른 분야에 대한 고려는 해 보았는가?', '자신의 선택에 대한 느낌은 만족스러운가?' 등의 질문을 학생들에게 던지면서 교육적 · 직업적 관심에 관하여 이야기를 나눔으로써 학생들이 자아정체감을 형성하도록 적극적으로 도와야 한다.

3) 마샤의 정체성 지위 이론

마샤(James Marcia, 1980)는 에릭슨의 이론을 발전시켜 정체성 지위(identity status)에 관한 연구를 하였다. 정체성 지위는 개인의 정체감 형성과정뿐 아니라 정체감 형성 수준의 개인차를 함께 진단하고자 하는 개념이다. 정체성 지위는 과업에 대한 전념(무엇인가에 전념하고 있는가)과 정체성 위기 경험 여부(정체감을 갖기 위해 노력하는가)라는 두 가지 기준에 따라 네 가지로 분류된다. 일반적으로 정체감 성취와 유예 상태가 청소년에게 바람직한 것으로 볼 수 있다.

정체감 혼미(identity diffusion)는 방향성이 부족한 상태로서 다른 사람이 어떤 일을 하는지, 내가 이 일을 왜 하는지에 대해 관심이 없다. 이 상태에서는 정체감 위기를 느끼지 않으며, 미성숙하여 **자아존중감**이 낮고, 혼돈에 빠져 있어서 정체성 지위 중에서 가장 낮은 단계이다. 그대로 방치해 두면 부정적 정체감으로 빠져들 위험이 있다.

자아존중감
자기 자신의 가치에 대한 평가

정체감 상실(identity foreclosure)은 스스로 심각하게 고민하지 않고 타인의 가치

표 3-2 마샤의 정체성 지위

정체성 지위(status of id)	위기(crisis)	전념(commitment)
정체감 혼미	×	×
정체감 상실	×	○
정체감 유예	○	×
정체감 성취	○	○

를 받아들이는 상태이다. 권위 있는 사람의 의견을 따르므로 부모가 선택해 준 인생을 그대로 받아들인다. 다른 지위에 비해 사회적 인정의 욕구가 강하고, 부모에게서 영향을 받은 자신의 가치에 따라 생애의 방향을 결정하고, 부모와 긴밀한 관계를 유지한다. 부모의 과업을 물려받거나, 일찍 결혼하여 안정된 가정을 꾸려 나가는 청년에게서 흔히 발견된다. 이들은 청소년기를 매우 안정적으로 보내는 것 같으나, 성인기에 들어서서 뒤늦게 정체성 위기를 경험하는 경우도 있다.

정체감 유예(identity moratorium)는 현재 정체감 위기를 경험하고 있는 상태로 정체감 확립을 위해 노력한다. 삶의 목표와 가치에 대해 고민하고 다양한 대안을 탐색하지만 여전히 불확실한 상태에 머물러 구체적인 자신의 역할과 과업에 전념하지 못한다. 이 지위에 속하는 청소년은 가장 적극적으로 정체성을 탐색한다. 유예기의 청년은 안정감이 없으나, 정체감 성취를 위한 과도기적 단계이므로 시간이 지나면 정체감을 확립하게 되는 경우가 많다.

정체감 성취(identity achievement)는 삶의 목표, 가치, 직업, 인간관계 등에서 위기를 경험하고 대안을 탐색하며 확실하고 변함없는 자아정체감을 확립한 상태이다. 타인의 이해, 가치 등을 고려하지만 스스로 많은 생각을 통해 의사결정에 이른다. 현실적이고 대인관계가 안정감이 있으며, 자아존중감도 높고 스트레스에 대한 저항력도 높다.

교사는 학생들의 정체감 성취를 돕기 위해서 청소년이 자기 연령 수준에 맞는 무엇인가에 전념하도록 격려해야 한다. 대단한 것보다는 자신의 수준에 맞는 활동이 중요하며, 한 번에 한 가지 일에 전념하도록 돕는다. 각 분야에 전념하여 성공한 예를 보여 주고, 교사나 다른 성인이 역할모델이 되어 주는 것도 중요하다. 다양한 인물의 사례를 통해 모델을 발견하거나 다양한 가치, 문화 등을 체험하도록 하는 것은 정체성 확립에 도움이 된다. 정체감 형성이란 일생 동안 지속된다고 볼 수 있으므로, 지속적인 자기평가를 통해 정체성을 확고히 하고자 하는 노력이 필요하다.

자아개념과 자아존중감

자아개념(self-concept)은 생각, 느낌, 태도, 기대 등을 포함하는 자신에 대한 지식과 믿음으로 행동에 영향을 미치는 중요한 개념이다. 자아개념은 다양한 상황에서의 지속적인 자신에 대한 평가에 의해 형성되고 변화한다. 아동과 청소년은 끊임없이 자신에 대해 '내가 잘하고 있는가?'라고 질문한다. 그들은 가족, 친구, 선생님 등 주변 사람의 반응에 따라 자신에 대한 개념을 만들어 간다. 자아개념은 국어, 영어, 수학 등의 교과목과 관련된 학업적 자아개념(academic self-concept)과 사회관계, 외모 등과 관련된 비학업적 자아개념(non-academic self-concept)을 포함한다. 자아개념은 교과목이나 학업 외 활동에서 어떤 경험을 했는가에 따라 형성된다. 예를 들어, 친구, 부모, 교사와 관계 형성을 잘했던 사람은 사회관계에 대해 높은 긍정적인 자아개념을 가질 것이고, 외모에 대해 좋은 평가를 얻은 사람은 외모에 대해 긍정적인 자아개념을 가질 것이다. 자아개념은 성장함에 따라 점차 안정적으로 변하며 좀 더 추상적이고 분화된 개념으로 발달한다.

자아존중감(self-esteem)은 자기 자신의 가치에 대한 평가로 다른 사람들과 다른 자신의 특징을 받아들이는 정서적인 반응을 의미한다. 높은 자아존중감을 지닌 아동은 자신이 사랑받을 만한 가치가 있는 소중한 존재임을 믿고 자신의 장점 및 약점을 잘 이해한다. 자신의 특성 및 능력에 대하여 긍정적인 느낌을 가지며 의욕적이고 자기주도성이 강하다. 낮은 자아존중감을 지닌 아동은 자신의 장점보다는 약점에 주의를 더 기울이며 그만큼 자신에 대하여 부정적인 느낌을 지닌다. 어린 아동은 비현실적일 정도로 긍정적인 자아존중감을 가질 수 있는데, 이는 사회적 경험이 부족하여 타인과의 비교가 부족하고 부모로부터 긍정적 지지를 받기 때문이다(Stipek, 2002). 자아존중감을 높이려면 자신에게 소중한 사람인 부모와 교사에게서 꾸준한 관심과 긍정적인 피드백을 받는 것이 중요하다. 잘못을 지적하기보다는 작은 성과와 시도한 것에 대해서 긍정적인 반응을 보이고 격려하는 것이 좋다.

EDUCATIONAL PSYCHOLOGY

제 4 장

사회성 발달

1. 브론펜브레너의 생태학적 이론
2. 애착유형
3. 양육태도
4. 셀먼의 사회적 조망수용이론

사회화
사회의 한 구성원으로 기능할 수 있도록 문화, 지식, 기술 등을 습득하는 과정

사회성
사회에 적응하는 개인의 소질이나 능력

인간은 사회적인 존재이며, 태어나서 사회의 구성원이 되기까지는 가정, 친구, 학교 등을 통하여 그 사회에 동화하는 **사회화**(socialization) 과정을 거치게 된다. 사회화는 다른 사람과의 관계를 맺고 어떻게 행동해야 하는가를 학습하는 과정이며 사회의 구성원으로 기능할 수 있도록 문화, 지식, 기술 등을 습득하는 과정이다. 이러한 사회화 과정을 통해 발달하는 **사회성**은 사회에서 타인과의 공동생활을 원만히 해내고 잘 적응할 수 있는 인성적 특성이다.

사회성은 자신을 둘러싼 사회환경에 잘 적응하는 데 중요한 기능을 하며, 건강한 자아와 사회 · 정서적 발달에 영향을 미치는 요인이다(Waters & Sroufe, 1983). 아동은 성장하면서 많은 사람과 관계를 맺으며 사회적 판단과 자기통제 등의 사회적 행동을 습득하고 자신이 소속한 사회의 책임 있는 구성원으로서의 역할을 하게 된다.

1. 브론펜브레너의 생태학적 이론

아동은 가족 안에서 자라고 특정한 민족, 종교, 경제, 언어가 있는 사회에서 성장한다. 이웃과 학교, 교육 프로그램과 정부의 정책도 모두 개인의 발달에 영향을 미친다. 브론펜브레너(Bronfenbrenner, 1979)는 사회적 맥락에서 개인의 발달을 이해하는 생태학적 이론(ecological theory)을 제시하였다. 생태학적 이론은 개인에게 동시에 영향을 주는 다섯 가지 수준의 환경을 미시체계, 중간체계, 외체계, 거시체계, 시간체계로 제시하였다. 생태학적 이론은 개인에게 직접적인 영향을 주는 가족과 여러 수준의 환경체계를 제시하여 개인과 환경의 다양한 상호작용을 보여 준다.

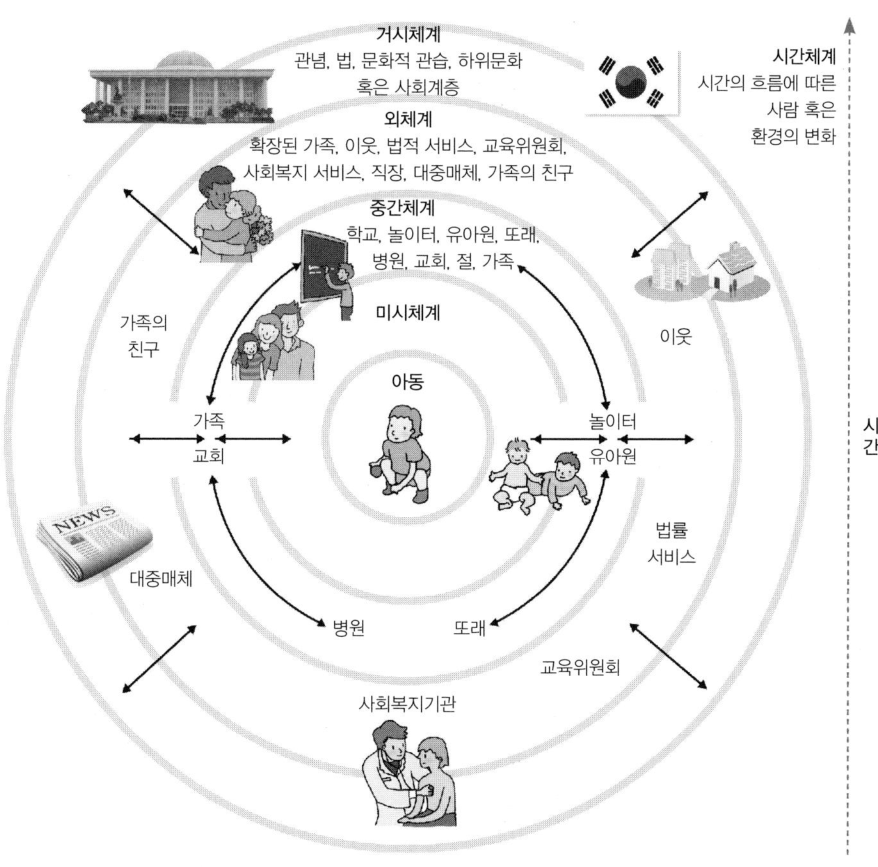

그림 4-1 **브론펜브레너의 생태학적 체계모델**(Shaffer & Kipp, 2013)

미시체계(microsystem)는 아동이 직접 접하는 환경으로 가정, 학교, 부모, 친구, 또래집단, 선생님 등이 포함된다. 이 체계에서는 아동의 활동이 직접적인 환경에 의해 강하게 영향받고 아동의 기질, 능력, 성격과 같은 특성이 성인의 행동에 영향을 미치므로 모든 관계가 상호적이다.

가정은 인간이 탄생하여 최초로 맞이하는 사회이며 가족은 인간이 처음 접하는 사회 구성원이다. 따라서 가족관계는 한 인간이 최초로 맞는 인간관계이며, 가족은 사회의 기본 집단으로서 역할을 하게 된다. 부모는 아동의 사회관계에 영향을 미치는 가장 중요한 가족 구성원이며, 생리적 욕구를 채워 주는 아동의 초기 경험에 관계되는 절대적인 보호자이다.

아동의 사회적 상호작용 범위가 가정을 벗어나 확대되면서 같은 또래와 놀이를 하고 또래집단을 만들게 된다. 또래집단에서 아동은 각자에게 적합한 사회적 행동에 대한 피드백을 받고 서로 협력하거나 경쟁하는 법을 배운다. 또래는 공동의 관심사와 욕구, 흥미, 정서적인 문제에 대해 의논 상대가 되어 주고, 해결자로서 서로 조언을 하는 상담가의 역할도 한다. 또래집단은 아동의 소속감의 원천으로 또래와 가치를 공유하고 행동을 따라 한다. 공동 작업이 필요한 과제를 수행하면서 협동심을 기르고, 다른 사람과 상호작용할 때 필요한 규칙에 대한 개념을 형성한다. 또래의 지지를 받는 아동은 건강한 자아개념을 형성하고 만족스러운 삶을 살게 된다. 부모와의 의사소통이 적을수록 그리고 또래집단의 응집력이 강할수록 또래집단의 영향은 커진다. 또래집단의 문화가 학업성취나 학교에 대한 부정적인 태도를 가지거나 문제행동을 나타낼 경우 또래집단이 아동에게 부정적인 영향을 끼치기도 한다.

아동이 학교에 가면 교사의 말씨, 걸음걸이, 몸가짐 등 모든 행동이 아동의 모방 대상이 된다. 교사는 부모 대리인, 상담자, 인생 안내자로서의 역할을 수행하면서 아동을 격려하고 자신감을 부여해 주는 존재이다. 교사는 아동과의 개인적 접촉을 통해 사회규범을 보여 주는 사람으로 교사가 가르치는 지식도 중요하지만 교사가 보여 주는 인격이나 아동을 대하는 태도가 아동의 사회성 발달에 훨씬 큰 영향을 끼친다.

중간체계(mesosystem)는 다양한 미시체계 간의 상호관계를 의미한다. 아동, 학부모, 교사, 친구들은 연결되어 서로 영향을 미친다. 아동이 공부를 잘하려면 아동 혼자만의 노력으로는 부족하다. 부모는 자녀의 학교생활에 관심을 가지고, 교사가 아동의 학업을 열정적으로 가르칠 때 아동이 학업에 열중하는 데 긍정적 영향을 미친다. 또한 부모의 관계가 좋고 가족이 화목한 것, 친구들끼리 서로 사이가 좋은 것도 아동의 발달에 좋은 영향을 끼친다. 그러나 미시체계 간에 의미 있는 연결이 없거나 미시체계가 제각기 다른 가치를 추구하면 아동발달에 부정적인 영향을 미칠 수 있다.

외체계(exosystem)는 아동에게 간접적인 영향을 주는 외부체계 혹은 기관과 미시체계 사이의 연결로 이루어진다. 대중매체, 이웃, 지역정부기관, 학교정책, 부모의 직장, 가족의 친구 등을 포함하는 외체계는 개인에게 더 큰 영향을 준다. 대중매체에서 알게 된 유행어, 폭력적인 영상물이 아동발달에 영향을 미친다. 학교에서 어떤 정책을 세우는가에 따라 학교에서 중요시하는 것이 달라지고 이에 따라 아동도 영향을 받는다. 사회적으로 고립된 가족은 가족 외의 지원체계가 부족하여 아동발달에 부정적인 영향을 미칠 수 있다.

거시체계(macrosystem)는 문화적 영향을 의미한다. 개인에게 영향을 미치는 관념, 법, 관습, 규칙, 역사 등이다. 대한민국에서 태어나 자란 아동은 한식을 주식으로 먹고 한국어를 모국어로 쓰며 대한민국 사회의 공통된 가치와 문화의 영향을 받는다. 여성의 사회 진출이 가능한 사회와 그렇지 못한 사회에서 성장한 아동은 다른 거시체계의 영향을 받는다.

시간체계(chronosystem)는 시간의 차원으로 일생 동안 일어나는 인간의 변화와 사회역사적 환경의 변화를 포함한다. 과거보다 더 많은 여성이 사회생활을 하며 평균적인 혼인 연령이 30대로 바뀌었다. 저출산인 사회에서 성장하는 아동은 과거보다 결혼을 늦게 하고 출산을 적게 하며 여성의 사회진출을 당연하게 받아들인다. 또한 아동이 성장하면서 부모의 죽음이나 이혼 등의 사건을 겪게 되면 이러한 사건은 시간이 흐름에 따라 아동에게 미치는 영향이 다르다. 부모의 이혼은 이혼한 첫해에 가장 부정적 영향이 크고 이혼 후 2년이 지나면 가족 간의 상호작용은 안정적이 된다. 아동이 자신의 학교, 진로, 경험을 선택하면서 환경의 변화를 만들어 가기도 한다.

2. 애착유형

유아의 사회관계 중 가장 뚜렷한 특징은 특정인(특히 일차적 양육자)에 대한 강력한 정서적 애착을 형성한다는 것이다. 애착이란 영아와 어머니 또는 자신을 돌

애착
특정인의 곁에 있으려는 안정된 성향

보아 주는 양육자와 강한 정서적 유대를 맺는 것을 의미한다. 유아는 애착관계를 통해 '내가 부르면 어머니가 온다', '나는 다른 사람에게 영향을 미칠 수 있다', '울면 어머니가 달래 준다' 등 자신 및 타인에 대한 기본적인 개념을 배울 수 있다. 그리고 이러한 개념을 갖게 되면 유아는 사회환경에 더욱 잘 적응할 수 있다.

에인즈워스(Ainsworth et al., 1978)는 여덟 가지 에피소드로 구성된 낯선 상황 실험을 실시하여 영아의 애착의 질을 측정하였다. 부모와 분리, 재회하는 상황에서 영아가 보여 주는 행동을 바탕으로 애착 유형을 '안정 애착(secure attachment)'과 불안정 애착(insecure attachment)인 '회피 애착', '저항 애착' 등으로 구분하였다. 이후 학자들이 불안정 애착의 또 다른 형태인 '혼란 애착'을 추가함으로써 애착을 네 가지 유형으로 구분하였다(Main & Solomon, 1990; Shaffer & Kipp, 2013).

안정 애착(secure attachment) 유형의 영아는 어머니를 안전기지로 삼아 환경을 탐색한다. 안정 애착 유형은 낯선 사람보다 어머니를 뚜렷하게 선호하고 주위의 환경을 탐색하기 위해서 어머니로부터 쉽게 분리된다. 어머니가 나갔다가 돌아오면 영아는 어머니를 반기며 적극적으로 접촉하고 편안해진다. 부모가 영아의 요구에 즉각적으로 반응해 주고 안정적으로 상호작용을 해 주는 경우, 영아는 안정 애착을 형성할 수 있다. 안정 애착을 형성한 아동의 경우 성장해서도 타인에 대해 신뢰를 갖고 지나치게 의존하는 것 없이 안정되고 친밀한 인간관계를 형성하게 된다.

회피 애착(avoidant attachment)은 불안정 애착의 한 유형으로 어머니가 방을 떠나도 불안해하거나 울지 않고 어머니가 돌아왔을 때에도 안기려 하지 않는 등 무시하거나 회피한다. 부모가 자기중심적이고 강압적이며 원하지 않는 자극을 주는 경우, 영아는 회피 애착을 보일 수 있다. 자기중심적인 부모는 영아의 반응에 민감하지 못하고, 영아가 원하는 바에 상관없이 부모 자신의 생각에 따라 행동하면서 거부하듯이 영아를 다루는 경향이 있다. 지속적으로 원치 않는 자극을 받은 영아는 결국 부모와 있는 것이 즐겁지 않고, 부모를 피하거나 무시하는 행동을 보이게 된다. 회피 애착을 형성한 아동은 성장 후에 인간관계에 관심을 보이지 않고 친밀한 관계를 형성하지 않으려 한다. 타인을 완전하게 믿지 못하며, 너무 가까워

지려는 사람들을 두려워하는 경향이 있다.

저항 애착(resistent attachment)은 불안정 애착의 또 다른 유형으로 어머니가 방을 떠나기 전부터 매우 불안해하며 어머니의 곁에서 떨어지지 않고 탐색도 거의 하지 않는다. 어머니가 방을 나가면 매우 당황하며 분리불안 증세를 보이고, 어머니가 돌아온 후에는 어머니와 접촉하려고 시도하지만 안아 주어도 안정감을 느끼지 못해 화를 내며 밀치는 등 긍정적인 감정과 부정적인 감정을 모두 표현한다. 저항 애착 유형의 영아가 부모를 갈망하는 한편 거부하는 양면성을 보이는 것은 부모의 일관되지 못한 양육으로 인한 경우가 많다. 부모의 기분에 따라 다르게 반응하는 양육 태도는 영아를 불안하게 만들고 영아는 부모에게 떼쓰고 울면서 애정을 갈구하는 모습을 보이게 된다. 저항 애착을 형성한 아동의 경우 성장하여 타인의 인정과 사랑에 지나치게 의존적인 사람이 되거나 타인의 사랑을 믿지 못하는 사람이 되기 쉽고 타인의 거부에 예민하게 반응하는 불안정한 인간관계를 맺는 경향이 있다.

혼란 애착(disorganized attachment) 유형은 불안정 애착의 가장 심한 형태로 회피 애착과 저항 애착이 결합된 형태로 나타난다. 혼란 애착 영아들은 극단적인 혼돈 상태로 양육자에게 접근해야 할지 회피해야 할지 갈피를 잡지 못하는 것처럼 보인다. 이 유형의 영아들은 양육자에게 접근하다가도 막상 양육자가 다가오면 멀리 도망가고 피하거나 얼어붙은 듯 멍한 표정을 짓기도 한다. 혼란 애착은 어린 시절의 정서적 방관, 학대로 인해 생길 수 있는데, 부모가 자신의 안전기지가 되어 줄 수 있는 존재인지, 아니면 자신의 안전을 위협하는 존재인지를 혼란스러워한다. 혼란 애착의 아동은 성장하여 다른 사람과 가까워지려고 하지 않고 상대방으로부터 거절당하는 두려움 때문에 갑자기 연락을 끊는 등 설명하기 어려운 행동을 하는 경향이 있다.

원숭이 대리모 실험

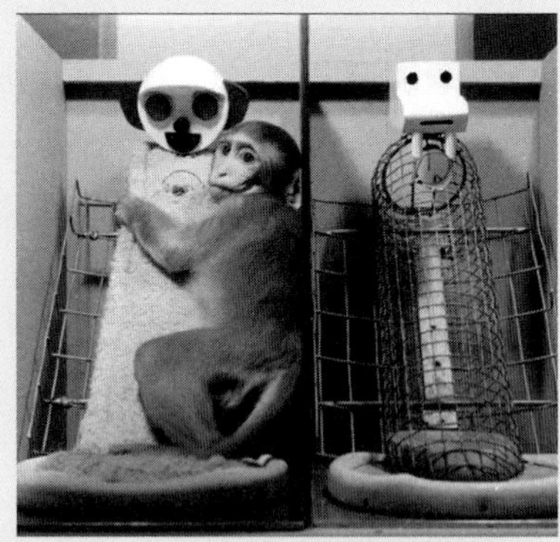

원숭이 대리모 실험에서는 아기 원숭이를 엄마 원숭이에게서 출생 직후 분리하여 6개월간 두 가지 형태의 대리모에게서 양육하였다(Harlow & Zimmerman, 1959). 한 대리모는 따뜻하고 부드러운 천으로 옷을 입히고, 다른 대리모는 차갑고 딱딱한 철사로 만들었다. 아기 원숭이 절반은 철사 대리모에게서, 나머지 절반은 천 대리모에게서 우유를 먹었다. 아기 원숭이가 어느 대리모와 더 많은 시간을 보내는가를 측정한 결과, 어떤 대리모에게서 우유를 먹는가에 관계없이 아기 원숭이들은 천 대리모와 더 많은 시간을 보냈다. 이 실험은 아기 원숭이가 단순히 먹이를 통해 배고픔을 해결하는 것보다 신체적 접촉을 통해 안정감을 얻고자 하는 욕구가 애착 형성에 더 중요하게 작용하고 있음을 보여 준다.

3. 양육태도

가정은 아동기의 인생 기반이 확립되어 가는 곳으로 건강한 부모-자녀관계를 중심으로 가족구성원 간에 이해와 사랑이 넘치는 가정이 될 때 아동은 건강한 사회성을 기를 수 있다.

바움린드(Baumrind, 1991)는 자녀의 성격과 사회성 발달에 영향을 미치는 부모의 양육태도를 자애로움(warmth)과 통제(control)라는 기준에 따라 네 개 유형으로 나누어 설명하였다.

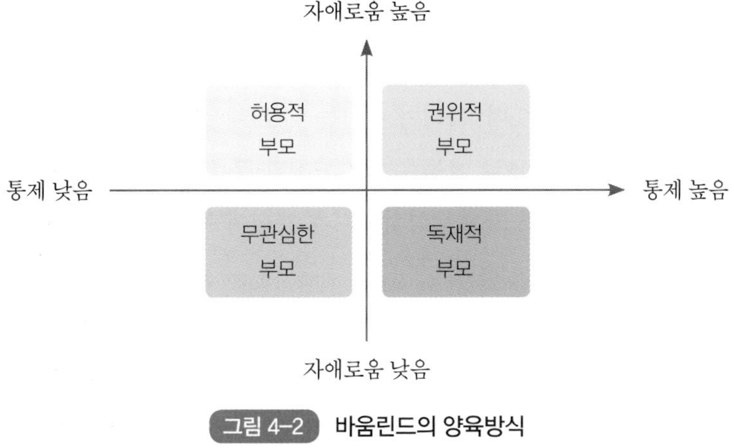

그림 4-2 바움린드의 양육방식

높은 자애로움과 통제를 나타내는 권위적(authoritative) 부모는 자녀에게 확고하면서도 일관성 있게 지시하며 자녀의 반발을 억제하는 엄격한 통제방식을 사용한다. 자녀의 사회적 · 인지적 능력을 고려하여 자녀에게 성숙한 행동을 독립적으로 할 것을 요구한다. 부모의 말에 따라야 하는 이유를 자녀에게 충분히 설명하고, 자녀의 의견에 귀 기울이며 그 의견에 따라 행동을 바꾸기도 한다. 권위적 부모의 자녀는 네 가지의 양육태도 중에서 가장 사회적 기술이 높고 유치원 시기부터 사회적으로 유능함을 보인다. 유능한 아동이란 친절하고, 행복하고, 독립적이며, 낯선 사람이나 여러 상황에서 대담하며, 자신감이 있고, 자기를 통제하고, 책임감 있고, 또래 아동과 잘 어울리는 아동이다. 다정하고 정서적으로 감싸 주는 분위기에서 개인의 자유를 존중하고 행동의 규칙과 제한을 분명하게 규정하는 권위적 부모의 아동은 높은 자아존중감을 가진다.

독재적(authoritarian) 부모는 엄격하고 절대적인 기준에 따라 자녀를 통제한다. 자녀는 그 기준에 왜 따라야 하는지 모르지만 감히 부모에게 도전할 수 없다. 무조건 순응하도록 요구함으로써 자녀와 대화가 이루어지지 않는다. 아동은 위축되어 있고 반항적으로 되기 쉽다. 독재적인 부모의 자녀는 예민하고 불친절하며 우울한 경향이 있고 인지적 능력이나 사회적 기술에서 평균이거나 그 이하로 나타난다.

허용적(permissive) 부모는 자녀의 충동과 행동에 대해 수용적이고 긍정적이다. 통제나 처벌을 거의 하지 않고, 책임감을 갖거나 예의를 갖추는 것과 같은 성숙한 행동도 거의 요구하지 않으며, 자녀가 원하는 대로 행동하도록 허용한다. 자녀에게 무제한 자유를 허용하므로 아동은 자기통제가 부족하고 충동적이다. 허용적 부모의 자녀는 충동적이고 자기중심적이며 통제력이 부족하고 독립심과 성취수준, 사회적 기술이 모두 낮았다.

무관심한(uninvolved) 부모는 자녀에게 어떠한 자애로움이나 통제도 보이지 않으며 자유방임적이다. 아동은 목표나 동기가 없고 쉽게 좌절하며 자기통제가 부족하다. 무관심한 부모는 자녀에게 부정적인 영향을 끼친다. 반사회적인 아동의 부모는 대체로 거칠고 훈육에 일관성이 없으며 자녀와 긍정적인 상호작용을 거의 하지 않는다. 무관심한 부모는 자녀가 비행행동을 하더라도 적절히 통제하지 않고 다른 사람들에게 공격적 행동을 하는 것을 허용하므로 아동은 적절한 사회적 행동을 배우지 못한다. 이러한 부모의 자녀는 학교의 규칙에 적응하는 데 어려움을 겪고 친구나 선생님과의 대인관계 형성에도 어려움을 겪는다.

4. 셀먼의 사회적 조망수용이론

사회인지
자신과 타인, 사회관계, 사회적 조직에 대한 지각, 사고, 지식

타인에 대한 이해란 곧 **사회인지**(social cognition)의 발달을 의미한다. 사회인지란 사회관계를 인지하는 것으로 타인의 사고와 의도, 정서를 생각할 수 있는 사회적 조망수용능력(social perspective taking ability)을 의미한다. 사회적 조망수용능력의 발달은 타인과 잘 지낼 수 있는 성숙한 사회행동을 가능하게 한다. 사회적 조망수용능력이 발달한 아동은 다른 사람의 정서상태를 간접적으로 경험하는 감정이입(empathy) 능력과 동정심(compassion)을 가지고 있으며 어려운 사회적 상황을 잘 처리하는 사회적 문제해결(social problem solving)능력도 지니고 있다(Eisenberg & Strayer, 1987).

사회인지 이론가인 셀먼(Selman, 1980)은 아동이 자신의 관점과 다른 사람의 관

점을 구별하는 능력과 다른 관점 간의 관계를 파악할 수 있는 능력을 발달시키면서 자신과 타인을 이해하게 된다고 하였다. 사회적 조망수용능력은 자신과 타인을 다른 존재로 이해하고, 타인의 관점에서 자신의 행동을 인지함으로써 타인의 의도, 태도, 감정을 추론할 수 있게 해 준다. 셀먼은 대인관계에서 갈등을 겪는 사례에 나타난 행위자의 동기와 다른 행위자와의 관계에 대한 반응을 분석하여 사회적 조망수용능력의 발달단계를 5단계로 구분하였다. 사회적 조망수용능력은 가정환경, 사회적 상황 등의 영향을 받으면서 발달하므로 나이에 상관없이 발달이 이루어질 수 있으며 청소년이나 성인도 0단계나 1단계에 머무를 수 있다.

① 0단계: 자기중심적 관점수용단계

(The egocentric undifferentiated stage of social perspective taking, 3~6세)

타인을 자기중심적으로 보기 때문에 타인이 자신과 다른 관점(생각, 느낌)을 가지고 있다는 것을 전혀 이해하지 못한다. 즉, 다른 사람도 자신의 견해와 동일한 견해를 갖는다고 지각한다. 예를 들어, 학교폭력의 가해자는 자신의 폭력으로 학급의 다른 아동이 괴로움을 당한다는 것을 전혀 인지하지 못한다.

② 1단계: 주관적 조망수용단계

(The differentiated and subjective perspective taking, stage 5~9세)

동일한 상황에 대한 타인의 조망이 자신의 조망과 다를 수 있다는 것까지는 이해하지만 아직도 자기의 입장에서 이해하려고 한다. 자신의 행동을 다른 사람의 조망을 통해 평가하기 어렵다. 예를 들어, 학교폭력의 가해자는 왜 폭력을 가했는가에 대한 질문에 대해 '피해자가 잘못을 했으니 때릴 수도 있다'고 생각하거나, "재미있어서요.", "단순한 장난이에요." 등의 대답을 할 수 있으며 '내가 장난으로 때린 것임을 피해자도 알고 있으니 괜찮다'고 생각한다.

③ 2단계: 자기반성적 조망수용단계

(The self-reflective thinking or reciprocal perspective taking, stage 7~12세)

타인의 조망을 고려할 수 있고 타인도 자기의 조망을 고려할 수 있다는 것을 인식한다. 다른 사람이 자신의 행동에 대해 어떻게 생각하는지 알 수 있으며, 다른 사람이 서로 다르게 생각하고 느낀다는 것을 안다. 다른 사람의 입장이 되어서 그 사람의 의도와 목적, 행동을 이해할 수 있다. 그러나 이러한 과정을 동시 상호적으로 하지는 못한다. 예를 들어, 이 단계의 학교폭력 가해자는 피해자가 아프고 속상해한다는 것을 알고 피해자가 자신을 미워할 것임을 안다.

④ 3단계: 상호적 조망수용단계

(The third person or mutual perspective taking, stage 10~15세)

동시 상호적으로 자기와 타인의 조망을 각각 이해할 수 있다. 다른 사람과의 관계 혹은 상호작용 속에서 발생하는 문제에 대해 제3자의 입장에서 객관적으로 생각하게 된다. 예를 들어, 학교폭력의 가해자는 교사나 부모가 학교폭력에 대해 부정적으로 생각하고 있음을 알고 있으며 자신이 교사나 부모로부터 벌을 받을 수 있다는 것을 깨닫는다. 또한 자신의 폭력행위 때문에 부모가 경찰서에 불려 가는 등의 피해를 입을 수 있다는 것을 인지한다. 폭력을 사용하려 할 때 다른 사람들의 시선을 고려하므로 점차 폭력 사용이 줄어들게 된다.

⑤ 4단계: 사회적 조망수용단계

(The in-depth and societal perspective taking, stage 12세~성인)

동일한 상황에 대해 다른 생각을 한다고 해서 그 조망이 틀렸다고 인식하지 않으며, 자신이 다른 사람의 조망을 완전하게 이해하지 못한다는 것을 인식한다. 아동은 제3자의 입장을 확장하여 사회 구성원이 갖는 일반화된 관점에서 이해한다. 이것은 사회관계를 이해하는 능력이 더욱 심층적으로 발달하게 된다는 것을 의미한다. 사회의 많은 구성원이 의견을 공유하여 사회체계를 만드는 것이라고 생각하므로 사회적 합의나 타인의 견해 등에 대해 관심이 많아진다. 자기와 타인을 포

함하여 개인은 물론 집단과 전체 사회체계의 조망을 이해하는 최상의 사회인지를 획득한다. 예를 들어, 학교폭력의 가해자는 사회에서 폭력이 바람직한 행동이 아니라고 보기 때문에 교사나 친구들이 학교폭력을 중지하기 바란다는 것을 깨닫는다. 자신의 폭력행위는 사회질서를 어지럽히는 일이므로 소년원이나 감옥에 갈 수 있는 위법행위임을 인지한다. 학교폭력 행위는 학생기록부에 기록될 수 있고, 전과자가 될 수 있으므로 자신이 취직을 하거나 사회에 진출하는 데 문제가 될 것이라는 것을 알게 된다. 이 단계에서도 폭력을 행사하는 아동은 사회적 조망수용능력의 문제가 아닌 기질, 성격, 환경적 영향 등 다른 개인적 특성이 종합적으로 폭력의 원인이 된다고 해석할 수 있다.

조망수용능력을 획득하게 되면서 아동은 친구관계를 단지 자신에게 도움이 되거나 같이 시간을 보내는 사람에서 좋은 친구, 공통의 관심을 가지고 있는 친구, 서로 의존하면서도 독립성을 가지는 친구관계로 점차 발전시켜 나가게 된다. 조망수용능력이 발달한 아동은 학교에서도 인기가 많다.

아동에게 조망수용능력을 지도하고 훈련하면 반사회적 행동이 감소하고 감정이입과 친사회적 행동(prosocial behavior, 예: 돕기, 나누기, 보살피기, 위로하기, 협조하기 등)이 증가한다(Chandler & Moran, 1990). 학교폭력 가해자의 조망수용능력이 높은 단계로 발달하도록 교육한다면 타인, 제3자, 사회 안에서 자신의 행동이 어떻게 인식될 것인지를 이해하고 생각하게 되므로 폭력을 줄이고 사회에서 바람직하다고 생각되는 행동을 통해 사회 문제를 해결할 수 있다.

EDUCATIONAL PSYCHOLOGY

제 5 장

도덕성 발달

1. 피아제의 도덕성 발달이론
2. 콜버그의 도덕성 발달이론
3. 길리건의 배려의 윤리

우리는 살면서 도덕적 갈등을 느끼는 상황을 수도 없이 만나고 자신의 가치와 생각에 따라 판단하고 행동한다. 인공지능이나 자율주행 자동차 등 인간의 삶을 편리하게 할 수도 있고 인간에게 위협적인 존재가 될 수도 있는 기술이 발전하는 미래사회에는 기계에게 도덕적 판단을 맡길 수 없는 상황이 많이 발생할 것이므로 도덕성의 중요성이 더욱 강조된다.

도덕성 발달은 정신분석학, 행동주의, 인본주의, 인지주의 접근에서 서로 다른 측면을 강조하고 있다. 프로이트는 정신분석이론에서 남근기에 자신의 욕망과 충동을 억누르고 부모의 행동이나 가치 기준을 내 것으로 만들어 가면서 초자아를 형성해 가는 과정을 도덕성 발달로 본다. 행동주의 학습이론에서 도덕적 행동은 주위 사람과 행동 사이에 연합된 결과(고전적 조건형성) 혹은 행동에 대한 강화나 벌의 결과(조작적 조건형성)로, 반두라의 사회인지이론에서는 모델링을 통해서 설명되고 있다. 행동주의 학습이론에서는 어떤 행동이 도덕적인지 학습자에 관계없이 이미 사회나 집단에 의해 정해져 있다. 인본주의에서 닐(A. S. Neill)이나 로저스(C. R. Rogers)는 인간은 태어날 때의 자연 그대로가 가장 선하며 오히려 교육이나 훈련에 의해 본래의 선함이 손상을 입는다고 주장한다. 인본주의에서 도덕성 발달은 본래의 타고난 선을 자연스럽게 키워 나감으로써 자아실현을 이루는 것이다. 도덕성 발달에 대한 정신분석학, 행동주의, 인본주의 접근은 도덕성 발달을 다른 입장에서 설명하고 있으나 도덕성을 사회나 자연 등 외부에 의해 이미 의미가 규정지어진 것으로 보고 있을 뿐 도덕적 행위의 주체인 아동의 능동적인 도덕성 발달을 제대로 설명하지 못한다는 한계가 있다.

도덕성에 대해 가장 널리 알려진 접근은 인지발달이론으로, 개인의 도덕성에 대한 관점에서 도덕성의 인지적 측면, 도덕적 추론을 강조한다. 인지발달이론에서는 도덕성을 도덕적인 갈등상황에서 옳고 그름을 판단할 수 있는 개인의 능력이라고 보았다. 피아제는 도덕성에 대한 인지발달이론을 최초로 제시했으며, 콜버그가 피아제의 이론을 확대하여 발전시켰다.

1. 피아제의 도덕성 발달이론

존이 제 방에 있는데 저녁 먹으라는 말을 듣고 내려와서 식당 문을 열었다. 문 바로 뒤에 의자가 있었고, 의자 위에는 쟁반과 컵 15개가 있었는데, 존은 그것을 알지 못했다. 그가 문을 열자, 쟁반이 문에 맞으면서 컵이 모두 산산조각이 나 버렸다. 어머니가 외출하고 없을 때, 헨리는 어머니 허락 없이 과자 통에서 과자를 꺼내 먹으려고 의자에 올라서 과자 통에 손을 대다가 그 옆에 있는 컵 한 개를 깼다. 존과 헨리 중 누가 더 나쁜가(Piaget, 1965)?

피아제(Piaget, 1965)는 인지발달과 도덕성 발달이 함께 이루어진다고 생각하여 자율적, 타율적이라는 기준에 따라 도덕성 발달을 크게 3단계로 구분하였다.

4세까지의 아동은 전도덕성 단계(pre-moral stage)로 규칙을 전혀 이해하지 못하며 규칙을 따라야 한다는 생각도 거의 없다.

5~9세의 아동은 규칙과 질서를 절대적인 것으로 인식한다. 피아제의 인지발달단계에서 전조작기에 해당하는 이 단계는 타율적 도덕성 단계(heteronomous morality stage)로, 아동은 외부의 규율과 법칙 권위에 의존하여 행동의 결과에 따라 옳고 그름을 판단한다. 아버지가 없을 때 잉크를 가지고 놀다가 탁자 덮개에 작은 잉크 얼룩을 남긴 아동과 아버지를 돕기 위해 잉크병에 잉크를 채워 넣다가 탁자 덮개에 큰 잉크 얼룩을 남긴 아동 중에 결과적으로 잉크 얼룩을 더 많이 남긴 아동이 나쁘다고 생각한다. 그리고 앞선 예에서 실수로 15개의 컵을 깨뜨린 존은 의도적으로 나쁜 행동을 하다가 컵 한 개를 깬 헨리보다 더 나쁘며 더 큰 처벌을 받아야 한다고 생각한다.

10세 이후는 피아제 인지발달단계에서 구체적 조작기 이후로, 이때는 다른 사람과의 상호작용을 고려

하며 행동의 결과보다는 의도를 기준으로 옳고 그름을 판단하는 자율적 도덕성 단계(autonomous morality stage)에 이른다. 서로 다른 사람이 각각 다른 규칙을 갖는다는 것을 알게 되며 규칙이나 질서가 다른 사람과의 협의에 의해 결정될 수 있으므로 규칙은 사람에 의해 바뀔 수 있는 것으로 받아들여진다.

2. 콜버그의 도덕성 발달이론

콜버그(Kohlberg, 1963)는 피아제의 도덕성 발달이론이 자율적, 타율적 도덕성으로 나누어 분류하는 것이 지나치게 단순하다고 보았다. 그는 주로 아동을 연구대상으로 했던 피아제의 이론을 성인으로까지 확대하여 도덕성 발달단계를 제시하였다.

콜버그는 도덕적 딜레마(moral dilemmas)나 어려운 결정을 해야 하는 가설적 갈등 상황을 제시하고 '어떻게 하겠는가?', '왜 그렇게 해야 하는가?'를 질문하였다. 그리고 이러한 질문에 대하여 '예', '아니요'라는 응답에 관심을 둔 것이 아니라 왜 그렇게 생각하는지의 이유를 분석함으로써 옳고 그름에 대한 도덕적 판단, 도덕적 추론(moral reasoning)의 발달 순서를 세 가지 수준으로 구분하였고, 각 수준을 하위 단계로 나누어 설명하였다.

도덕적 딜레마
분명하게 어떤 선택이 옳다고 판단하기 어려운 상황

도덕적 추론
옳고 그름의 도덕적 판단을 하는 사고과정

표 5-1 **콜버그의 도덕성 발달단계**

수준	단계	설명
인습 이전 수준 (pre-conventional level)	1단계: 복종과 처벌 지향 (obedience and punishment orientation)	어떻게 처벌을 면할 수 있을까?(How can I avoid punishment?) 아동의 행위 결과가 벌인가 칭찬인가 또는 행위를 강요하는 사람이 누구인가에 의해 선악이 판별된다.

	2단계: 개인적 쾌락주의 지향 (self-interest orientation)	나에게 뭐가 좋아?(What's in it for me?) 아동 자신의 욕구충족이 도덕 판단의 기준이며, 다른 사람의 욕구충족을 고려하지만 자신의 욕구충족을 우선 생각한다.
인습 수준 (conventional level)	3단계: 착한 소년/소녀 지향 (interpersonal concordance or 'good boy-nice girl' orientation)	다른 사람을 기쁘게 하고, 도와주는 행위 여부가 선악을 결정하며 타인의 승인을 중요하게 생각한다.
	4단계: 사회질서와 권위 지향 (authority and social-order maintaining orientation)	법은 절대적이고 사회질서는 유지되어야 한다. 개인적인 문제보다 전체를 위한 의무감을 더욱 중요하게 여긴다. 즉, 주어진 사회질서를 유지하려는 행동이 나타난다.
인습 이후 수준 (post-conventional level)	5단계: 사회계약 지향 (social contract orientation)	법의 사회적 유용성에 대한 합리적 고려에 따라 법이 바뀔 수도 있다고 생각한다. 인간으로서의 기본 원리에 따라 행동한다.
	6단계: 보편적 윤리 원리 지향 (universal ethical principles orientation)	스스로 선택한 도덕원리에 따른 양심적인 행위가 곧 올바른 행위가 된다.

콜버그(Lawrence Kohlberg, 1927~1987)

콜버그는 미국 뉴욕주에서 출생하였다. 대학 진학 전에 이스라엘 건국을 돕기 위해 유럽에서 이스라엘로 난민을 수송하는 수송기의 부조종사로 봉사하였고, 그때 나치의 박해를 받던 유대인 문제로 고민을 하다가 도덕적 사고와 관련된 주제에 관심을 가지게 되었다. 시카고 대학교 대학원 심리학과에서 피아제의 도덕성 발달이론을 심화하고 발전시켜 박사학위논문으로 발표하였다. 예일 대학교, 시카고 대학교, 하버드 대학교에서 교육학과 사회심리학을 가르쳤고, 하버드 대학교에서 도덕교육센터 소장을 지냈다.

1) 도덕적 딜레마를 통해 본 도덕성 발달단계

도덕적 추론에서 가장 많이 사용되는 도덕적 딜레마는 하인츠(Heinz)의 이야기이다. 도덕적 추론을 위해 하인츠의 딜레마에 대해 몇 가지 질문을 해 볼 수 있다. '남편은 약을 훔쳤기 때문에 벌을 받아야 하는가?', '약사는 그렇게 비싼 약값을 요구할 권리가 있는가?', '만약 약사가 그 약을 주지 않아서 부인이 죽게 된다면, 그 약사가 부인을 죽인 것이나 다름없다고 비난할 수 있는가?', '부인이 중요한 인물이라면, 약을 주지 않은 약사는 더 심하게 처벌받아야 하는가?'

유럽의 한 부인이 특이한 종류의 암을 앓아 거의 죽어 가고 있었다. 그 부인의 병을 치료하는 데는 오직 한 가지 약밖에 없는 것으로 알려져 있었다. 이 약은 같은 마을에 사는 어느 약사가 최근에 발명한 약이었다. 그 약을 만드는 데 원가는 200달러가 들었지만, 그 약사는 약값을 원가의 10배인 2,000달러나 요구하였다. 병든 부인의 남편인 하인츠는 돈을 구하기 위해 아는 사람을 모두 찾아다녔으나 그 약값의 절반밖에 마련하지 못했다. 할 수 없이 하인츠는 그 약사를 찾아가서 자기 부인이 죽어 가고 있다고 설명하고 그 약을 반값에 팔거나, 아니면 다음에 나머지 돈을 갚겠다며 간청했다. 그러나 그 약사는 거절하였다. 절망에 빠진 하인츠는 결국 약방을 부수고 들어가서 자기 부인을 위하여 그 약을 훔쳤다.

(1) 수준 1(인습 이전 수준)

도덕적 가치는 행위의 결과가 자신에게 벌인가 칭찬인가에 따라 다르며 자기중심성의 특징을 보인다. 어떤 행동의 의미를 생각하지 못하며, 다른 사람의 규칙을 완전히 이해하지 못한다. 이 수준의 아동은 자신의 경험을 통해서 옳고 그름을 해석하고 사회의 규칙을 제대로 이해하지 못하므로 인습 이전 수준이라고 한다.

① 1단계(복종과 처벌 지향)

이 단계는 행동의 결과가 벌인가 칭찬인가, 또는 행위를 강요하는 사람이 누구인가에 따라 옳고 그름을 판단한다. 신체적이고 물리적인 처벌을 피하려 하고, 힘을 가진 사람에게 순종한다. 잘못을 저지른 놀이 친구를 고자질할 것인가에 대한 질문을 받는다면, 이 나이 또래의 아동은 "말하겠어. 그렇지 않으면 야단맞을 거야."라고 말할 것이다. 하인츠의 딜레마에 대한 질문에서 이 단계의 아동은 하인츠가 약을 훔치는 행동은 벌을 받는 행동으로 절대 훔쳐서는 안 된다고 응답한다.

② 2단계(개인적 쾌락주의 지향)

이 단계에서는 자신과 타인의 욕구충족이 도덕 판단의 기준이 되는데, 우선 자신의 욕구가 충족되고 나면 다른 사람의 욕구도 고려하게 된다. 이 단계의 아동은 개인적이고 주관적인 관점에서 도덕성을 판단하며 어떤 환경에서든지 모든 사람이 공평하고 동등한 대우를 받아야 한다고 생각한다. 예를 들면, 아동은 자신에게는 잠을 자야 할 시간이라고 하면서 왜 어른은 더 늦은 시간까지 자지 않아도 되는지를 이해하지 못한다. 하인츠의 딜레마에 대한 질문에서 아동은 하인츠의 아내가 약이 필요하며, 하인츠는 자기 아내를 구하기 위해서 훔칠 수밖에 없다고 응답할 수 있다.

(2) 수준 2(인습 수준)

자신의 가족이나 자신이 속한 집단, 국가의 기준과 기대에 근거하여 도덕적 가치를 판단한다. 사회규칙과 사회계약을 유지하려고 노력하는 단계이다.

① 3단계(착한 소년/소녀 지향)

다른 사람, 특히 권위 있는 사람에게서 칭찬을 받는 행위가 도덕적인 행위라고 생각한다. 이 단계의 아동 · 청소년은 다른 사람의 관점과 의도를 이해할 수 있으므로 다른 사람들이 착한 행동으로 인정하는 행동, 다른 사람을 기쁘게 하고 도와주는 것이 옳은 행동이다. 신뢰, 충성, 의리가 대인관계를 유지하는 데 매우 중요하며 행동은 의도에 의하여 판단되기 시작한다.

하인츠의 딜레마에 대한 답변으로 하인츠가 약을 훔치는 것은 좋은 남편으로서 자연스러운 일이므로 약을 훔칠 수 있다고 응답할 수도 있다. 또는 약을 훔치는 것은 약사에게 손해를 입히는 행동으로 남에게 피해를 끼치면 안 되므로 훔쳐서는 안 된다고 응답할 수 있다.

② 4단계(사회질서와 권위 지향)

법과 질서를 준수하며, 사회 속에서 개인의 의무를 다한다. 이 단계는 법과 질서를 기준으로 도덕 판단을 한다. 친구의 비행이 법을 어기거나 공공의 질서를 심각하게 방해하였는가에 따라 그 비행을 말할 수도, 하지 않을 수도 있다. 법과 사회의 질서를 지키는 것이 자신의 의무라고 생각한다. 하인츠의 딜레마에서 도둑질은 범죄행위이고 법은 어떤 경우에도 지켜져야 하기 때문에 하인츠는 약을 훔쳐서는 안 된다고 응답할 수 있다.

(3) 수준 3(인습 이후 수준)

사회규칙에 제한되지 않으며 보편적인 원리와 윤리에 초점을 두어 판단한다. 이 단계 사람들의 행동의 바탕에는 그 사람의 양심이 있다.

① 5단계(사회계약 지향)

법은 사람들이 합의하여 만든 것이므로 융통성이 있고 고칠 수도 있다는 사실을 인식한다. 사회규칙이 도덕적 행동의 근거가 되지만 개인의 내면화된 도덕원칙과 사회규칙 간에 갈등이 있을 때 내면화된 도덕원칙이 우선시된다. 법은 개인의 자유와 존엄성의 원리에 대한 믿음 때문에 따라야 하는 것이다. 이 단계의 사람들은 소수라고 하더라도 개인의 권리를 보호하는 것이 정의라고 생각한다. 어떤 친구의 비행을 말할 것이냐 아니냐 하는 문제는 이제는 그 친구가 그 행위를 하게 된 이유에 달려 있게 되고, 일어날 수 있는 여러 행동이 그 친구와 보다 넓은 공동체에 끼칠 영향력을 고려하게 된다.

하인츠의 딜레마에서 하인츠가 약을 훔친 것은 잘못이나 생명을 구하기 위한 일이므로 정당화될 수 있다. 그러나 극단적인 상황이 잘못된 행동을 정당화해 주지는 않으므로 누구든 절망적일 때는 도둑질해도 된다고 인정할 수는 없다.

② 6단계(보편적 윤리 원리 지향)

보통 사람에게서는 거의 찾아볼 수 없는 단계로 극히 소수만이 이 단계에 도달한다. 법이나 관습을 넘어서서 정의, 평등, 생명의 가치와 같은 추상적이고 보편적인 원리를 지향한다. 도덕원리는 논리적으로 포괄적이며 일관성 있는 것으로 추상적이다. 스스로 선택한 도덕원리, 양심의 결단에 따라 도덕적 판단이 이루어진다.

하인츠의 딜레마 상황은 하인츠가 약을 훔치거나 아내를 죽게 내버려 두는 것 사이에서 선택을 하도록 강요받는 상황이다. 하인츠는 생명을 존중하고 지키기 위한 행동을 해야 하지만 그의 아내처럼 절실하게 그 약이 필요한 다른 사람을 고려할 것인지 고려하지 않을 것인지 결정해야 한다. 그는 자신의 아내를 향한 사적인 감정에 따라서 행동할 것이 아니라 모든 생명의 가치를 고려하여 행동해야만 한다.

2) 시사점

콜버그의 연구는 학교 교실상황에 중요한 시사점을 던지고 있다.

첫째, 아동에게 그들의 인지발달 수준보다 더 높은 도덕적 판단을 기대할 수 없으므로 아동의 연령과 인지발달 수준에 따라 도덕교육을 해야 한다. 예를 들면, 어린 아동의 잘못된 행동에는 즉각적인 처벌이 필요하고, 보다 성숙한 아동에게는 사회적 제재(착한 아이는 그런 행동을 하지 않는다)가 더 효과적이며, 아동이 더욱 성숙하면 보편적인 가치 기준이나 양심에 호소하는 것이 적절한 훈육 행동이 될 수 있다.

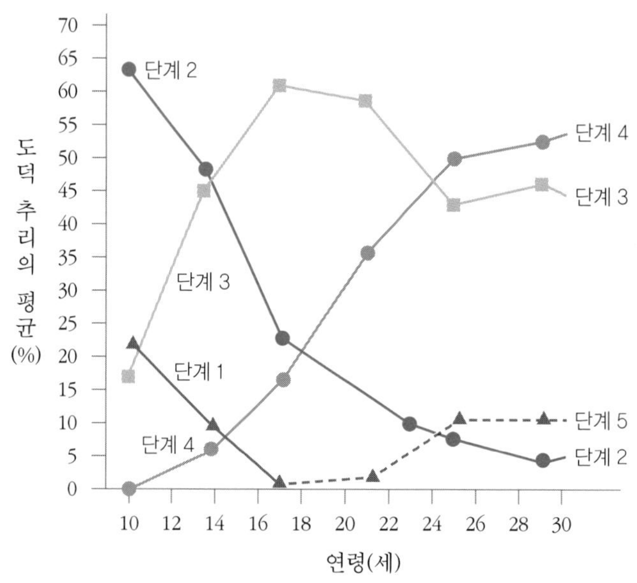

그림 5-1 **연령에 따른 도덕성 발달단계**(Colby, Kohlberg, & Gibbs, 1979)

[그림 5-1]은 하인츠의 딜레마 또는 그와 유사한 도덕적 딜레마를 3, 4년마다 같은 대상에게 제시하여 얻은 종단 연구의 결과이다. 이 연구에 따르면 도덕성 발달에서 단계를 뛰어넘는 경우는 없었으며, 5단계, 6단계가 중등교육 단계까지는 나타나지 않음을 볼 수 있다. 14세경에는 2단계, 3단계가 거의 45% 정도 나타나고 있으며, 1단계가 약 7% 수준으로 급격히 낮아지고 4단계가 약 4% 정도를 차지한다. 대학생 연령에서는 4단계가 급격히 증가하고 5단계는 드물게 나타나고 있다. 초·중등교육 단계에서 도덕성 발달이 매우 활발하게 일어나고 있으므로 도덕적 사고를 발달시킬 수 있는 교육이 이 시기에 적절하게 이루어져야 한다.

둘째, 콜버그(Kohlberg, 1975)는 토론식 도덕교육 방법을 학교교육에 제안하였다. '거짓말하면 안 된다', '다른 사람의 물건에 손대지 않는다'와 같이 지켜야 하는 구체적인 행동을 지시적으로 가르치는 것은 도덕적 사고력을 길러 주지 못한다. 도덕교육은 왜 그렇게 해야 하는지를 생각해 보도록 함으로써 다양한 상황에서 스스로 판단하여 행동하도록 하는 것이 바람직하다.

학교에서는 교사가 학생에게 가설적인 딜레마 상황을 제시해 주고, 학습자 스스로 자신의 도덕적 사고를 시험해 보도록 한다. 그리고 다른 학생과 학급 토론을 통해 자신보다 높은 도덕적 사고와 자신을 비교해 보도록 한다. 교사는 토론할 때 구체적인 갈등상황을 제시하고 학생이 도덕적 갈등상황의 모든 측면을 고려하여 어떠한 행동을 할 것인지 선택하도록 하며, 그렇게 결정한 이유를 설명하도록 한다. 토론에서는 자신의 의견을 솔직하게 제시하는 분위기를 조성해서 다른 사람의 관점에 대한 토론이 이루어지도록 해야 한다. 토론에서 학생들은 다른 학생과 상호작용을 통해서 적극적으로 경청하고 자신보다 복잡한 도덕적 추론을 분석하면서 도덕적 판단능력을 향상시킨다(Kruger, 1992).

셋째, 발달단계를 아는 것은 더 높은 단계로의 도덕성 발달을 가능하게 한다. 학생들이 도덕성 발달단계를 알면 자신보다 높은 수준의 도덕적 판단이 무엇인지를 알게 되므로, 높은 수준의 도덕성을 발달시키기 위해 스스로 노력하게 된다. 따라서 도덕 판단 수준에 대해 생각할 수 있는 기회를 많이 주는 것이 교육적으로 바람직하다. 그러나 너무 높은 수준의 도덕적 추론을 접하는 것은 그 입장을 이해하기 어려우므로 학습자의 현재 추론단계보다 한 단계 높은 추론을 해 볼 수 있도록 하는 것이 좋다.

넷째, 도덕성 발달에 모델링을 활용한다. 배려하고 너그러운 성인 모델을 가진 아동은 다른 사람의 권리와 감정에 대해 더욱 관심을 가졌다(Cook & Cook, 2005; Eisenberg & Fabes, 1998). 교사가 학생에게 기대되는 행동과 원칙을 준수하는 것은 학생에게 좋은 모델링이 된다. 공정하고 책임감 있으며 민주적인 교사의 모습을 보면서 학생은 교사의 도덕적 가치와 도덕관을 배운다. 실제로 일어난 감동적인 모범 사례를 접하도록 하는 것도 필요하다. 이러한 사례는 도덕적 가치와 규범에 따르는 삶이 현실에서 존재함을 알게 하고 그러한 행동을 실천하는 데 도움을 줄 수 있다.

다섯째, 역할극이 도덕교육에 활용되어야 한다. 도덕적 딜레마를 제시하고 역할극을 통해서 등장인물의 입장이 되어 보는 것은 학생들이 높은 수준의 도덕적 추론을 할 수 있도록 돕는다. 하인츠의 역할, 부인의 역할, 약사의 역할, 부인과 같

은 병을 앓고 있어서 그 약이 없어서 죽어 가는 사람의 역할 등 다양한 입장이 되어 생각하는 과정에서 다른 사람의 입장을 이해하게 되고 옳고 그름에 대한 판단과 도덕적 추론이 달라진다.

3) 비판점

콜버그의 도덕성 발달이론은 다음의 몇 가지 측면에서 비판을 받아 왔다.

첫째, 이 이론은 아동의 실제 도덕적 행위가 아니라 도덕적 추리능력으로 발달단계를 구분하고 있다(Strike, 1990). 도덕발달 단계는 아동이 어느 수준의 도덕적 사고를 하는지를 측정할 뿐 실제 그 수준의 도덕적 행위를 하는가는 설명하지 못한다.

도덕적 성숙 수준에 따라 도덕적 행동을 하는지를 알아보기 위해 명령에 따라서 무고한 희생자에게 전기 충격을 주는 실험(실제로 희생자는 전깃줄에 연결되어 있지 않았다)이 실시되었다(Milgram, 1963). 이 실험에서 나이와 배경에 관계없

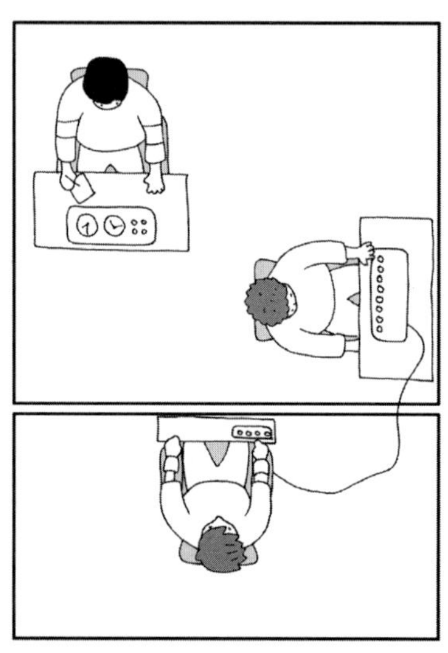

그림 5-2 전기 충격 실험 장면

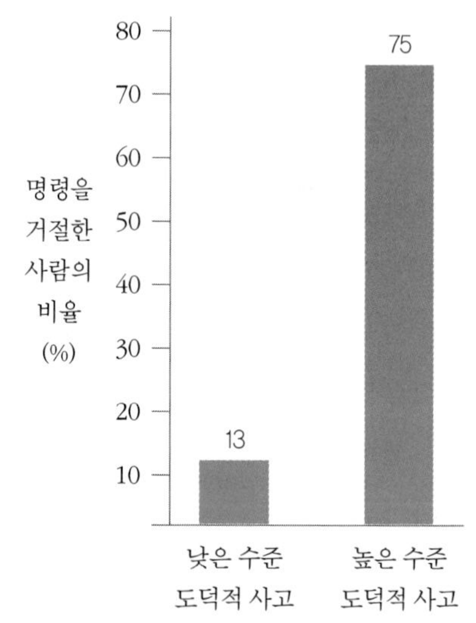

그림 5-3 전기 충격 실험에서 도덕적 사고 수준에 따른 도덕적 행동의 비율

이 65%의 피실험자가 실험자의 지시에 따라서 전기 충격을 주었다. 그러나 명령을 어기고 전기 충격을 주는 실험을 중간에 그만둔 사람들이 있었고 도덕발달 단계가 1~4단계인 사람들은 단지 13%만이 이 실험을 포기했지만 5단계와 6단계의 사람들은 75%가 실험을 거절했다. 이 실험은 도덕발달 단계가 높은 수준에 있다고 해서 반드시 도덕적으로 행동하는 것은 아니라는 것을 보여 준다. 그러나 도덕적 사고의 수준이 높을수록 높은 수준의 도덕적 행동을 보인 사람이 많았다는 점에서 도덕적 사고 수준을 높인다면 도덕적 행동을 하는 확률이 높아질 수 있음을 알 수 있다.

둘째, 인습 이후 수준의 발달단계는 개인주의를 강조하는 서구 사회의 가치를 반영하고 있다. 예를 들면, 5단계에서 개인의 자유와 존엄성의 원리를 중시한다고 하는데 이는 서구 사회의 가치를 반영하는 것이다. 가족중심적이거나 집단 지향적인 동양 문화에서는 성숙한 성인이 개인 양심보다도 집단 의견을 중시하는 3단계 발달을 보일 수 있다. 다른 문화에서도 콜버그의 도덕성 발달단계가 같은 순서로 나타나고 있기는 하지만, 문화에 따라서 각 단계에 있는 사람들의 비율이 서구 사회와 다르다(Harkness, Edwards, & Super, 1981).

셋째, 어떤 사람의 도덕성 발달단계를 판정할 때 어려움이 있다. 대부분의 성인은 추리의 많은 부분이 한 단계에서 나타나지만 그보다 위 혹은 아래 단계의 추리를 포함한다. 특히 한창 발달이 진행되고 있는 아동이나 청소년에게서 흔히 여러 단계의 도덕적 추리가 나타난다. 따라서 부분적인 추리만 보고 도덕성 발달단계를 판정하면 본래 단계보다 더 높게 혹은 더 낮게 평가할 가능성이 있다.

넷째, 도덕성 발달이론은 남성을 대상으로 한 연구에서 만들어졌으므로 남성의 도덕발달에 대해서는 호의적으로 설명하나 여성의 도덕발달은 제대로 설명하지 못하고 있다. 콜버그 이론에 따르면, 여성에게 요구되는 타인에 대한 보살핌과 관계 유지에 기반을 둔 도덕적 추론은 3단계에 해당된다. 그렇다면 여성은 정의와 공평의 보편적 원칙을 추구하는 남성보다 도덕적으로 열등한가? 이러한 비판에서 길리건은 **배려의 윤리**에 기반을 둔 여성의 도덕성 발달이론을 주장하게 된다.

배려의 윤리
도덕성에서 정의와 함께 타인에 대한 배려, 연민, 동정심, 유대감 등을 중시함으로써 도덕성을 포괄적으로 정의한 개념

3. 길리건의 배려의 윤리

길리건(Gilligan, 1982)은 서양의 기존 윤리관을 남성중심의 성차별적 윤리관으로 규정하고 이에 대한 대안으로서 배려의 윤리를 주장하였다. 길리건은 콜버그의 도덕성 발달이론이 추상적인 도덕원리를 강조하며, 백인 남성과 소년만을 대상으로 도덕성 발달단계를 설명한 것을 비판하였다. 또한 성인 남성은 4, 5단계의 도덕성 발달단계를 보이고, 여성은 대부분 3단계의 도덕성 발달 수준을 보이므로 여성의 도덕발달이 남성에 비해 낮다고 규정한 콜버그(Kohlberg, 1969)의 주장이 여성의 도덕발달을 적절하게 설명하지 못하고 있다고 비판한다.

길리건에 따르면, 소년은 추상적 사고를 할 수 있도록 교육받는 반면, 소녀는 돌보기를 중요시하도록 키워지므로 남녀는 각기 다른 유형의 도덕적 추론을 할 수밖에 없다. 즉, 남성은 추상적 판단에 기초한 정의 관점(justice perspective)으로 도덕적 판단을 하고, 여성은 인간관계와 타인을 돌보는 것을 기초로 하는 배려(care)와 책임감(responsibility)을 중심으로 판단한다.

길리건(Gilligan, 1977)은 낙태 여부를 결정해야 하는 29명의 여성의 응답을 분석하여 인간관계의 보살핌, 애착, 책임을 강조하는 여성의 도덕성 발달단계를 제시하였다. 여성의 도덕성 발달단계는 세 가지 수준의 단계(sequence of three levels)

길리건(Carol Gilligan, 1936~)

길리건은 뉴욕에서 태어나 자랐고, 하버드 대학교에서 박사학위를 취득한 후 34년 동안 모교에 재직하였다. 1997년 하버드 대학교 최초의 여성학 교수직을 맡게 되었고, 하버드 대학교 내에 여성학 센터를 설립하는 데 공헌하였다. 현재 뉴욕 주립대학교 교수로 재직하고 있다. 주요 저서로는 『다른 목소리로(In a different voice)』(1982), 『도덕 영역에 지도 그리기(Mapping the moral domain)』(1989) 등 다수가 있다.

와 각 단계 사이의 두 개의 전환기(transition periods)로 설명된다. 각 단계는 자신(self)과 타인(others) 간의 관계를 더 정교하게 설명하고, 각 전환기는 이기심(selfishness)과 책임감 간의 이해를 보여 주고 있다.

여성의 도덕성 발달단계를 살펴보면 다음과 같다(Gilligan, 1977).

① [수준 1] 자기 지향(orientation to individual survival): 여성이 타인에 대한 관심 없이 자기의 이익과 생존에 자기중심적으로 몰두하는 단계이다. 어떤 상황이 자신의 욕구와 갈등을 일으킬 때에만 도덕적 사고와 추론을 시작하며, 어느 쪽이 자신에게 중요한가가 판단의 준거가 된다. 이 수준의 여성은 낙태 이유를 "내가 원하니까", "나는 아이를 원하지 않으니까"와 같이 응답한다.

② [전환기 1] 이기심에서 책임감으로(from selfishness to responsibility): 첫 번째 전환기에서는 애착과 다른 사람의 관계 형성이 중요해진다. 타인에 대한 고려 없이 자기 중심적으로 생각하는 자신을 이기적이고 무책임하다고 비판하게 된다. 도덕적 판단기준이 이기적인 것에서 관계와 책임감으로 옮겨 가면서 자신의 욕구와 자신이 해야 하는 책임이 구별되기 시작한다. 자신이 도덕적인 사람이라는 긍정적인 자아개념을 바탕으로 책임감과 배려를 도덕적 판단기준으로 통합해 간다.

③ [수준 2] 자기희생으로서의 선(goodness as self-sacrifice): 사회적 조망이 발달하면서 자신의 욕구를 억제하고 타인의 요구에 응하려 노력하게 되고 타인에 대한 배려, 책임감, 자기희생을 지향한다. 자신이 원하는 것은 중요하지 않으며 관심의 대상은 타인이다. 이 수준에서는 개인이 다른 사람과의 관계를 유지하기 위해서 자신의 주장을 포기하는 자기희생과 타인에 대한 배려를 선한 것으로 간주한다. 전통적으로 여성에게 기대하는 미덕으로 자신의 욕구를 억제하고 타인의 요구에 응하고 배려한다. 그러나 이 수준에서 배려하는 타인은 사적인 관계이며, 공적인 관계를 의미하지 않는다. 이 수준의 여성은 낙태 이유를 "남자친구가 아이를 원하지 않으므로 낙태를 해야 한다", "나는 태아를 보호할 책임이 있으므로 낙태를 할 수 없다"와 같이 응답한다.

④ [전환기 2] 선에서 진실로(from goodness to truth): 두 번째 전환기에서는 왜 다른 사람을 위해서 자신을 희생해야 하는가에 대한 의문을 가진다. '자기 희생이 과연 선한 것인가?', '내가 희생한 것을 다른 사람들이 인정하고 나를 위해 희생하는가?', '내가 희생했을 때 나를 이용하는 사람들은 없는가?', '내가 내 자신의 욕구를 중요하게 생각하는 것이 도덕적으로 옳지 않은가?'와 같은 질문을 던지면서 자신의 감정과 욕구를 직시한다. 나의 욕구를 충족하는 것도 자신의 책임이고 나의 행동에 따른 결과에 책임을 져야 하는 것도 자기 자신이다. 도덕적 판단 기준이 자신 주변의 사적인 관계에서 보다 넓은 범위의 타인의 욕구와 통합되는 것으로 발전해 간다. 자신의 욕구와 타인에 대한 배려, 책임감의 균형을 인식한다. 자신이 타인을 위해 희생하는 것만큼 자신을 돌보는 것도 중요하다.

⑤ [수준 3] 비폭력 도덕성(the morality of nonviolence): 개인의 권리 주장과 타인에 대한 책임이 조화를 이루면서 이기심과 이타심 사이의 갈등을 포괄적으로 모두를 돌보는 것으로 정리한다. 자기 자신과 다른 사람에 대한 책임을 지면서 선하게 되고자 한다. 모든 경우에 자신의 결정과 행동에 대해 책임을 져야 한다. 의사 결정 과정에 적극적으로 참여하고, 다른 사람에게 상처 주는 것을 피한다. 자신에 대한 이해와 도덕성에 대한 재정의를 형성한다. 비폭력, 평화, 박애 등은 이 시기 도덕성의 주요 지표이다. 이 수준의 여성은 낙태 이유를 "많은 고민을 했고 남자친구가 실망하겠지만 나는 아이를 감당할 수 있을 만한 자신이 없으므로 낙태한다", "남들이 낙태를 권한다고 해서 낙태하는 것은 옳지 않다. 나는 다른 사람들의 의견과 태아에 대한 감정을 모두 고려하였고 낙태를 할 수 없다"와 같이 응답한다.

길리건은 여성의 도덕성이 자신의 필요에 몰두하는 이기적 단계에서 시작하여 자신의 욕구보다는 타인의 입장을 중요시하는 도덕성 단계를 거쳐 타인은 물론 자신의 책임의 중요성을 인식하고 자신과 관련된 모든 사람에게 최선의 방법을 모색하는 도덕성으로 발달해 나간다고 주장하였다. 여성은 도덕성에서 추상적인

도덕적 원리보다는 인간에 대한 책임을 강조하며 타인의 요구에 민감하게 반응하고 타인과의 관계를 고려하는 도덕적 사고를 중시한다. 여성은 자신을 희생하더라도 인간관계를 유지하고자 하는 강한 배려 지향적인 성향을 가진다.

그러나 최근 도덕성 발달에서 성차에 대한 연구들은 일관된 결과를 보이지 않고 있다. 길리건의 주장을 지지하여 남성보다 여성이 더 친사회적이고 다른 사람을 돕는 반응을 보였다는 결과가 있었다(Eisenberg, Fabes, & Spinard, 2006). 그러나 일부 연구는 남성도 도덕적 판단에서 타인을 배려한다고 주장한다. 흑인 대학생을 대상으로 한 연구에서 남녀 간에 도덕적 판단 시 사용하는 배려의 정도는 차이가 없었다(Knox, Fagley, & Miller, 2004). 길리건의 이론은 도덕성 발달에 대한 시각을 넓혀 준 것으로 이해할 수 있으며 남성과 여성은 모두 도덕적 판단에서 배려와 정의의 관점을 가진다고 볼 수 있다.

EDUCATIONAL PSYCHOLOGY

제 6 장

지능

대부분의 사람들이 지능이라는 단어는 알고 있지만 그 의미나 속성을 정확하게 이해하는 사람은 드물어서, 자녀나 학생의 지능에 대해 오해를 하거나 그에 따른 선입견으로 아이들에게 상처를 줄 때도 있다. 이러한 실수를 줄이고 아이들의 잠재성을 계발하기 위하여 우리는 지능에 대한 정확한 이해를 해야 한다. 우리가 생각하는 것처럼 지능검사 점수가 높은 학생이 항상 학교에서 공부를 잘하는가? 지능은 타고나는 것이며 살아가면서 변할 수 없는 것인가? 이러한 의문에 대한 답을 얻기 위하여 여러 학자들이 지금까지 꾸준한 연구를 지속하고 있다.

19세기 말 영국의 갈톤(Francis Galton, 1822~1911)은 지능에 대한 관심을 가지고 천재 가문에서 태어난 아동을 다른 가문에서 양육하였을 때도 그들의 천재성이 유지되는지에 관하여 연구하였다. 1905년 프랑스의 비네(Alfred Binet, 1857~1911)는 정규교육이 가능한 아동과 그렇지 못한 아동을 구분하기 위한 지능검사를 개발하였고, 그 이후 여러 학자들에 의해 보다 정교한 지능검사를 개발하기 위한 연구가 지속되었다. 또한 검사도구와 별도로, 사람이 발달 단계에서 무엇을 할 수 있는지에 초점을 두어 지능을 바라보거나, 정보처리 과정에서 지능을 사용하는 방법 자체를 분석하는 등, 다양한 관점의 지능연구가 수행되었다.

백여 년의 시간 속에서 지속되어 온 다양한 연구들을 통하여 지능의 정의를 수렴하면, 지능이란 타당도와 신뢰도가 높은 지능검사가 보고하는 점수 그 자체이거나, 사람의 학습능력, 한 사람이 획득한 총 지식, 새로운 상황과 환경에 대한 적응력(Woolfolk, 2013)을 의미한다.

1. 지능이론

지능의 개념에 대한 학자들의 견해가 다양하듯이 그 속성이 하나인지 혹은 여럿인지에 대한 의견 역시 분분하다. 지능의 하위 속성은 우리 눈에 확연하게 관찰될 수 없는 것으로서 그저 인간의 추정에 의한 것이기 때문이다. 지능검사 문

항 간의 상관이 높아서 지능은 하나의 요인으로 구성된다는 관점이 일반요인이론이며, 이와는 상대적으로 측정 문항 간의 상관정도가 낮음으로 인해 지능은 서로 독립적인 여러 개의 하위 속성으로 구성된다는 관점이 다요인이론이다. 나아가 일반요인이론과 다요인이론을 결합한 후 위계를 두어 지능의 세부 속성을 설명한 것이 위계지능이론이며, 스턴버그(Robert Sternberg, 1949~)와 가드너(Howard Gardner, 1943~)처럼 지능의 하위 속성을 처음부터 서로 별개의 것으로 보고 각 능력은 고유한 영역이라는 새로운 관점이 삼원지능이론과 다중지능이론이다.

1) 일반요인이론

일반요인(g-factor)**이론**의 학자인 스피어만(Charles Spearman, 1863~1945)은 지능을 일반요인(g요인)과 특수요인(s요인)으로 구분한 후, 특별히 일반요인에 초점을 두어 설명하였다. 그는 다양한 지능이 일반요인으로 명명되는 한 개의 핵심 요인을 공유한다고 보았다(Spearman, 1904). 즉, 다양한 지능검사에도 적용 가능한 하나의 정신속성(일반요인)이 있고, 각각의 지능검사에서 요구하는 특수요인이 이러한 일반요인에 덧붙여져 있다는 것이다. 흔히 '무엇을 해도 다 잘한다'는 말을 듣

일반요인이론
지능은 하나의 요인으로 구성되어 있다고 보는 이론

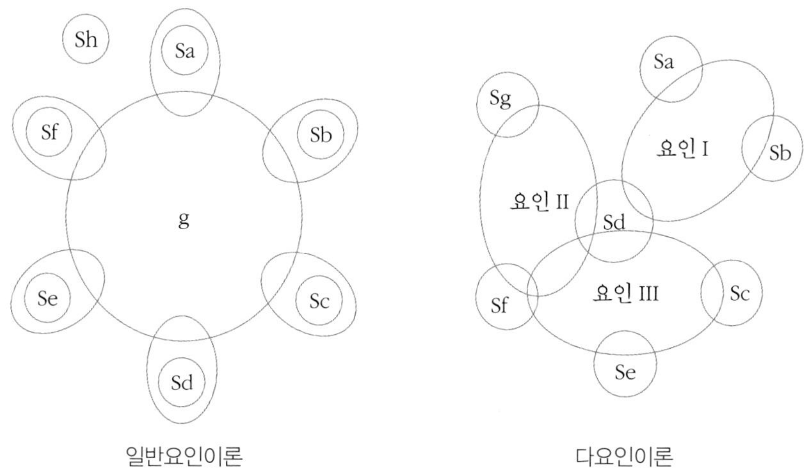

그림 6-1 일반요인이론과 다요인이론

는 사람이 바로 높은 수준의 일반요인 지능을 가진 경우이다. 스피어만은 일반요인으로 '언어, 수, 정신속도, 주의, 상상'의 다섯 가지 요인을 찾아냈다.

2) 다요인이론

다요인이론
지능은 하나가 아닌 몇 개의 요인으로 구성되어 있다고 보는 이론

다요인(multifactoral)**이론**의 대표적인 학자로 서스톤(Louis Thurstone, 1887~1955), 길포드(Joy Paul Guilford, 1897~1987), 카텔(Raymond Bernard Cattell, 1905~1998)을 들 수 있다.

기본 정신능력(PMA)
'언어이해, 기억, 추리, 공간시각화, 수, 단어유창성, 지각속도'의 7가지 요인

서스톤(Thurstone, 1938)은 모든 지능에 영향을 주는 핵심 요인으로서의 일반요인을 부인하고, 지능은 한 개가 아닌 몇 개의 **기본 정신능력**(primary mental ability: PMA)으로 구성되어 있다고 주장하였다. 기본 정신능력은 '언어이해, 기억, 추리, 공간시각화, 수, 단어유창성, 지각속도'의 7가지 요인을 의미하며, 서로 독립적인 별개의 요인이므로 각 요인에 대한 개별 점수가 필요하다. 즉, 어떤 사람의 경우 7가지 요인 중에서 언어이해와 단어유창성 능력은 높지만 나머지 요인에 대한 능력 수준은 낮을 수 있다. 국어를 잘하는 학생이 수학을 포함한 다른 교과에서 높은 성취를 보이지 못하는 경우가 이에 해당되는 대표적 사례이며, 이것은 앞서 살펴본 일반요인이론과 구별되는 지점이다.

지능구조모형(SOI)
내용 차원, 조작 차원, 산출 차원

길포드(Guilford, 1959)는 내용, 조작, 산출의 세 차원으로 구성된 **지능구조모형**(structure of intellect model)을 제안하였다. 내용 차원은 시각 및 청각 등 실시간으로 들어오는 정보를, 조작 차원은 실제 수행하도록 요구되는 고급 정신작용, 곧 사고의 형태를, 산출 차원은 정보에 대한 조작을 통해 실제로 생성되는 결과를 의미한다.

길포드(Guilford, 1988)는 5개의 내용 차원과 6개의 조작 차원, 6개의 산출 차원을 상호 결합하여 얻어지는 180개의 정신속성을 상이한 지능으로 보았다. 그의 이론은 지능에 대한 사람들의 관점을 넓혀 주었다는 점에서 의미가 있다. 그러나 실제 상황에서 예측하거나 교수계획을 세우기 위한 지침으로 사용하기에는 이론 자체가 매우 복잡하다는 단점도 있다(Woolfolk, 2013). 또한 그가 제시한 개별 지

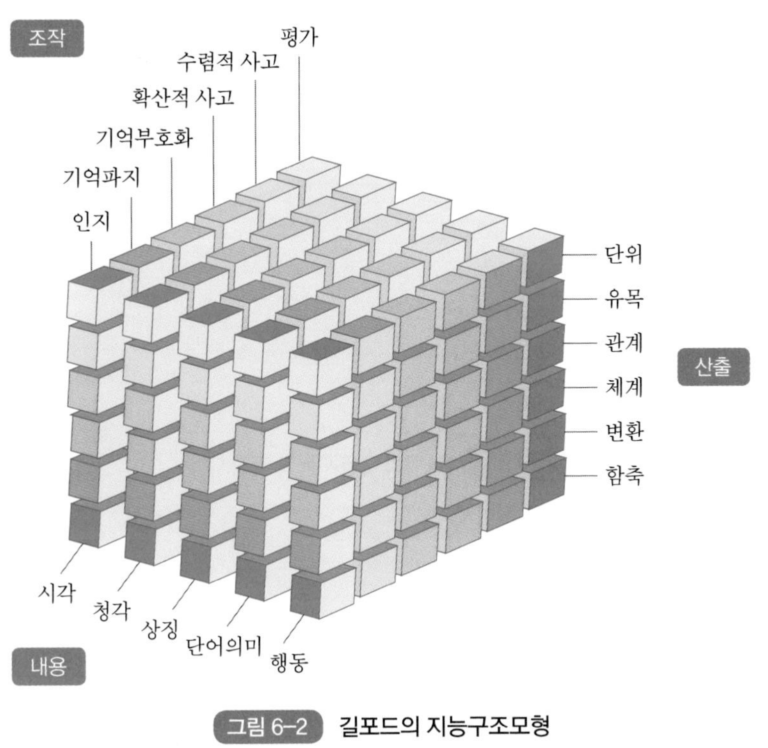

그림 6-2 길포드의 지능구조모형

능에 대하여 사람들이 실제 검사를 받으면, 180개의 지능이 고유하거나 별개의 것이 아닌, 상호 관련되어 있음이 드러났다.

카텔은 서스톤의 기본 정신능력 검사를 상세히 분석한 후, 지능의 일반요인으로 유동지능과 결정지능을 추출해 냈다. **유동지능**(fluid intelligence)은 타고난 유전에 영향을 받는 지능으로 청년기까지는 그 수준이 꾸준히 발달하나 성인기 이후 감퇴한다. 지각 및 일반적 추리력, 기계적 암기, 지각속도 등이 유동지능의 하위 속성이다. 이와는 달리 논리적 추리력, 언어능력, 문제해결력, 상식 등의 하위 속성으로 이루어진 **결정지능**(crystallized intelligence)은 가정환경과 교육 수준, 직업 등 후천적 요인의 영향을 받는 지능으로, 환경적인 자극이 지속되는 한 성인기 이후에도 꾸준히 발달한다.

유동지능
유전의 영향을 받는 지능

결정지능
환경 및 경험 등, 후천적 요인의 영향을 받는 지능

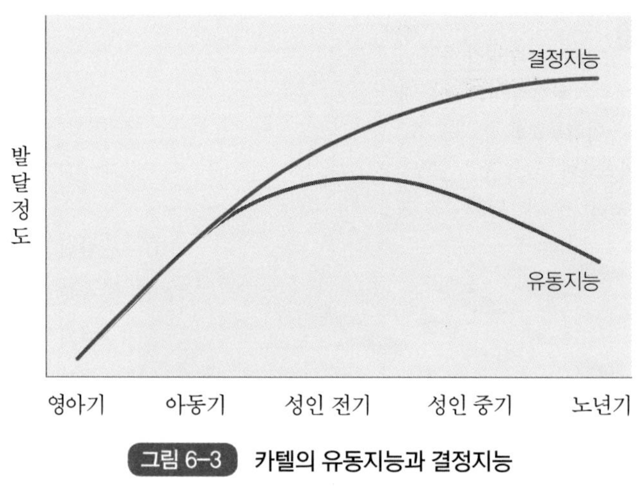

그림 6-3 카텔의 유동지능과 결정지능

3) 위계지능이론

기존 지능 연구들을 바탕으로 하여 새롭고 흥미로운 연구 결과들이 나왔는데, 그중 하나가 지능의 속성을 설명함에 있어서 위계를 활용한 이론이다.

C-H-C 모델
지능의 하위 속성을 상·중·하 위계를 두어 설명한 이론

최근 들어, 카텔과 혼(John L. Horn, 1929~2006)의 이론에 캐롤(John Bissell Carroll, 1916~2003)의 이론을 결합하여 **C-H-C**(Cattell-Horn-Carroll) **모델**이라고 불리는 지능이론이 나왔다. 위계지능이론으로 불리는 C-H-C 모델은 상·중·하 세 개의 위계 구조로 구성된다. 맨 위에 자리 잡은 상층(계층 III)에 일반지능을 두며, 중간층(계층 II)은 유동적 추론, 결정지능, 수리지식, 읽기와 쓰기, 장기기억 저장과 복구, 단기기억, 시공간적 능력, 청각처리, 인지과정 속도, 결정과 반응 시간이라는 10개의 상이한 능력으로 구성된다. 또한 하층(계층 I)은 중간층에 포함되는 70여 개의 정교한 세부 속성을 포함한다.

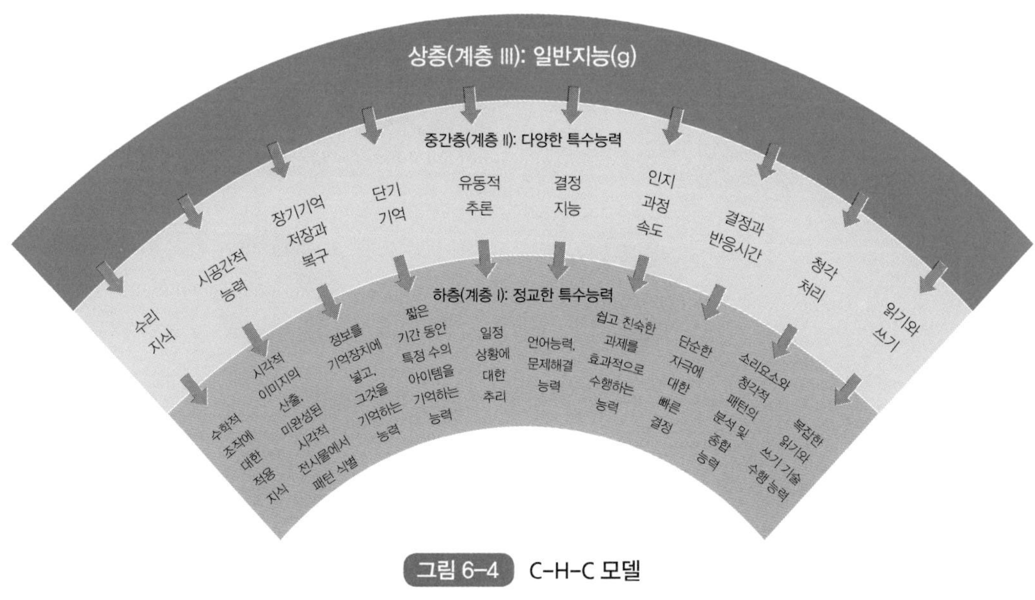

그림 6-4 C-H-C 모델

4) 삼원지능이론

대부분의 학자들이 지적인 행동을 할 때 보이는 사람의 능력 자체에 초점을 두어 지능을 설명했다면, 스턴버그는 문제를 해결하거나 지적 행동을 위한 정보를 사람이 어떻게 모으고 사용하는지의 관점에서 지능을 바라보았다. 그가 제시한 삼원지능이론(triarchic theory of intelligence)은 사람의 인지과정을 강조한 이론으로서, **삼원지능**이란 분석적 지능, 창조적 지능, 실제적 지능을 의미한다.

삼원지능
분석적 지능, 창조적 지능, 실제적 지능

분석적 지능(analytical intelligence)은 지적인 행동과 연관된 것으로서, 특정 과제와 관련된 다양한 지식을 찾고, 그 과제의 해결을 위한 효과적인 전략을 세우고 수행하며, 이 모든 과정이 제대로 진행되고 있는지의 여부를 스스로 점검 및 평가하는 등의 학문적인 영역과 관련된 지능이다. 학급에서 높은 학업성취도를 보이며 교사와 친구들에게 소위 모범생으로 여겨지는 똘똘한 아이들이 분석적 지능이 높다.

창조적 지능(creative intelligence)은 지금까지 없었던 아이디어를 내거나 새롭고

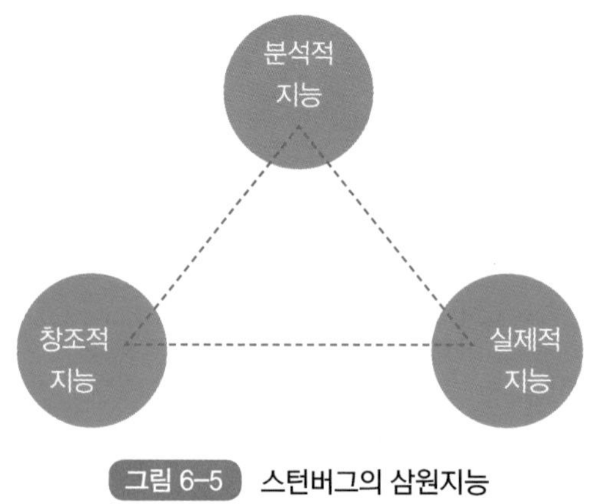

그림 6-5 스턴버그의 삼원지능

참신한 방법으로 문제를 해결하며, 자신이 가지고 있던 기술 및 방법을 새로운 상황에 빠르게 적용하는 등, 소위 창의성과 관련된 지능이다. 학급에서 엉뚱한 아이로 취급되기도 하지만, 상상력이 뛰어나며 새로운 놀이나 방법을 선호하는 아이들이 창조적 지능이 높다.

실제적 지능(practical intelligence)은 지능검사 점수나 학업성취도와는 무관한 지능으로, 사람이 성공할 수 있는 환경을 스스로 선택하고 그 환경에 적응하거나, 필요하다면 환경을 바꿀 수 있는 능력을 의미한다. 적응력이나 사회적 유능성과 관련된 실제적 지능은 정규교육을 통해 향상되는 것이 아니라 개인의 삶 속에서 경험을 통하여 획득되고 발달한다. 학급에서 학업성취도는 높지 않지만, 친구들 사이에서 갈등이 발생했을 때 중재를 잘하는 등, 자신이 잘할 수 있는 일을 스스로 선택하여 다른 친구들에게 도움을 주는 아이가 실제적 지능이 높은 경우이다.

이후 스턴버그는 성공 지능(successful intelligence)이라는 개념을 제안하였다. 성공 지능은 앞에서 언급한 세 가지 지능으로 구성된다. 즉, 개인의 목표를 달성하는 데 도움을 주는 지능으로서 분석적 · 창조적 · 실제적 지능과 그에 해당되는 특별한 능력들 간의 균형이 유지될 때 사람은 자신의 목표를 성취하고 성공 경험을 하며, 그에 따라 본인의 성공 지능을 향상시켜 나간다.

5) 다중지능이론

가드너가 제시한 **다중지능**(muitiple intelligence)이론은 지능이 하나의 일반요인이나 상이한 몇 개의 능력으로 구성되는 것이 아니라 처음부터 서로 별개의 것이라는 관점으로부터 시작한다. 가드너는 책상 앞에 앉아서 언어 및 논리 수학 등의 특정 문제를 풀게 함으로써 사람의 지능 수준을 추정하는 기존의 지능측정 방법에 의문을 던지며, 지능은 실제 생활 속에서 자연스럽게 관찰되는 속성에 초점을 두어 추정되어야 한다고 하였다. 다중지능이론은 전통적인 IQ검사 점수에서 탈피하여 사람이 지닌 고유한 잠재력의 가치와 범위를 확장시켰다는 점에서 의미가 크다.

다중지능
언어지능, 논리-수학지능, 공간지능, 신체운동지능, 음악지능, 대인간 지능, 개인내 지능, 자연친화지능

가드너(Howard Gardner, 1943~)

1943년 미국에서 출생한 가드너는 하버드 대학교에서 발달심리학 박사학위를 받았다. 1972년 퍼킨슨(David Perkins)과의 공동연구를 계기로, 기존 지능이론과는 다른 개념과 구조를 지닌 새로운 지능이론을 제안하였다. 1983년 언어, 논리-수학, 공간, 신체운동, 음악, 대인간, 개인내, 이렇게 7개의 독특한 인간 지능을 주장하였으며, 이후 자연지능을 추가하여 8개의 지능을 제시하였다. 그는 8개 외에도 얼마든지 다른 지능이 있을 수 있음을 주장함으로써 새로운 지능이론의 패러다임을 구축하였다. 저서로는 『마음의 틀(Frames of mind)』(1983), 『다중지능, 인간지능의 새로운 이해(Intelligence reframed)』(1999) 등이 있다.

가드너(Gardner, 1999)가 제시한 8개의 지능은 다음과 같다.

첫째, 언어지능(linguistic intelligence)은 말하기, 읽기, 쓰기, 듣기에 대한 민감성, 언어학습능력, 특정한 목표를 달성하기 위한 언어활용능력 등을 포함한다. 작가, 시인, 교사 등이 언어지능이 높은 사람이다.

둘째, 논리-수학지능(logical-mathematical intelligence)은 어떠한 문제를 논리적

으로 분석하고, 수학적 조작을 수행하며, 과학적인 방법을 사용하여 문제를 해결할 수 있는 능력을 의미한다. 수학자, 과학자, 논리학자 등이 논리-수학지능이 높은 사람이다.

셋째, 공간지능(spatial intelligence)은 좁은 공간뿐만 아니라 항해사나 비행기 조종사가 경험하는 넓은 공간을 인지하고 다루는 잠재력을 의미한다. 시각적 세계를 잘 지각하며, 지각된 것을 변형하고, 균형과 구성에 대한 높은 민감성, 유사한 양식을 감지하는 능력을 의미한다. 건축가, 조각가, 그래픽 아티스트 등이 공간지능이 높은 사람이다.

넷째, 신체운동지능(bodily-kinesthetic intelligence)은 문제를 해결하거나 사물을 아름답게 꾸미기 위하여 몸 전체나 손 혹은 얼굴 표정과 같은 신체의 일부분을 활용할 수 있는 능력을 의미한다. 운동선수, 배우, 외과의사 등이 신체운동지능이 높은 사람이다.

다섯째, 음악지능(musical intelligence)은 연주하거나 노래하기, 음정과 리듬에 대한 민감성, 음악 양식을 이해하거나 작곡 혹은 지휘와 관련된 능력을 의미한다. 악기 연주가나 성악가, 작곡자, 지휘자 등이 음악지능이 높은 사람이다.

여섯째, 대인간 지능(interpersonal intelligence)은 타인의 욕구와 동기, 의도를 이해하고 다른 사람과 효과적으로 일할 수 있는 능력을 의미한다. 교사, 심리치료사, 종교지도자, 정치가 등이 대인간 지능이 높은 사람이다.

일곱째, 개인내 지능(intrapersonal intelligence)은 자기 스스로를 잘 이해하고 자신의 욕구, 불안, 두려움 등을 잘 통제하여 효율적인 삶을 살아 나갈 수 있는 잠재력을 의미한다. 심리학자, 수도자 등이 개인내 지능이 높은 사람이다.

여덟째, 자연친화지능(naturalist intelligence)은 자연에 존재하는 여러 종(species)을 잘 구분하고, 종 사이의 관계를 인식하고 규정하며, 자연과의 교감을 능숙하게 할 수 있는 능력을 의미한다. 동물학자, 식물학자, 농부 등이 자연친화지능이 높은 사람이다.

가드너가 제시한 다중지능검사는 학생 자신이나, 교사 혹은 부모가 각 질문에 답하는 자기보고식 체크리스트로 구성되어 있다. 스스로 보고하여 체크된 문항의

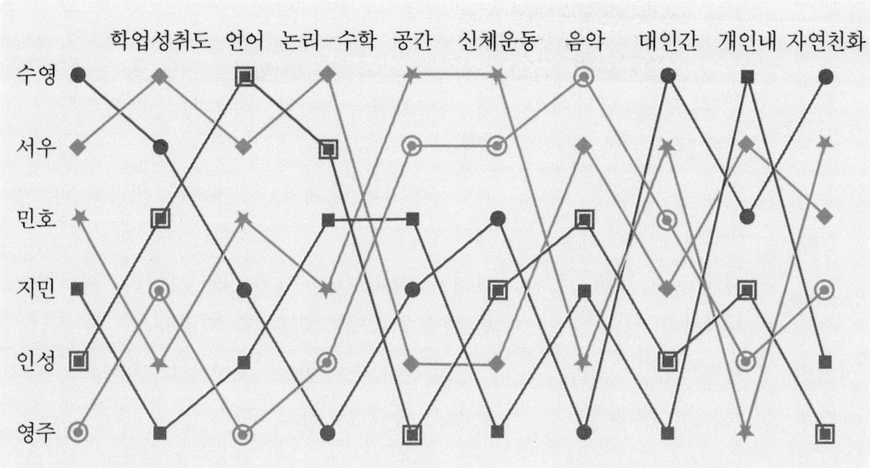

그림에서 보듯이 인성은 언어 및 논리-수학 지능은 발달되어 있지만, 상대적으로 공간 및 자연친화 지능은 덜 발달되어 있다. 즉, 다중지능검사의 결과는 기존 지능검사와는 달리 학생 개인의 강점 및 약점 지능에 대한 정보를 준다. 또한 학업성취도는 서우가 가장 높지만, 공간지능은 민호가, 음악지능은 영주가, 대인간 지능은 수영이가 뛰어나다. 즉, 학업성취도만이 학생의 위상을 결정해 주는 유일한 요인이 아님을 알 수 있다.

그림 6-6 여러 학생의 다중지능 발달 프로파일의 사례

수가 많을수록 해당 영역의 지능이 높은 것이며, 체크된 문항의 수가 적으면 그 영역의 지능이 그만큼 덜 개발된 것을 의미한다. [그림 6-6]은 다중지능 프로파일의 사례이다.

다중지능의 활성화를 위한 수업에서는, 교사를 단지 수업을 주도하는 강의자로 보는 전통적인 교수방식을 지양하며, 그에 따라 다양한 교수방법과 도구를 활용한다. 〈표 6-1〉은 다중지능의 활성화를 위한 교수활동의 여덟 가지 유형을 요약한 내용이다.

교사는 특정 주제를 선정한 후, 여덟 가지 유형의 교수방법을 적용하여 다양한 측면에서 수업을 운영할 수 있다. 이때 기억해야 할 점은 한 가지 주제에 대하여 매번 여덟 가지의 교수 유형을 모두 투입할 필요는 없다는 것이다. 과목 특성이나 학습자의 연령 및 주제와 관련된 영역을 선택하여 진행하는 것이 효율적이다.

표 6-1 다중지능 교수의 여덟 가지 유형

지능	교수활동	교재	교수전략
언어지능	강의, 토론, 낱말게임, 함께 읽기, 이야기하기	책, 책의 내용을 녹음한 파일	읽으라, 쓰라, 말하라.
논리-수학 지능	문제 풀기, 실험, 퍼즐, 수게임, 비판적 사고	과학실험 장비, 수게임, 계산기	측정하라, 비판적으로 생각하라, 개념화하라.
공간지능	시각적 제시, 미술활동, 상상하기	그래프, 지도, 사진, 그림, 미술재료, 레고 세트	보라, 그리라, 시각화하라, 색칠하라.
신체운동 지능	체험학습, 드라마, 춤, 스포츠, 촉각활동	스포츠 장비, 조각 가능한 물건, 촉각학습 자료	제작하라, 실연하라, 표현하라.
음악지능	노래, 연주, 랩 음악	악기, 음반, 오디오	랩으로 노래하라, 들으라.
대인간 지능	협동학습, 공동체 참여	역할극에 필요한 용품	협력하라, 상호작용하라.
개인내 지능	개별화수업, 자율학습, 학습과정 선택	일지, 자기점검식 교재	개인생활과 관련지으라, 선택하라.
자연친화 지능	식물 채집, 애완동물 돌보기, 자연체험활동	채집도구, 동식물 도표, 체험학습용 보고서	동식물 등 자연을 직접 느끼고 체험하라.

2. 지능의 측정 및 검사점수의 의미

누구나 자신의 지능 수준을 간단한 숫자로 알 수 있다면 좋겠지만, 지능은 대단히 복잡한 속성이기 때문에 단순한 수치로 나타낼 수 없다. 아무리 타당도와 신뢰도가 높은 검사도구라 할지라도 한 사람의 지능을 정확하게 측정해 주지는 못한다. 지능 측정에 대한 연구는 끊임없이 진행 중이며 그에 따라 지능지수를 바라보는 사람들의 견해도 다양하다.

지능을 측정하기 위한 최초의 시도는 1905년 프랑스의 심리학자 비네와 시몬(Theodore Simon, 1873~1961)이 개발한 지능검사에 의하여 이루어졌다. 이들은 특수교육이 필요한 아동을 구별하기 위한 검사지를 개발하였고, 정신연령이라는

개념을 도입한 후, 각 연령대를 기준으로 점수를 표준화하였다. 7세 문항을 성공적으로 수행한 아동은 그들의 실제 나이가 5세, 10세라 할지라도 7세의 정신연령을 지닌 것이다.

IQ(intelligence quotient)는 비네 검사가 스탠퍼드 대학교에서 개정된 후에야 도입되었다. 미국 심리학자 터먼(Lewis Terman, 1877~1956)은 독일 심리학자 스턴(William Stern, 1871~1938)이 제안한 지능지수라는 개념을 채택하여 발전시켰는데, 이때의 **지능지수**라 함은 사람의 정신연령을 실제연령과 비교하여 계산한 것으로서, 생활연령에 대한 정신연령의 비율에 100을 곱한 것을 의미한다. 어떤 아동의 정신연령이 10세이고 실제 생활연령이 8세라면 그의 지능지수는, 10/8×100, 즉 125가 된다. 이러한 측정 방법은, 사람의 정신연령이 15세 이후에는 증가하지 않으나 실제 생활연령은 증가하므로, 나이가 들수록 지능 수준이 낮아지는 문제점을 지니고 있다.

지능지수
정신연령과 생활연령 간의 비율을 지수화한 것

이러한 문제점의 해결을 위하여 도입한 것이 편차지능지수이다. **편차지능지수**는 피험자의 지능지수가 모집단 내에서 다른 사람과 비교하여 얼마나 위 혹은 아래에 있는지를 나타내 주는 수치이다. 웩슬러 지능검사의 평균은 100, 표준편차는 15이다. 어떤 학생이 평균보다 2표준편차 위의 점수를 받았다면 그 학생의 지능지수는 130 정도임을 의미한다.

편차지능지수
개인의 수행을 모집단 내 다른 사람과의 평균수행과 통계적으로 비교한 것에 기초한 점수

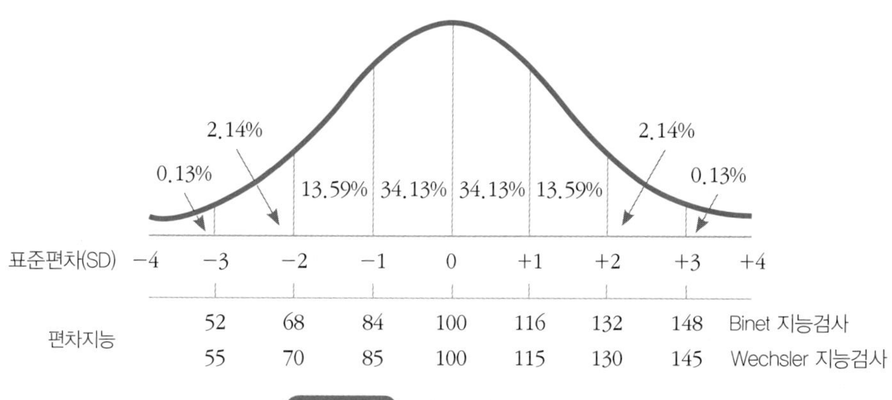

그림 6-7 지능검사 점수의 분포

표준편차 ±2 수준까지가 정상지능에 속하며, +2 이상은 영재, −2 이하는 장애지능으로 해석한다. 그러나 이러한 해석 또한 문제점을 지닌다. 예를 들면, 경계선상에 있는 지능은 어떻게 보아야 하는가? 지능지수 70과 69의 구분이 절대적인 조건이 아님에도 불구하고, 70은 문제가 없고, 69는 지적장애로 해석하는 사례를 우리는 볼 수 있다. 또한 해가 거듭될수록 검사점수의 평균점이 점차 높아지는 것도 문제이다. 이렇듯 지능 측정과 결과 해석에 대한 전문가들의 의견은 분분하다. 타당도와 신뢰도가 충분히 확보된 개인지능검사도 검사 당일 피험자의 건강상태나 동기 등, 특정 변수에 따라 그 결과가 얼마든지 달라질 수 있기 때문에 우리는 지능검사의 결과를 해석하는 데 신중해야 한다.

지능검사 점수의 의미에 대한 해석도 다양하다. 사람들은 지능지수가 학업성취도 및 개인의 성공적 삶에 대하여 큰 영향을 미칠 것이라고 생각한다. 먼저, 지능지수와 학업성취도는 어느 정도 연관이 있다. 즉, 지능지수는 학업성취도를 비교적 잘 예측해 주는데, 이는 지능검사 자체가 처음부터 학업성취도 수준을 예측하기 위하여 설계되었기 때문이다. 그러나 지능지수가 높은 사람이 실제 생활에서 성공적인 삶을 살고 있는지에 대한 답은 분명하지 않다. 교육 기간이 일정할 때 지능지수와 학교 이후의 삶에서 사회경제적인 성공 간에는 높은 상관관계를 보이지 않았다. 특정 직업에서의 성공은 지능지수와 관련이 없으며, 개인의 동기 및 사회적 기술, 운과 같은 다른 요인이 차이를 만든다는 보고도 있다(Sternberg & Wagner, 1993).

지능이 유전과 환경의 영향을 얼마만큼 받는지의 문제도 여전히 논쟁 중이다. 지능은 유전 및 환경 요인의 영향을 모두 받지만, 어떠한 방식으로 상호작용하는지에 대한 학자들의 의견은 다르다. 먼저 지능과 유전의 상관계수는 .50, 지능과 환경의 상관계수는 .76 정도라는 연구결과(Wolf, 1964)가 있다. 또한 『종형곡선(The bell curve)』이라는 책에서는 지능이 40~80% 범위 내에서 유전의 영향을 받는다(Herrnstein & Murray, 1994)고 하였으며, 미국심리학회는 지능이 유전과 환경 두 요인의 영향을 모두 받는다고 하였다. 결국 유전은 지능의 범위를 정하고, 환경은 그 범위 내에서의 발달 수준을 결정한다고 볼 수 있다.

EDUCATIONAL PSYCHOLOGY

제 7 장

창의성

1. 창의성의 개념
2. 창의성과 지능의 관계
3. 창의적 인물의 특징
4. 창의적 사고과정
5. 창의성과 교육
6. 창의성 검사
7. 창의적 사고기법

1. 창의성의 개념

세상은 새로운 기술의 등장으로 대변혁을 맞이하고 있다. 컴퓨터가 바둑을 두도록 프로그래밍하는 것은 2000년대 초반까지만 해도 어려울 것으로 생각했지만, 2016년 알파고는 이세돌을 4 대 1로 이겨 세상을 놀라게 했다. 4차 산업혁명 시대를 맞이하면서 우리의 삶은 급격한 변화를 겪고 있다. 인공지능이 그림을 그리고 소설을 쓰고 사람들의 병을 진단하기도 하며, 로봇 청소기, 로봇 수술, 자율 주행 자동차 등이 어느새 우리의 삶에 가까이 와 있다. 이와 같은 변화의 핵심에 창의성과 혁신이 있다.

창의성은 인간에게 매우 중요한 능력이다. 인간은 창의적인 활동을 하고 있을 때 그 어느 때보다도 강한 생명력을 느낄 수 있다. 만약 인간의 창의성이 고갈된다면 인류는 미래에 생존할 수 없기 때문에 인류의 생존은 창의성에 달려 있다(Csikszentmihalyi, 1996)고 할 수 있다.

창의성이 이렇게 중요한 인간의 능력인데도 지능에 비해 연구와 교육적 관심의 역사는 그리 길지 않다. 19세기 이전에는 창의성을 아주 소수의 사람만이 선천적으로 가지고 있는 측정하기 어려운 능력으로 보았으며, 20세기 초반까지도 과학적이고 객관적인 창의성 연구가 진행되지 못하였다. 창의성이 학문적 관심의 중심 영역에 들어온 것은 길포드가 1950년 미국심리학회 기조연설에서 창의성의 중요성과 경험적 연구의 필요성에 대해 연설한 것이 계기가 되었다. 그 이후로 창의성에 대한 다양한 관점의 연구가 진행되었다.

길포드는 지능구조모형(structure of intelligence)에서 창의적 사고는 지능구조의 한 부분인 확산적 사고(divergent thinking) 능력인 것으로 보았다. 그는 확산적 사고의 요인으로 많은 답을 내는 유창성(fluency)과 다양한 답을 내는 유연성(flexibility), 그리고 남들이 생각하지 못한 답을 내는 독창성(originality), 아이디어를 세심하게 발전시킬 수 있는 정교성(elaboration), 문제를 지각해 내는 능력인 민감성(sensitivity), 다른 목적이나 관점에서 재구성하고 정의하는 재정의

살모사 사슴 푸들 여우

그림 7-1 확산적 사고 도형검사 반응 예시

(redefinition) 능력이 포함된다고 하였다. 예를 들어, 역삼각형을 활용하여 다양한 그림을 완성할 때 [그림 7-1]과 같이 동물의 얼굴을 많이 그린 경우 유창성은 높지만 한 가지 범주에만 해당되어 유연성은 낮은 것으로 볼 수 있다.

드 보노는 그의 저서 『측면적 사고(Lateral thinking)』에서 창의성을 측면적 사고로 정의하였다. 수직적 사고(vertical thinking)는 정확한 해결방법을 모색하며 정보와 자료를 가지고 논리적으로 계열적 형태를 따라 단계적으로 사고하는 것을 말한다. 이에 반해 측면적 사고는 판단을 유보하고 여러 아이디어를 탐색하며 다양성에 중점을 두고 수많은 사고의 통로를 생성하는 방법으로 창의적으로 사고하는 것을 말한다. 창의성은 도발적이고 가치 있는 정보를 모색하고 개연성을 가지면서 자유롭게 도약하는 사고이다. 자동차를 잘 팔기 위해 자동차에 집중하여 문제를 해결하려고 하는 것이 수직적 사고라면 특별한 자동차를 쉽게 주차할 수 있는 주차공간을 만들어 자동차를 잘 팔 수 있는 도발적인 해결책을 내는 것은 측면적 사고이다(De Bono, 1990).

우리가 가정이나 학교, 직장 등에서 접하는 문제를 창의적으로 해결할 때 Small c(일상적 창의성)라고 하고, 사회적으로 상당히 중요한 문제를 해결하거나 유명한 예술 작품의 창의성은 Bic C(위대한 창의성)로 분류하기도 한다.

최근에는 창의성을 문화와 사회를 포함하여 통합적으로 보려는 경향이 있다. 칙센트미하이는 지금까지 창의성 연구가 개인의 성격이나 사고에 집중되었다고 지적하고, 창의적 환경과 영역이 함께 고려되어야 한다는 창의성 체계 모델을 제시하였다. 에디슨이나 아인슈타인의 발견은 그 이전의 지식이 없었다면, 그들의

토랜스(Ellis Paul Torrance, 1915~2003)

토랜스는 미국 조지아주 밀리지빌에서 태어났다. 그는 머서 대학교 영문학과를 졸업한 후에 미네소타 대학교에서 상담심리학 석사학위를, 그리고 미시간 대학교에서 박사학위를 받았다. 그 후 1957년부터 1984년까지 미네소타 대학교와 조지아 대학교에서 교육심리학 교수로 봉직하였다. 그는 평생 동안 창의성을 연구하였고 1984년 조지아 대학교에 창의성과 재능 개발을 위한 Torrance 센터(Torrance Center for Creativity and Talent Development)를 설립하였다. 창의성 검사지(Torrance Tests of Creative Thinking)를 개발하였고 미국 50개 주와 전 세계 학생들이 매년 참여하는 미래 문제해결 프로그램(Future Problem Solving Program)을 그의 아내 팬시 토랜스와 함께 개발하였다. 책과 논문, 보고서 등 2,000여 편의 저술을 남겼다.

사고를 자극한 지적 · 사회적 조직망이 없었다면, 그리고 발견을 인정해 주고 공표하는 제도가 없었다면 결코 세상에 나오지 못했을 것이다. 따라서 그는 창의성이란 기존의 영역에서 새로운 변형을 만드는 행위나 사고 또는 결과물이라고 보았다. 영역이 변하면서 개인도 변하게 되고 그 개인은 영역내의 새로운 아이디어와 일치하는 방식으로 생각하게 된다(Csikszentmihalyi, 1996).

2. 창의성과 지능의 관계

지능은 창의성의 필요조건이기는 하지만 충분조건은 아니다. 즉, 창의성에 지능이 어느 정도는 필요하지만 지능이 높다고 해서 반드시 창의적인 것은 아니다(Guilford, 1956). 5~12학년의 우수한 학생에게 지능검사와 창의성 검사를 실시하였을 때 그들 간에 상관이 낮은 것으로 나타났다. 이와 같은 결과는 연구에 참여한 학생들이 IQ 130 이상의 높은 지능을 가지고 있어서 IQ가 어느 수준 이상이 되면 창의성과 지능은 관계가 거의 없는 것으로 나타난 것이다(Getzels & Jackson, 1962).

이와 같은 관점은 앤더슨의 식역이론(threshold theory)에서도 비슷하다. IQ 120까지는 창의성과 지능이 어느 정도 정적 상관을 보이지만 120 이상부터는 관계가 없다(김영채, 1999). 크로플리는 식역을 IQ 130으로(Cropley, 2004), 다른 연구자는 IQ 110으로 제안하는 등 학자나 학문영역에 따라 차이를 보이기는 하지만, 대부분 지능과 창의성은 어느 정도까지는 관계가 있으나 그 이상에서는 별개의 능력이라는 데 대체로 동의하고 있다.

터만의 천재를 대상으로 한 연구에서 IQ 140 이상의 1,500여 명을 추적 연구한 결과를 보면, 그들 대부분이 성공적이기는 했지만 세상을 바꾼 창의적 인물은 거의 없었다. 따라서 지능은 창의성에 부분적으로 필요하지만 충분조건은 되지 못하는 것으로 보인다(Terman, 1925).

창의성이 높고 지능도 높은 집단, 창의성이 높고 지능이 낮은 집단, 창의성이 낮고 지능이 높은 집단, 창의성과 지능이 모두 낮은 집단으로 구분하여 연구한 결과, 첫째, 창의성과 지능이 둘 다 높은 집단은 자아존중감, 자아통제력, 표현력 등이 높고 외향적이며 대인관계능력이 우수하였다. 또한 주의집중력이 강하고 학구적이며 감수성이 예민하였다. 둘째, 창의성이 높고 지능이 낮은 집단은 교실에서 가장 인정을 받지 못하는 집단으로, 자아존중감이 낮고 주의집중력이 떨어졌으나 평가가 없는 상황에서는 가장 우수한 수행능력을 보여 평가에 대한 두려움을 갖고 있는 것으로 나타났다. 셋째, 창의성은 낮으나 지능이 높은 집단은 학업성취도에 예민하고 학교에서의 성공을 중요하게 여기며 동료와의 대인관계가 좋고 시험에서 우수한 능력을 보였으나 실패에 대한 두려움을 가지고 있는 것으로 나타났다. 마지막으로, 창의성과 지능이 둘 다 낮은 집단은 학업 성적이 낮은 반면, 사회활동이 활발하고 외향적이었으며, 창의성이 높고 지능이 낮은 집단보다 오히려 자아존중감이 더 높게 나타났다(Wallach & Kogan, 1965).

가드너는 다중지능이론과 창의성의 관계에 대한 사례연구를 통해 20세기 다중지능 중 한 분야에서 뛰어난 8인의 창의적 공헌에 대해 연구하였다. 그는 개인내 지능이 우수한 프로이트(S. Freud), 논리-수학지능이 우수한 아인슈타인(A. Einstein), 공간지능이 우수한 피카소(P. Picasso), 음악지능이 우수한 스트라빈스키(I. F. Stravinsky), 언어지능이 우수한 엘리엇(T. S. Eliot), 신체운동지능이 우수한 그레이엄(M. Graham), 대인간 지능이 우수한 간디(M. Gandhi), 그리고 자연지능이 높은 다윈(C. R. Darwin)의 생애를 분석한 결과, 이들 대부분은 실제로 한 가지 이상의 높은 지능을 가지고 있었다. 그러나 때로는 다른 분야에서는 매우 낮은 지능을 가지고 있기도 했다. 그들은 공통적으로 동년배에 비해 혜택받은 유년기를 보냈는데, 피카소의 아버지는 9세 때 그를 위해 대규모 전시회를 열어 주었고 스트라빈스키는 배우이자 오페라 가수인 아버지 덕분에 오페라와 콘서트를 자주 관람할 수 있어 자신만의 즉흥연주와 작곡을 할 수 있었다(Gardner, 1993).

3. 창의적 인물의 특징

창의적 인물의 성격 특성에 관한 연구결과를 보면 개방적이고 직관적이며 도전적이고 모험심이 강하고 비관습적 사고를 하는 경향이 있다. 스턴버그의 연구에서도 창의적인 사람은 모호한 것을 잘 참으며 장애물을 극복하려는 의지, 성장하고자 하는 의지, 내적 동기, 적절한 모험심, 인정받으려는 욕구 등이 높았다(Sternberg, 1988).

또한 창의적인 인물은 어떤 활동에 대한 관심과 몰입 등의 강한 내적 동기를 갖고 있다. 애머빌은 창의적 과정의 즐거움이나 문제를 해결하려는 내적 동기가 창의성에 중요한 영향을 미치는 반면, 외적 동기는 오히려 부정적 영향을 줄 수 있음을 지적하였다. 이는 외적 보상은 활동 자체를 목적이 아닌 수단으로 지각하도록 하기 때문이다. 그러나 후에 그녀는 내적 동기와 외적 보상이 서로 상승효과가 있을 수 있음을 인정하였다. 외적 보상이 개인에게 통제당하고 있다는 느낌을 줄 때 그것은 부정적 영향을 미치지만, 정보를 주거나 과제를 더 잘 수행하도록 보상을 주는 것은 창의성에 긍정적 영향을 미칠 수 있다고 보았다(Amabile, 1989).

결국 창의성은 어떤 한 가지 특성으로만 구성되는 것이 아닌 해당 분야의 전문적 기술과 창의적 사고방법 및 행동기술과 함께 창의적 활동에 대한 내적 동기가

있을 때 발현될 수 있다. 창의적 활동에 대한 관심과 강한 열정, 동기가 있을 때 우수한 창의적 성과를 낼 수 있다.

토랜스도 창의성의 원동력은 자신의 꿈이나 미래에 대해 끊임없는 열정을 가지는 것이라 보았다. 1958년 초등학생을 대상으로 하여 시작한 22년에 걸친 종단연구에서 창의적인 인물은 선택에 일관성을 가지고 있었고 초등학교 때부터 꿈꾸었던 일을 하고 있었다. 이렇게 자신이 몰입할 수 있는 진정으로 원하는 미래상을 가지고 있는지가 미래의 창의적인 성취를 예언하는 주요 변수가 될 수 있다(Torrance, 1995).

인본주의 심리학의 창시자인 매슬로우는 자아실현의 과정이 창의성과 긴밀한 관계가 있다고 주장하였다. 창의적인 사람은 독립적, 자율적, 자발적이며 최적의 건강과 복지를 위해 노력하였다. 그들은 자신의 삶의 즐거움과 살아 있는 존재라는 것에 감사함을 느끼는 깨달음의 순간인 절정의 경험을 가지고 있었다(Maslow, 1954).

칙센트미하이의 창의적 인물에 대한 연구결과, 그들은 상반되는 특성을 함께 가지고 있는 것으로 나타났다. 즉, 그들은 상황에 따라 때로는 공격적이기도 하고 때로는 협조적이기도 하였다. 이것은 상반되는 특성의 중립이나 평균에 위치해 있다는 의미가 아니라 경우에 따라 어느 한 특징을 보이다가 때로는 다른 특징을 같은 강도로 보여 준다는 것이다. 그는 창의적 인물의 열 가지 양면성을 예를 들어 설명하였다. 즉, 매우 활기차면서도 조용한 휴식을 즐기고, 상상과 공상을 하면서도 때로는 매우 현실적인 모습을 보이는 등 외향성과 내향성의 상반된 성향을 함께 가지고 있다. 그들은 또한 전형적인 성역할에서 벗어나 있고, 반항적이고 개혁적인 동시에 보수적이고 전통적인 성향을 가지고 있다. 칙센트미하이는 창의적 인물들이 이와 같은 양면성을 조화롭게 활용할 수 있기 때문에 창의적인 새로움을 창출할 수 있다고 보았다(Csikszentmihalyi, 1996).

4. 창의적 사고과정

윌러스는 창의적 사고과정을 준비단계, 배양단계, 영감단계, 검증단계의 4단계로 제안하였으며, 각 단계에 대해서 학자들은 다음과 같이 설명하였다(Wallas, 1926).

① 준비단계

준비단계
문제와 관련된 기본적인 정보를 모으고 연구할 만한 가치가 있는지, 적절한 주제인지 인식함

준비(preparation)**단계**는 여러 가지 가능성을 탐색하고 다양한 방법으로 해결책을 모색하는 단계이다. 준비단계에서 교사는 학생들에게 알고자 하는 욕구를 일으키고 예상과 기대감을 주며 주의를 집중시켜야 한다. 그리고 호기심을 유발하며 상상력을 자극하고 목적과 동기를 부여하도록 노력하고, 낯선 것을 익숙하게 하거나 익숙한 것을 낯설게 하는 등 개방적 사고를 갖게 하여야 한다. 도전적인 태도를 가질 수 있도록 격려하여 좀 더 적극적으로 사고할 수 있도록 도와주어야 한다.

② 배양단계

배양단계
일정 기간 동안 어떤 주제나 문제에 대해 곰곰이 생각하거나 때로는 인식하지 못하지만 무의식 수준에서 아이디어를 탐색하기도 함

배양(incubation)**단계**에서는 논리적인 의식상태를 넘어서 지적·의지적·정서적 기능을 결합하고 온 신경을 집중하여 열중하며, 참여와 헌신을 통해 새로운 치환이나 병렬을 시도한다. 한때 배양을 퇴행적인 사고과정으로 생각했으나 점차 창의적 사고에서 매우 중요한 과정으로 인정하고 있다. 메이(May, 1975)는 배양단계를 지적·의지적·정서적 기능을 함께 활용하는 초합리적 과정이며 정상적인 사람들이 자신의 잠재능력을 실현하는 과정으로 보았다. 배양단계의 이점으로 의식과업에서 생긴 피로를 회복할 수 있고 문제해결을 방해받지 않으며, 원거리 연상 관념을 쉽게 발견할 수 있다.

③ 영감단계

영감(inspiration)**단계**는 기발하고 결정적인 아이디어가 떠오르는 단계로, 주로 시인이나 예술가에게 중요한 것으로 인식되었으나 과학자도 이와 같은 영감을 통해 문제해결을 한 경우가 많다. 시인 알프레드 하우스만(Alfred Hausman)은 그의 시가 '이미 만들어진 상태'에서 영감을 통해 그에게로 다가온다고 하였다. 과학자 프리드리히 케쿨레(Friedrich Kekule)도 꿈속에서 영감을 통해 벤젠의 화학구조를 발견하였다.

영감단계
어떤 문제에 대한 가능한 해결책이나 좋은 아이디어가 갑자기 의식 수준에 나타남

④ 검증단계

영감만으로는 창의적 결과물을 만들 수 없으므로 **검증**(verification)**단계**가 필요하다. 과학이론은 실험실에서 몇 달 또는 몇 년간에 걸친 검증과정을 거쳐야 한다. 유명한 작가나 작곡가도 즉흥적으로 소설이나 교향곡을 만든 것이 아니고 계속해서 수정, 재수정하는 정교화 과정을 거친다. 검증과정에서는 확산적 사고능력 외에도 수렴적 사고능력이 중요한 역할을 한다.

검증단계
해결책의 적절성을 검증하거나 아이디어가 실제로 작품으로 실행됨

5. 창의성과 교육

사람들은 창의성에 대해 오해를 하는 경우가 많다. 창의성은 극소수의 천재들만 가지고 있는 특별한 능력이라고 생각하거나, 타고나는 것이라 가르칠 수 없다거나, 예술분야에 한정된다고 생각하는 경우가 있으나 이것은 잘못된 생각이다. 창의성은 정도의 차이는 있으나 누구나 가지고 있는 보편적인 능력이며 훈련으로 향상될 수 있다(Torrance, 1995).

1) 가정에서의 창의성 개발

부모가 자녀를 양육하는 방식이나 태도는 자녀의 창의성 개발에 중요한 역할을

한다. 창의성이 높은 아동의 부모는 자녀에게 특별한 경험이나 모험을 제공하고 지원하는 경우가 많다. 창의적인 부모는 자녀에게 역할모델이 되기도 하고, 질문하는 습관과 새로운 시각을 가지고 있으며, 새로운 방법으로 실행하는 모범을 보인다. 퀴리 부인의 경우 그녀의 아버지는 딸을 자주 작업실로 데려가 실험도구를 보고 만지게 하여 과학에 대한 열정을 심어 주려 하였다. 창의적인 가정의 부모는 자녀와 함께 토론하고 가상적인 질문을 하며 조사하고 탐구하는 활동을 통해 자녀의 창의적 문제해결능력을 길러 준다.

또한 창의적인 아동의 부모는 아동이 스스로 배우고 도전하며 흥미로운 것을 발견할 수 있도록 놀이를 함께한다. 그들은 자녀와 놀이를 할 때 지나친 간섭은 피하고 아동 스스로 해결할 수 있는 시간과 공간을 허용하는 모습을 보인다.

2) 학교에서의 창의성 개발

현대사회는 그 어느 때보다 지식의 생성과 변화의 속도가 빨라 학생들이 학교에서 배운 지식이 성인이 되었을 때에는 이미 쓸모없게 될 가능성이 크다. 따라서 이제 학교는 지식과 기술의 전달에 치중하기보다 새로운 것에 대한 개방성과 사물을 새롭게 볼 수 있는 능력, 예기치 못한 문제에 대해 도전할 수 있는 용기를 키워 주기 위해 노력해야 한다.

창의성 개발에 무엇보다 중요한 것은 교사의 역할이다(Bloom, 1985; Torrance, 1988). 최인수와 이채호(2008)의 연구에서 부모의 양육태도보다는 교사의 창의성이 유아의 창의성 증진에 좀 더 영향을 미치는 것으로 나타났다. 특히 창의성에 대한 교사의 관심과 열정이 중요하다. 교사가 다양한 분야에 폭넓은 관심을 가지고 수업은 물론 수업 이후에도 학생과 즐겁게 활동하며, 스스로 아이디어 내는 것을 즐기고, 질문하고 많은 의견을 들어 주면 학생의 창의성 개발에 효과적이다.

그러나 일반적으로 교사는 학생이 공손하고 시간을 잘 지키며, 순종하고, 다른 사람의 의견을 수용하는 것을 독창성, 참신성, 대담함보다 더 선호하며, 뛰어난 기억력이나 정확한 회상능력을 비판적 사고나 독창적인 의사결정능력보다 더 선

호하는 경향이 있다(Torrance, 1965).

그러나 창의적인 교사는 창의적인 학생들을 더 지지하며 창의적인 학생들과 잘 지내는 경향이 있다(McLeod & Cropley, 1989). 창의적인 교사는 창의적인 행동모델을 제공하고, 학생이 창의적인 행동을 할 때 강화를 해 주며, 창의적인 학생들이 친구들로부터 남들과 같은 행동을 할 것을 요구받을 때 압력으로부터 보호해 주고, 친구들이 따돌리거나 비난할 때 피난처를 제공하기도 하고, 창의성을 지지하는 환경을 만들어 준다(Cropley, 1992).

학교는 규칙과 규율, 절차를 중시하기 때문에 창의성보다 지능이 높은 학생이 학교에서 더 잘 적응하는 경향이 있다. 그러나 창의적인 학생의 능력을 키워 주기 위해 교사는 새롭고 독창적인 답이 틀릴 가능성이 높더라도 그들의 상상적 노력과 새롭고 독특한 시도에 대해 지지해 주고 보상해 주려는 태도를 가져야 한다.

창의적인 교사의 행동 특성은 다음과 같다(Cropley, 1992).

- 학생들이 독립적으로 학습하도록 격려한다.
- 협동적 · 사회적 · 통합적인 수업을 한다.
- 학생들이 실제적인 지식을 습득하도록 동기를 유발하고 이를 통해 확산적 사고의 기초를 갖게 한다.
- 학생들에게 유연한 사고를 가지도록 격려한다.
- 학생들이 자기평가를 하도록 장려한다.
- 학생들의 제안과 질문을 신중하게 받아들인다.
- 학생들이 다양한 수업자료를 가지고, 다른 환경에서 공부할 수 있는 기회를 제공한다.
- 학생들이 좌절과 실패에 대처하는 법을 배울 수 있도록 도와주어 새롭거나 낯선 환경에서도 용기를 가지고 할 수 있도록 도와준다.

창의성 교육이 중요하다는 교사의 인식은 창의적 수업 실천과 학습자에 대한 교사의 태도에도 긍정적 영향을 줄 수 있다. 교사가 기존의 것을 답습하지 않고 보다 새로운 수업을 시도하며 융통성 있게 수업을 진행하고 자신의 수업에 대한 반성적 태도를 가질 때 창의적인 교사가 될 수 있다.

6. 창의성 검사

창의성은 다양한 방법으로 평가할 수 있다. 확산적 사고검사, 태도와 흥미검사, 성격검사, 교사평사, 동료평가, 제품평가 등이 있다. 대표적인 창의성 검사는 확산적 사고나 연상 정도를 측정하는 것이다. 예를 들어, 벽돌이나 종이 클립, 맥주통, 담요나 책과 같은 것의 용도를 쓰게 하거나 한 단어가 가지고 있는 여러 의미를 쓰게 하는 것이다.

이와 같은 검사는 교실현장에서 교사가 직접 활용할 수도 있는데, 특정한 물건의 용도를 쓰게 하고 반응한 개수로 유창성을, 응답 내용의 다양성에 따라 유연성을, 그리고 반 학생의 응답 반응의 빈도가 적을수록 독창성을 높게 평가하면 된다.

대표적인 창의성 인지 검사로는 토랜스가 만든 Torrance 창의성 검사(Torrance Tests of Creative Thinking: TTCT)가 있다. 언어검사(verbal A형, B형)와 도형검사(figure A형, B형)가 있으며 유치원에서부터 대학생, 성인에 이르기까지 사용할 수 있는 검사이다. 언어검사는 질문하고 추측하기(ask and guess), 작품향상(product improvement), 색다른 용도(unusual uses), 색다른 질문(unusual questions), 가상하기(just suppose) 등의 7개 하위검사로 구성되어 있다. 도형검사는 불완전한 그림에 대해 유의미하게 완성하는 검사로 그림구성(picture construction), 도형완성(figure completion), 반복적인 닫힌 도형검사(repeated closed figures test)의 3개 하위검사로 구성되어 있다.

지능검사의 경우 정답이 있어 채점이 용이한 반면, 창의성 검사 중에서도 확산적 사고검사는 반응의 개별성을 강조하기 때문에 검사의 타당도에 대해 의문이 제기되기도 한다. 그러나 토랜스(Torrance, 1981)는 실생활에서의 창의적 성취수준과 창의성 검사점수의 관계에 대한 종단 연구를 통해 어렸을 때 창의성 검사점수와

성인의 창의적 성취수준이 유의미한 상관이 있다고 보고하였다. 짧은 시간 제한된 공간에서 실시한 검사점수만으로 다양한 상황에서의 창의성 능력을 평가하고 예측한다는 것은 쉽지 않다. 따라서 이와 같은 검사도구 외에도 부모나 교사의 지속적인 관찰 결과가 함께 활용될 때 좀 더 신뢰할 수 있는 평가가 이루어질 수 있다.

7. 창의적 사고기법

학교에서 수업시간에 창의성 기법을 연습하거나 적용해 보게 함으로써 학생들의 창의성을 개발할 수 있다. 창의성은 판단유보, 브레인스토밍, 아이디어 생성기법 등을 강조한 창의성 훈련 프로그램을 통해 유의미한 훈련효과를 얻을 수 있으며(Clapham & Schuster, 1992), 학생에게 새로운 해결책의 효과를 평가하도록 하는 것과 새로운 아이디어를 추구하고 새로운 접근을 받아들이는 교육을 함으로써 창의성 훈련효과를 이끌어 낼 수 있다(Feldhusen & Goh, 1995). 창의적 아이디어를 생성하는 데 도움을 주는 효과적인 기법을 소개하면 다음과 같다.

1) 브레인스토밍

브레인스토밍(brainstorming)은 오스본이 개발한 창의적 아이디어 생성기법으로 세계적으로 가장 많이 이용되는 방법 중 하나이다. 좋은 아이디어를 내기 위해서는 브레인스토밍의 기본 원칙을 지켜야 한다(Osborn, 1963).

브레인스토밍의 기본 원칙은 다음과 같다.

- 평가는 마지막까지 유보하며 비판하지 않는다: 어떤 형태의 아이디어도 비판하지 않고 아이디어 자체에만 전념하며 자신의 아이디어도 비판하지 않는다.
- 우스꽝스러운 아이디어라도 수용한다: 아이디어는 자유분방할수록 좋다. 따라서 아무리 우스꽝스러운 아이디어라도 수용하여야 한다.

- 아이디어는 가능한 한 많이 내도록 한다: 브레인스토밍에서는 우선 많은 아이디어를 생성하는 것이 중요하므로 아이디어의 질보다는 양을 우선시한다.
- 결합과 개선을 추구하여야 한다: 제시된 많은 아이디어의 결합과 개선을 통해 더 좋은 아이디어로 발전시킨다.

켈리는 그의 책『혁신의 기술(The art of innovation)』에서 브레인스토밍에서 좋은 결과를 얻기 위해서는 문제의 초점을 명확히 하고, 앞서 제시한 4개의 브레인스토밍 규칙을 지키며, 아이디어를 기록할 때 번호를 매겨 아이디어를 낸 개수를 평가 지표로 활용할 것을 제안하였다. 또한 워밍업 시간을 갖고 직접 만져 보고 느껴 볼 수 있도록 바디스토밍(bodystorming)을 실시하는 것도 효과적이라고 주장하였다(Kelly, 2001).

브레인스토밍의 구성 및 절차는 다음과 같다. 브레인스토밍은 유아에서 성인까지 누구나 가능하다. 구성원은 6~7명이 적절하나 경험이 적어 많은 아이디어를 만들어 내기 어려운 경우에는 15명 정도까지도 가능하다. 구성원은 가능하면 다양한 경험을 가지고 있고 성별, 연령별로도 다양할수록 효과가 높다. 브레인스토밍의 경우 더 이상 아이디어가 잘 나오지 않을 때 오히려 새로운 양질의 아이디어가 나오므로 리더는 구성원에게 계속해서 좋은 아이디어를 낼 수 있도록 격려해 주어야 한다. 브레인스토밍 실시 시간은 30~40분 정도가 적당하다.

2) SCAMPER

이 기법은 질문목록에 따라 체계적으로 새로운 아이디어를 자극하는 방법이다. 오스본이 아이디어를 이끌어 내는 질문 75개를 제시한 후 다시 9개로 정리한 것을 에벌리가 다시 재조직한 것이다(Eberle, 1971).

SCAMPER를 활용하여 기존의 것을 변형하거나 대체, 확대, 축소하는 것만으로도 새로운 훌륭한 아이디어를 낼 수 있다. SCAMPER의 각 요소와 SCAMPER 원리를 적용한 우리 주변에서 볼 수 있는 발명품에 대해 살펴보면 〈표 7-1〉과 같다.

표 7-1 SCAMPER 기법 적용 예시

사고기법	기존의 물건	새로운 아이디어
대체(Substitute): 재료, 인물, 성분, 과정, 에너지의 대체	스테인리스 칼	세라믹 칼
결합(Combine): 기능의 결합 또는 단위의 결합	전화, 사진기	사진기 기능을 갖춘 휴대전화
적용(Adapt): 번안하거나 각색 또는 아이디어를 발전시킴	야생풀	벨크로
확대 및 축소(Magnify/Minify): 크기나 빈도, 밀도의 변화, 간소화, 생략	대형 컴퓨터, 30% 카카오 초콜릿	개인용 컴퓨터, 99% 카카오 초콜릿
다른 용도(Put to other use): 다른 용도로 사용	자꾸 떨어지는 접착력이 약한 풀	포스트잇 풀에 활용
제거(Eliminate): 없애거나 부품 수를 줄임	안경	콘택트렌즈
역방향/재배열(Reverse/Rearrange): 역할과 위치, 원인과 결과를 바꿈	교수 중심의 수업	학습자 중심의 수업

3) 여섯 색깔 모자 사고기법

드 보노의 여섯 색깔 모자(six hat) 사고기법은 어떤 문제에 접근하는 여섯 가지의 역할과 방법을 규정하는 창의적 사고방법이다. 주어진 문제에 대해 요구되는 다른 유형의 사고를 함께 해 보면서 문제해결을 위한 새로운 관점을 발견하고 습관적이고 일상적인 사고의 틀에서 벗어날 수 있는 기회를 제공한다. 사고의 틀(frame of mind)인 다양한 색의 모자를 의도적으로 바꾸어 써 봄으로써 다양한 사고를 나누어서 해 보고, 효율적으로 각각의 사고유형에 대해 집중하고 마침내 합리적인 해결책에 도달하게 된다. 모자의 도움으로 다양한 각도에서 사고를 할 수 있을 뿐만 아니라 자신의 감정을 솔직하게 표현할 수 있는 장점이 있다. 유의점으로는 각 팀의 리더만이 모자의 전환을 지시할 수 있으며 각 모자별로 시간을 너무 길지 않게 하는 것이 바람직하다. 실제로 모자를 바꾸어 쓰면서 해도 되지만 교실에서는 여섯 색깔의 색종이를 준비해 모자 대신 활용할 수도 있다.

각각의 모자의 색이 나타내는 의미는 다음과 같다.

- 파란 모자: 목표, 개관, 순서, 규율 선정, 결론 및 요약
- 흰색 모자: 중립적이고 객관적인 정보와 사실
- 빨간 모자: 감정, 느낌, 직관, 육감
- 노란 모자: 긍정적 측면, 희망적 측면
- 검은 모자: 부정적 판단, 실패할 만한 이유, 잠재된 위험 요소
- 초록 모자: 창의적 아이디어, 새로운 해결책

4) 디자인 싱킹

디자인 싱킹(Design Thinking)은 IDEO를 설립한 켈리가 스탠퍼드 대학교 d.school에서 채택한 창의적 문제해결 방법이다. 디자인 싱킹은 관찰과 인터뷰, 상호작용을 통해 사용자를 진정으로 이해하고 그들의 핵심 문제를 찾아 해결해 주는 인간 중심 해결(human centered solution) 방법이다. 사용자를 위한 대안이나 해결방안을 팀이 함께 찾는 확산적 사고와 아이디어들 중에서 최선의 해결방안을 추구하는 수렴적 사고를 반복하는 과정에서 혁신을 추구한다. 디자인 싱킹의 과정은 [그림 7-2]와 같이 공감하기 → 문제를 정의하기 → 아이디어 내기 → **프로토타입** 만들기 → 평가하기의 순으로 이루어진다. 공감은 자세히 관찰하고 질문하고 직접 체험하고 경청하는 것으로 사용자와 같은 느낌을 가지게 되어 문제해결에 대한 통찰을 갖게 되는 것이다. PoV(Point of View)를 통해 특별한 사용자가 어떤 문제를 가지고 있는지 문제를 재정의하고 그 문제에 대한 통찰(insight)을 가진다. 브레인스토밍을 통해 문제를 해결하기 위한 다양한 아이디어를 내고 그중 가장 좋은 아이디어를 정한 다음, 개략적으로 신속하게 프로토타입을 만든다. 프로토타입에 대한 여러 번의 평가와 피드백을 통해 창의적인 문제해결이 가능하다(Kelly, 2001).

프로토타입
완성품이 나오기 전에 성능의 검증 및 개선을 위한 시제품

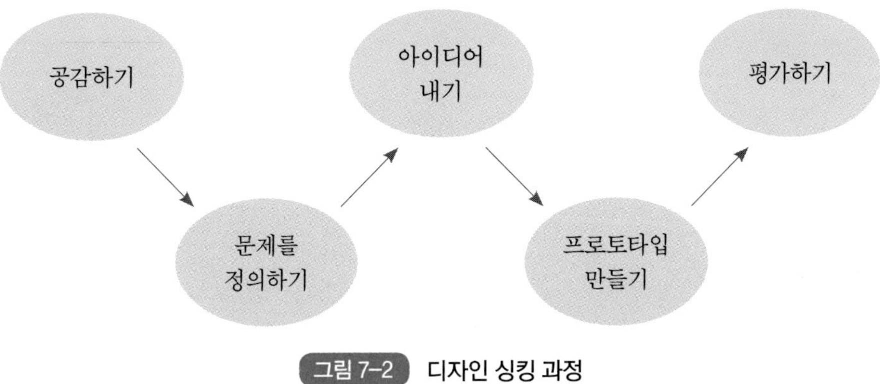

그림 7-2 디자인 싱킹 과정

EDUCATIONAL PSYCHOLOGY

제 8 장

학습자의 다양성

교실에서 만나는 학생들은 생김새만큼이나 특성도 다양하다. 성격이 다르고, 지능 수준이나 강점을 지닌 영역이 다르며, 좋아하는 학습 활동이나 과제를 수행하는 방식도 다르다. 영재성을 보이는 학생도 있고, 지적장애나 학습장애, 주의력결핍 과잉행동장애를 가지고 있는 학생도 있다. 학습자마다 좋아하는 학습방식이나 학습환경이 다르고, 문화적 배경의 차이를 가지고 있는 학생도 있다. 학습자의 다양성은 교사가 학생들을 지도할 때 어려움을 느끼게 하는 요인이기도 하지만 수업의 내용이나 방법을 풍부하게 만드는 요인이기도 하다.

1. 특수학습자

특수학습자는 신체적, 감각적, 인지적, 정서적 특성이 또래와 많이 달라서 정규 교육 과정 내에서 충분한 교육을 받기 어렵기 때문에 특별한 교육을 필요로 하는 학생이다. 영재아와 지적장애, 주의력결핍 과잉행동장애, 학습장애 등을 가진 학생이 이에 속한다.

1) 영재교육

우리는 영재라는 말을 들으면 높은 IQ를 주로 떠올리지만 영재성은 다양하게 정의된다. 탄넨바움(Tannenbaum)은 상위 2% 이내의 높은 지능과 언어 적성이나 수학 적성과 같은 특수적성이 뛰어난 아동을 영재로 보았다. 또한 영재의 성격, 내적 동기, 열성, 몰입, 자아개념과 같은 비인지적 요인도 중요하게 다루었다. 영재성의 발달을 위해 가정, 학교, 또래를 포함한 환경적 지원이 필요함을 강조하였고, 영재성 발현을 위해 기회나 운이 있어야 함을 주장하였다.

영재
특정한 영역에 대하여 평균보다 높은 능력, 창의성, 과제집착력을 가지고 있는 사람으로서 그에 적합한 특수한 교육과정이 필요한 사람

렌줄리(Renzulli)에 따르면 **영재**는 특정한 영역에 대하여 평균보다 높은 능력, 창의성, 과제집착력을 가지고 있는 사람으로서 그에 적합한 특수한 교육과정이 필요

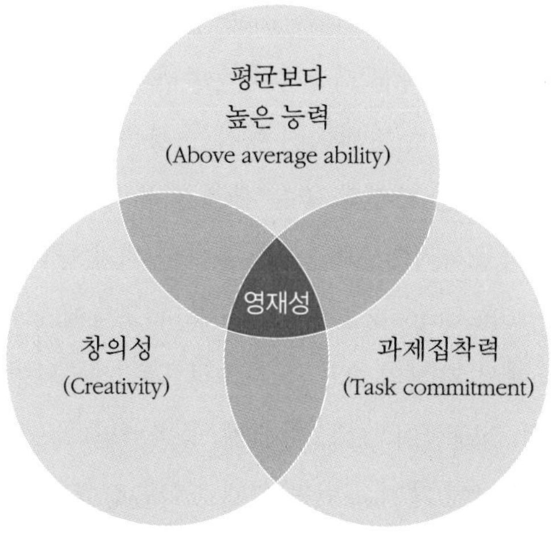

그림 8-1 렌줄리의 영재성 정의(Renzulli, 1978)

한 사람이다. 일반적으로 지능검사 평균은 100을 의미하므로 지능 수준이 100 이상이면 영재로 판별될 수 있는 기본 조건이 충족된다. 창의성은 새로운 것을 생산하는 능력이고, 과제집착력은 과제에 집중하여 끝까지 해내는 것을 말한다.

영재아는 높은 지적 호기심을 가지고 있으며, 원인과 결과를 정확하게 인지하고, 도전적인 과제를 선호한다. 완벽주의 성향을 가지고 있으며, 자기가 알고 있는 정보를 끊임없이 이야기하고 공유하는 것을 좋아한다. 부모와 교사는 학습 능력이 뛰어난 영재 아동이 사회적 상황에서 또래와 다르게 성숙하게 행동할 것이라고 기대할 수 있지만 영재 아동의 사회적 기술은 동일 연령의 아동과 유사할 수 있다. 감각이 매우 예민하거나 공상을 많이 하고, 감정을 민감하게 인식하는 것과 같은 과흥분성(overexcitbility)을 보이기도 한다(Dabrowski, 1964).

영재아는 다양한 양상으로 나타날 수 있는데, 베츠와 네이하트(Betts & Neihart, 1988)는 관찰과 인터뷰, 문헌 연구 등을 통해 여섯 가지 유형을 제시하였다. 첫째, 성공적인(the successful) 유형은 영재로 판별되어 영재교육기관에서 수업을 받고 있으나 자율성이 부족하여 부모나 교사의 지시대로 목표 설정을 하는 유형이다. 지능은 높으나 창의성은 평범한 수준일 수 있으며 성인기에 낮은 성취를 보일 수 있는 유형이다. 둘째, 확산적인(the divergently gifted) 유형은 창의성이 높은 영재로, 교사의 권위에 도전하고 학교 시스템에 순종하지 않는 경향이 있어서 학교에서 인정을 받지 못하고 영재로 판별되지 못하는 경우가 많다. 셋째, 잠복되어 있는(the underground) 유형은 또래와 좋은 관계를 유지하기 위해 자신의 높은 능력을 발현하지 않고 퇴보시키기도 하는데, 우수한 여자 중학생에게서 많이 나타난다. 넷째, 중도탈락(the dropouts) 유형은 부모나 교사에게 자신의 잠재력을 인정받지 못하고 학교에서 자신의 요구가 지속적으로 거부되어, 자아존중감이 매우 낮고, 학교에 대한 적개심이 높다. 다섯째, 중복낙인(the double-labeled) 유형은 영재성과 장애를 동시에 가지고 있는 영재로 학습장애를 가지고 있는 영재, 자폐 스펙트럼 장애를 가지고 있는 영재 등이 여기에 해당한다. 학교나 가정에서는 이들의 부족한 부분을 보완하기 위한 교육에 관심을 기울이다 보니, 이들의 영재성을 발현시키는 것에 소홀하기 쉽다. 여섯째, 자율적 학습자(the autonomous learner) 유형은 지능과 창의성이 모두 높은 영재로 독립심이 높고 모험심도 강하며, 성공 가능성이 가장 높다.

영재교육은 영재성의 개념을 정의하고, 정의에 기반한 판별을 하고, 프로그램을 실시하고 평가하는 절차로 진행된다. 이러한 과정에서 판별은 영재교육의 성패를 결정하는 중요한 요인이다. 영재성이 있음에도 영재로 판별되지 못하는 경우도 있고 영재성이 없음에도 영재로 판별되는 오류를 범하지 않는 것이 중요하다. 영재아를 판별하는 과정은 일반적으로 교사 지명, 집단 지능검사 등을 통해 일차적으로 잠재력이 있는 학생을 선별한 후, 각 영역 전문가와 교육학자, 심리학자가 더욱 전문적인 판별을 하며, 교육 프로그램에 배치하고 학습과정과 결과를 관찰 평가하는 단계로 이루어진다.

렌줄리(Renzulli)는 일회적인 영재 판별의 문제점을 지적하면서 삼부 심화학습 모형을 제시하였다. 이 모형은 영재를 판별하는 과정인 동시에 영재를 위한 교육 프로그램이기도 하다. [그림 8-2]에서 보는 것처럼 유형 I은 지원자 중 15~20%를 선발하여 전공 구분 없이 통합수업을 진행하면서 일반학급에서 다루지 않는 주제, 인물, 사건 등을 학습하는 기회를 제공한다. 유형 II는 유형 I을 거쳐 온 영재를

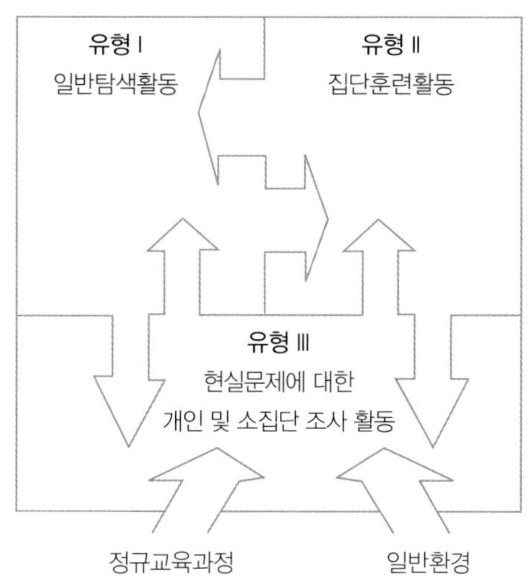

그림 8-2 렌줄리의 삼부 심화학습 모형(Renzulli & Reis, 1997)

대상으로 집단별 수업을 실시하면서 창의성 기술, 학습 방법, 연구 방법 등을 배운다. 유형 III은 유형 I과 II단계를 거쳐 온 영재를 대상으로 전공 영역에 대한 심도 있는 수업을 진행하여 독창적인 결과물을 만들도록 한다. 선별과정에서 전체 학생 중 15~20% 학생을 선정하기 때문에 사회경제적인 어려움으로 인해 영재교육 대상자가 되지 못했던 학생들에게 교육 기회를 제공한다는 장점이 있으나, 시간이 많이 소요되고 재정적 부담이 크다는 단점이 있다.

영재교육은 속진(acceleration)과 심화(enrichment) 학습 프로그램으로 이루어진다. 속진교육은 학습속도가 빠른 학습자에게 진도를 빨리 나갈 수 있는 기회를 제공하는 것으로 월반과 같은 방식으로 이루어진다. 속진교육은 영재아가 또래와 분리되어 학습하는 것이기 때문에 사회성 발달에 어려움을 경험할 수 있으며, 깊이 있는 사고능력을 기를 수 있는 학습경험을 제공하지 못한다는 단점이 있다. 심화교육은 영재 학생이 좀 더 풍부하고 다양한 교육적 경험을 하게 하는 것으로 정규교육과정 외의 교육내용을 첨가하여 좀 더 깊이 있고 폭넓은 전문성을 키울 수 있도록 운영하는 것이다. 심화교육은 재정적인 부담이 크고, 심화과정을 가르칠 수 있는 전문교사가 부족하다는 단점을 지닌다.

표 8-1 영재를 위한 심화 및 속진 교육의 장단점 비교

	장점	단점
속진 교육	• 월반(grade-skip) • 경제적인 면에서 효과적임 • 영재에게 지적인 호기심을 제공할 수 있음	• 중요한 기술을 놓칠 수 있음 • 교육과정의 수직적 운영으로 인해 폭넓은 학습경험을 제공하지 못함 • 과정은 무시하고 내용지식 경험에 치중
심화 교육	• 학습자의 관심과 흥미에 따라 연구 과제를 설정하고, 생활 속의 문제를 중심으로 해결해 나가기 때문에 학습자의 동기를 유발시켜 자발적인 학습과 창의적인 결과물을 낼 수 있음 • 고차원적인 사고기술을 개발	• 정규교육과정과의 연속성이 결여될 수 있음 • 심화과정을 잘 가르칠 수 있는 전문 교사의 부족 • 재정적인 부담이 큼 • 프로그램의 개발이 쉽지 않음

2) 특수교육

우리나라 「장애인 등에 대한 특수교육법」에서는 시각장애, 청각장애, 지적장애, 지체장애, 정서 · 행동장애, 자폐성장애, 의사소통장애, 학습장애, 건강장애, 발달지체, 그 밖에 대통령령으로 정하는 장애를 가진 아동을 특수교육 대상자로 규정하고 있다. [그림 8-3]은 2022년 교육부 특수교육통계에 나타난 각 장애별 백분율을 나타낸 것이다.

특수아동이 성장하여 직업을 가지고 사회의 한 구성원으로 활동할 수 있게 하기 위해서는 또래 아동과 함께 활동하는 것이 바람직하므로 교육현장에서 통합교육이 강조되고 있다. **통합교육**은 특수교육대상자가 일반학교에서 장애유형 · 장애정도에 따라 차별을 받지 아니하고 또래와 함께 개개인의 교육적 요구에 적합한 교육을 받는 것을 말한다. 통합교육이 성공적으로 이루어지기 위해서 일반학급 교사가 특수아의 특성을 이해하는 것은 중요하다.

통합교육
특수교육대상자가 일반학교에서 장애유형 · 장애정도에 따라 차별을 받지 아니하고 또래와 함께 개개인의 교육적 요구에 적합한 교육을 받는 것

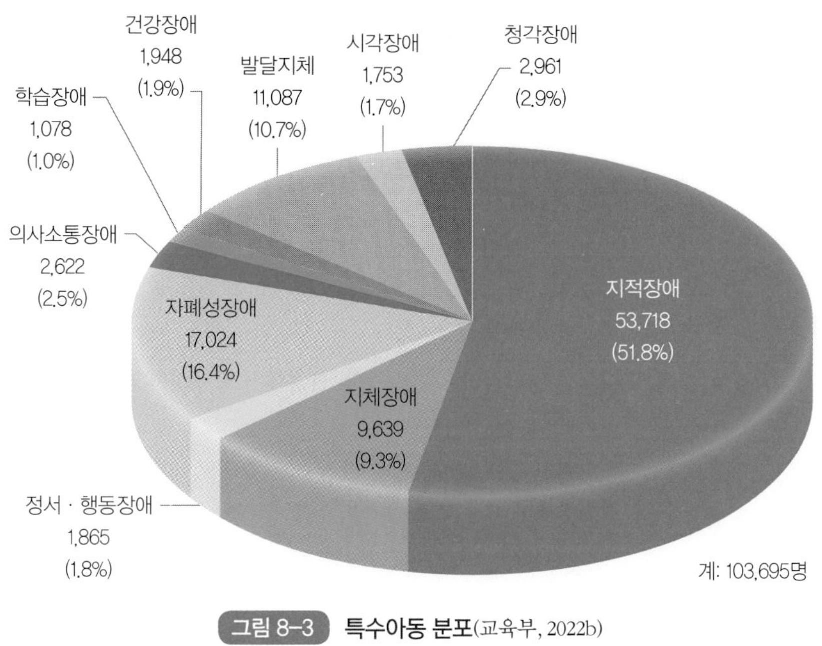

그림 8-3 특수아동 분포(교육부, 2022b)

(1) 지적장애

지적장애아는 낮은 지능과 일상생활의 적응 문제를 가지고 있다. 지능검사 결과 IQ 지수가 70 이하이며, 식사하기, 옷 입기, 돈 관리하기와 같은 일상생활 활동이나 또래와 어울리기, 규칙 따르기와 같은 사회적 적응 행동에서 어려움을 보인다. **지적장애**는 표준화된 지능검사 점수를 통해 경도(IQ 50~69), 중등도(IQ 35~49), 중도(IQ 20~34)와 최중도(IQ 20 미만) 수준으로 구분된다. 하지만 미국 지적장애 및 발달장애협회(American Association on Intellectual and Developmental Disabilities: AAIDD)는 지적장애를 가진 사람들에게 필요한 지원 수준을 근거로 〈표 8-2〉와 같이 간헐적, 제한적, 확장적, 전반적 지원 수준으로 분류하였다.

지적장애
지적 기능과 적응행동에서 어려움을 보이는 장애

지적장애 학생은 중요한 정보에 주의를 적절하게 기울이는 능력이 부족해서 엉뚱한 것에 주의집중을 하고, 주의집중 시간이 짧아서 과제를 끝까지 해내는 것이 어렵다. 수업 시간에 교사의 지시를 듣고 따르는 데 어려움을 보이며, 다른 사람을 관찰하거나 모방하면서 배우는 학습 능력이 부족하다. 기억력의 문제를 가지

표 8-2 지원 강도에 따른 지적장애 분류

분류	정의
간헐적 (intermittent)	필요한 경우에만 지원. 일시적 상황에서 지원. 항상 지원이 필요한 것은 아니며 인생에서 단기간(예: 실업 또는 심각한 질병 상황)의 지원만 필요함
제한적 (limit)	일정 시간 동안 지속적으로 지원. 시간이 제한되어 있지만 일시적인 상황은 아님. 더 강한 수준의 지원에 비해 소수의 요원이 필요하며, 비용이 적게 듦
확장적 (extensive)	학교나 직장같이 적어도 몇몇 환경에서 정규적이고 장기간 이루어지는 지원. 시간이 제한되어 있지 않음
전반적 (pervasive)	전반적인 환경에서 일관성 있게 높은 강도로 지원. 가능한 한 전 생활환경에서 지원. 많은 요원이나 중재가 요구됨

고 있어서 제시되는 여러 개의 숫자나 단어를 잘 기억하지 못하고, 학습 내용을 효과적으로 기억하기 위한 학습전략을 사용하는 것이 어렵다. 또한 자신의 학습 과정을 점검하고 조절하는 능력이 부족하며, 학습한 내용을 일상생활이나 다른 상황에 적용하는 데 어려움을 보인다. 낮은 인지능력으로 인해 지적장애 학생은 또래에 비해 낮은 학업성취를 보이며, 학업에서 지속적으로 실패를 경험하면서 노력을 해도 어차피 안 된다는 동기 문제를 갖게 되기도 한다. 지적장애아는 언어발달이 지체되어, 발음을 정확하게 하지 못하거나, 단어를 제대로 이해하거나 표현하지 못하고, 의사소통의 문제를 보이기도 한다. 주위의 성인에게 지나치게 의존하는 경향이 있고, 사회적 상호작용이 어려우며, 자신의 행동을 조절하고 통제하는 데 문제를 보이기도 한다.

(2) 학습장애

학습장애
평균적인 지적 능력을 가지고 있으면서도 특정 영역의 학습에 심각한 문제를 보이는 장애

학습장애(learning disability)는 평균적인 지적 능력을 가지고 있으면서도 특정 영역의 학습에 심각한 문제를 보이는 경우이다. 학습장애 학생은 읽기나 셈하기와 같은 특정 분야에서 곤란을 겪거나, 학습 전반에 필요한 주의집중과 같은 일반적

기술이 부족하다. 하지만 이러한 원인이 시각장애와 청각장애 같은 감각장애나 정서장애, 지적장애 또는 신경장애에 있는 경우는 학습장애로 분류하지 않는다.

학습장애 학생들은 일반적으로 선택적 주의집중을 하거나, 주의집중을 유지하는 데 어려움을 보이며, 과제를 끝까지 수행하지 못한다. 학습 능력이 불균등해서 언어능력을 필요로 하는 학습 과제 수행은 못하지만, 공간능력을 필요로 하는 학습 과제 수행은 잘하는 것과 같은 모습을 보이기도 한다. 몸의 균형이나 신체 기관의 협응과 같은 부분에 어려움이 있어서 달리기, 줄넘기, 운동화 끈 매기, 종이 접기 같은 활동에 어려움을 보이기도 한다.

학습장애가 많이 나타나는 영역은 읽기, 쓰기, 수학이다. 읽기장애를 가진 아동은 단어를 정확하게 유창하게 읽는 것이 어렵고, 읽은 내용을 이해하는 것이 어렵다. 단어가 어떤 소리로 이루어져 있는지 인지하는 데 어려움을 보여서 '사자'가 'ㅅ', 'ㅏ', 'ㅈ', 'ㅏ'로 이루어진 단어라는 것, '사탕', '사과'의 '사'와 같은 소리로 시작한다는 것을 알지 못한다. 단어를 거꾸로 읽거나, 읽고 있던 부분을 놓치고 다른 부분을 읽기도 한다. 읽기 문제가 심각하게 나타나는 경우에는 난독증(dyslexia)이라고 한다. 쓰기장애는 글씨를 알아볼 수 없게 쓰거나 글씨 크기가 일정하지 않고 줄에 맞춰서 글씨를 쓰는 것이 어렵다. 쓰는 속도가 느려서 쓰기를 필요로 하는 과제 수행이 어렵고, 맞춤법을 틀리는 경우가 많다. 글을 쓸 때 다양한 어휘를 활용하지 못하고 주제와 관련 없는 내용을 쓰는 것과 같은 문제를 보인다. 수학장애를 가진 학생은 수의 크기나 관계를 잘 이해하지 못하고, 자릿수를 아는 데 어려움을 보이며, 덧셈, 뺄셈, 곱셈, 나눗셈 계산을 할 때 어려움을 보인다. 문장제 문제를 잘 해결하지 못하며, 수학적 추론을 하는 데 어려움을 보인다.

(3) 주의력결핍 과잉행동장애

주의력결핍 과잉행동장애(attention-deficit hyperactivity disorder: ADHD)는 부주의하고, 충동적이며, 과잉행동의 특성을 가진 장애이다. 이 세 가지 특징을 모두 보이는 아동도 있고, 부주의 문제만 보이는 아동, 충동성/과잉행동의 문제만 보이는 아동도 있다.

주의력결핍 과잉행동장애
부주의하고, 충동적이며, 과잉행동의 특성을 가진 장애

그림 8-4 주의력결핍 과잉행동장애 특성

ADHD 학생은 부주의하기 때문에 공부를 하거나 놀이를 할 때 세부적인 것에 주의를 기울이지 않아 실수를 하는 경우가 많고, 지속적으로 주의집중하기가 어렵고 쉽게 산만해진다. 수업 시간에 교사가 말하는 것을 잘 듣지 못하고, 노력을 기울여야 하는 과제를 하지 않으려고 하며, 학습에 필요한 연필이나 책과 같은 물건들을 자주 잃어버린다.

ADHD 학생은 충동성이 높아서 생각하기 전에 행동을 먼저 하고, 질문을 다 듣지도 않고 답을 하며, 차례를 기다리기 어렵다. 다른 사람들의 대화나 놀이에 갑자기 끼어들어 방해되는 행동을 하기도 한다. 과잉행동 특성이 있어서 수업 시간에 의자에 가만히 앉아 있지 못하고 돌아다니고, 의자에 앉아서도 손발이나 몸을 계속해서 움직인다. 상황에 맞지 않게 계속 뛰거나 기어 올라가는 모습을 보이기도 하며, 조용한 놀이나 활동에 참여하는 것이 어렵다. 모터가 달린 것처럼 움직이며, 지나치게 말을 많이 한다.

(4) 정서 · 행동장애

정서 · 행동장애
정서 및 행동 특성이 또래와 매우 달라서 학업 및 일상생활 등에서 자신 및 타인을 곤란하게 하는 장애

정서 · 행동장애는 정서 및 행동 특성이 또래와 매우 달라서 학업 및 일상생활 등에서 자신 및 타인을 곤란하게 하는 장애이다. 정서 · 행동장애는 내현화(internalizing) 형태나 외현화(externalizing) 형태로 나타날 수 있다(Hallahan & Kauffman, 2000). 내현화 형태의 문제행동은 불안이나 우울, 사회적 고립 등이다.

이러한 유형의 학생은 공포감을 느끼거나 불안을 보이고 이러한 심리적 문제로 인해 복통이나 두통과 같은 신체적 증상을 보이기도 한다. 슬픔에 빠져 있거나 자기 비하적인 행동을 보이며, 자살 생각을 말하기도 한다. 오랫동안 또래와 긍정적 상호작용을 하지 못하고 혼자 지내는 경우도 있다. 내현화 형태의 문제를 갖고 있는 학생은 외현화된 형태의 문제를 갖고 있는 학생에 비해 눈에 잘 띄지는 않지만 교사가 관심을 기울여 우울이나 불안이 심한 학생이 상담을 받도록 도울 수 있다.

외현화 문제를 가진 학생은 반항적이고 불복종하는 행동을 하고, 교실 활동을 방해한다. 이런 학생은 폭력적이고, 규칙을 따르지 않고, 교사에게 반항적이기 때문에 교사의 주의가 요구된다. 학교의 기물을 파괴하거나 다른 아동에게 공격적일 수 있고, 거짓말, 절도, 약물과 같은 불법적이고 자기 파괴적인 행동을 할 수도 있다. 외현화 형태의 장애 중 품행장애(conduct disorder)는 '다른 사람의 권리를 침해하는 두드러진 반사회적 행동 유형'으로 정의된다. 품행장애 학생은 매우 폭력적이기 때문에 교사나 다른 학생에게 신체적인 폭력을 가하기도 한다. 이러한 학생은 규칙을 거의 준수하지 않고 지속적으로 지시에 따르지 않으며, 범죄를 저지를 수도 있으므로 적극적인 교육과 상담이 필요하다.

(5) 자폐 범주성 장애

자폐 범주성 장애(autism spectrum disorder)는 의사소통과 사회적 상호작용에 어려움이 있으며 반복적인 행동을 보이고 제한적이고 고정된 관심을 갖고 있는 발달장애이다. 말을 전혀 하지 않거나 말의 발달이 늦고, 제스처와 같은 비언어적 방법을 활용해서 이를 보완하려는 노력도 보이지 않는다. 상대방의 반응을 고려하지 않고 자신의 관심사에 대해서만 일방적으로 말하기 때문에 대화가 잘 이어지지 않으며, 소꿉놀이와 같이 발달 수준에 맞는 놀이가 나타나지 않는다. "밥 먹었어?"라는 질문에 "밥 먹었어?"라고 반응하는 것과 같이 상대방의 말을 그대로 따라하는 반향어를 보이기도 하며, 말의 높낮이가 단조롭고 억양이 독특하다.

> **자폐 범주성 장애**
> 의사소통과 사회적 상호작용에 어려움이 있으며 반복적인 행동을 보이고 제한적이고 고정된 관심을 갖고 있는 발달장애

자폐 범주성 장애아는 사회적 상호작용을 전혀 못하기도 하고 부적절한 방식으로 하기도 한다. 눈 맞춤을 하거나 표정, 제스처를 사용하는 것이 어렵고, 다른 사

람의 마음을 읽는 능력이 부족하여 눈치가 없다. 다른 사람들에게 관심 있는 사물을 보여 주거나 가리키는 행동이 결여되어 있으며, 다른 사람에게 관심이 없어서 친구관계를 형성하고 유지하는 것이 어렵다. 관심사가 매우 한정적이며 손을 흔드는 것과 같은 반복적인 움직임을 보이기도 하고, 사물의 특정 부분에 집착하는 모습을 보이기도 한다. 변화를 싫어하고 소리나 촉감과 같은 감각 자극에 대해 지나치게 예민하게 반응하기도 한다.

2. 학습유형

학습유형
새로운 정보에 집중하고, 그 정보를 처리하고 기억하는 방식

학습유형(learning style)은 새로운 정보에 집중하고, 그 정보를 처리하고 기억하는 방식으로 학습에 접근하는 방식이라고 볼 수 있다. 학생이 자신의 학습유형을 아는 것은 자신에게 맞는 학습 환경을 조성하고, 효과적으로 학습하는 전략을 탐색하는 데 도움이 된다. 교수자는 자신의 학습유형을 인지하여 자신이 어떻게 교수하는지 점검할 수 있고, 학생의 학습유형을 고려하여 다양한 교수방법을 활용한 수업을 계획할 수 있다.

1) 던과 던의 학습유형

던과 던(Dunn & Dunn, 1992)은 [그림 8-5]와 같이 환경 요인, 정서 요인, 사회 요인, 생리 요인, 심리 요인 등에서 학생들이 학습하는 요령이 학습유형을 형성하는 중요한 구성 요소가 된다고 보았다.

환경 요인은 학생들이 공부할 때 소리, 빛, 기온, 디자인에 대해 어떤 것을 선호하는지에 관한 것이다. 공부할 때 조용한 것을 좋아하는 학생이 있고, 음악을 들으며 공부하는 것을 좋아하는 학생도 있다. 햇볕이 잘 드는 밝은 곳에서 공부하기를 좋아하는 학생이 있고, 어두운 곳에서 공부하기를 좋아하는 학생도 있다. 따뜻한 곳에서 공부할 때 집중이 잘되는 학생이 있고, 서늘한 곳에서 공부할 때 집중이

잘되는 학생도 있다. 공부할 때 딱딱한 의자를 좋아하는 학생이 있고, 푹신한 의자를 좋아하는 학생도 있다.

정서 요인은 동기, 지속력, 책임감, 구조화와 관련한 것으로 동기는 어떤 학생은 재미있어서 과제를 하고, 어떤 학생은 부모님 칭찬을 받고 싶어서 과제를 하는 것과 같은 차이이다. 지속력은 한 과제를 끝까지 하는 것을 좋아하는 학생도 있고 한 과제를 나눠서 하는 것을 좋아하는 학생도 있다는 것이다. 책임감은 자신에게 주어진 일에 책임감을 느끼는 학생과 자기가 선택한 일에만 책임감을 느끼는 학생의 차이이다. 구조화는 스스로 구조화하는 것을 좋아하는 학생도 있고 교사의 지시에 따라 구조화하는 것을 좋아하는 학생도 있다는 것이다.

사회 요인은 학생이 공부할 때 혼자 하는 것을 좋아하는지, 여럿이서 하는 것을 좋아하는지, 어른과 함께하는 것을 좋아하는지 등에 관한 것이다.

생리 요인은 지각, 간식, 시간, 이동으로 지각은 학습을 할 때 듣기 자료를 선호하는지, 시각 자료를 선호하는지, 움직이고 자료 만지는 것을 선호하는지의 차이를 말한다. 집중할 때 간식이 필요한 학생과 간식을 먹으면 집중을 못하는 학생도 있다. 오전에 집중을 잘하는 학생과 오후나 밤에 집중을 잘하는 학생도 있다. 오

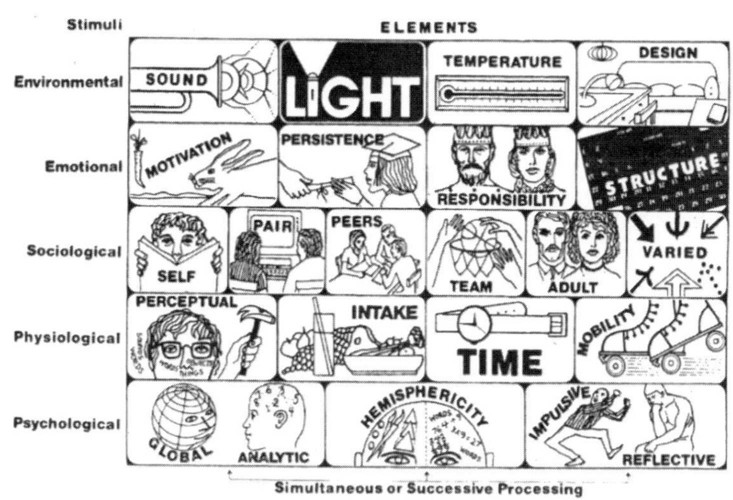

그림 8-5 던과 던의 학습유형(Dunn & Dunn, 1992, p. 4)

랜 시간 가만히 앉아서 학습하는 것을 좋아하는 학생과 움직이면서 학습하는 것을 좋아하는 학생도 있다.

심리 요인은 학습과제를 할 때 전체적인지 분석적인지, 학습할 때 좌뇌 사용을 선호하는지 우뇌 사용을 선호하는지, 충동적으로 반응하는지 철저하게 분석하여 숙고적으로 반응하는지 등의 차이를 말한다.

2) 장독립형과 장의존형

장독립형
배경의 영향을 별로 받지 않는 학습유형

윗킨(Witkin)은 구름 속에서 비행기가 거꾸로 날고 있는데도 그 사실을 전혀 인식하지 못하는 조종사가 있다는 사실에 흥미를 갖고 연구를 하여, 장독립형과 장의존형의 학습유형을 제시하였다(Witkin, Moore, Goodenough, & Cox, 1977). **장독립형**(field independent)은 구름의 영향을 받지 않는 조종사처럼 배경의 영향을 받

질문 복잡한 도형 속에 숨겨진 단순도형이 어느 것인지 찾아보시오.

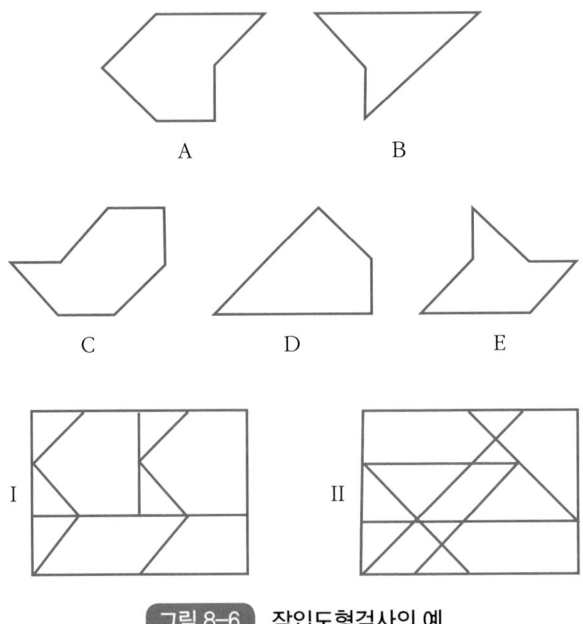

그림 8-6 잠입도형검사의 예

지 않는 학습유형이고, **장의존형**(field dependent)은 구름의 영향을 받는 조종사처럼 배경의 영향을 많이 받는 학습유형이다. [그림 8-6]에 제시된 잠입도형검사(Embedded Figure Test: EFT)에서 장독립형의 사람들은 복잡한 도형 속에 숨겨진 단순한 도형을 쉽게 찾을 수 있지만 장의존형의 사람들은 찾는 데 시간이 오래 걸리거나 혹은 전혀 찾지 못하기도 한다.

> **장의존형**
> 배경의 영향을 많이 받는 학습유형

장독립형은 분석적이고, 주변 사람의 영향을 적게 받으며, 수학이나 물리 같은 추상적인 과목에 관심이 많다. 개념을 구체적으로 구분하여 학습하고, 개념 그 자체에 관심을 갖는다. 장독립형 교사는 학생 간의 경쟁을 이용하거나 개인적인 성취를 할 수 있는 과제 유형을 선호한다.

반면, 장의존형은 방해 요인을 고려하고, 주변 사람에게 영향을 받으며, 사회 분야에 관심이 많다. 개념 간의 관계를 보면서 학습하고, 자신의 경험과 관련한 자료에 관심이 많다. 칭찬을 받으면 동기화가 잘된다. 장의존형 교사는 학생들과 상호작용하거나 대화하는 것을 좋아한다.

3) 숙고형과 충동형

카간(Kagan, 1964)은 같은 그림 찾기 검사(Matching Familiar Figure Test: MFFT)를 통해 과제에 대한 반응속도와 오답수로 숙고형과 충동형이라는 학습유형을 제시하였다. **숙고형**(reflective style)은 대답은 늦게 하지만 틀리는 경우가 거의 없는 유형이고, **충동형**(impulsive style)은 대답은 빨리하지만 틀린 답이 많은 유형이다.

> **숙고형**
> 대답은 늦게 하지만 틀린 답이 적은 학습유형

> **충동형**
> 대답은 빨리하지만 틀린 답이 많은 학습유형

충동형 학생은 문제를 해결할 때 빠른 행동을 좋아하지만 숙고형 학생은 행동하기 전에 정보를 수집하고 분석하는 것을 좋아한다. 충동형 학생은 과제를 빠르게 수행하지만 문제를 잘못 읽어서 틀리는 것과 같은 실수를 한다. 이러한 실수를 줄이기 위해 문제해결 과정을 말로 표현하는 것과 같은 방법을 활용할 수 있다. 문제를 정확하게 읽었는지, 글자나 숫자를 잘못 보거나 연산이 틀리지는 않았는지 검토하는 것이 도움이 된다.

숙고형 학생은 정보를 충분히 검토하고 문제에 답을 하기 때문에 아는 것을 틀

질문 주어진 그림과 똑같은 그림을 아래 그림에서 찾아보시오.

그림 8-7 같은 그림 찾기 검사(MFFT)

리는 경우가 적다. 하지만 까다로운 문제에 부딪혔을 때 한 문제를 너무 오랫동안 생각하다가 다른 문제를 놓치는 경우가 생길 수 있으므로 과제를 시간 내에 완성할 수 있도록 어려운 문제는 건너뛰는 전략을 활용하도록 지도해야 한다.

3. 다문화

1) 다문화 교육의 의미

외국인 근로자와 국제결혼 이주민의 수가 늘어나면서 우리나라는 다문화 사회로 변화하였고, 그들의 2세, 3세들이 태어나 사회의 구성원으로 성장하고 있다. **다문화 가정**은 우리와 다른 민족·문화적 배경을 가진 사람으로 구성된 가정을 말한다. 주로 국제결혼 가정, 외국인 가정, 북한이탈주민 가정 등이 이에 해당한다.

다문화 가정
우리와 다른 문화적 배경을 가진 사람으로 구성된 가정

우리나라는 동화주의(assimilation)와 다문화주의(multiculturalism)가 혼재되어

나타나고 있다. 동화주의는 이주민이 자신의 고유한 문화적 정체성을 포기하고 주류문화에 용해되는 것을 요구한다. 미국의 용광로(melting pot) 정책이 대표적인데, 각 민족의 차이를 그대로 두는 것보다는 하나의 문화로 합치는 것을 이상적으로 여기므로 소수민족이 자신의 문화적 정체성을 버리고 주류문화에 통합되도록 돕는다. 이민자가 주류사회의 언어를 배우고 그들의 자녀가 정규 학교에 취학하도록 지원한다. 이에 비해 다문화주의는 한 국가 안에서 소수자들이 그들의 고유한 문화를 지켜 가는 것을 인정하고 공존할 수 있도록 하는 데 초점을 둔다. 다른 문화, 언어, 종교를 인정하고 그들의 정체성을 유지하는 것을 지원함으로써 사회의 분열과 갈등을 예방할 수 있다고 하며, 이러한 모형은 샐러드 볼(salad bowl) 이론이 대표적이다.

우리나라는 2006년부터 다문화 가정의 자녀 교육 문제를 해결하기 위한 지원정책을 수립·시행하였고, 다문화 교육에 대한 관심이 확산되기 시작했다.

다문화 교육은 다양한 인종, 민족, 계층, 문화 집단의 학생들에게 균등한 교육 기회를 보장하는 것을 목표로 하는 교육이다(Banks, 2008). 다문화 교육은 다원화된 민주사회에서 효율적으로 기능하고 다양한 집단의 사람들과 상호작용하고 협상하고 의사소통을 하는 데 필요한 지식과 태도, 기능을 습득하여 시민공동체의 건설을 돕는 것에 초점을 둔다. 다문화 교육은 소수집단만이 아니라 사회 구성원 모두를 대상으로 하며 다양한 문화적 배경을 가진 사람들이 상호 존중하고 더불어 살아가도록 하는 교육이다(Bennett, 2009).

다문화 교육
다양한 인종, 민족, 계층, 문화 집단의 학생들에게 균등한 교육 기회를 보장하는 것을 목표로 하는 교육

다문화 교육을 하기 위해서 교사는 교과에 등장하는 주요 개념이나 이론을 설명할 수 있는 다양한 문화의 자료를 가져와 활용해야 한다. 또한 교과의 지식이 형성되는 과정에서 문화가 어떤 영향을 미치는지 학생들이 이해하도록 도와야 한다. 학생들이 특정 인종에 대한 편견이 있는지 파악하고 수업을 통해 이를 변화시키도록 해야 하며, 다양한 문화, 사회계층의 학생들이 학업을 잘할 수 있도록 그들의 학습유형에 맞는 다양한 교수방법을 사용해야 한다. 모든 집단의 학생들이 성공적으로 자신의 역량을 개발할 수 있도록 교사와 학생의 상호작용이 어떠한지 살펴보아야 한다(Banks, 2008).

표 8-3 **뱅크스의 다문화 교육의 다양한 차원**(Banks, 2008)

영역	내용
내용 통합	교사들이 자신의 교과나 학문 영역에 등장하는 주요 개념, 원칙, 이론을 설명하기 위해서 다양한 문화 및 집단의 사례, 자료, 정보를 가져와 활용하는 정도를 지칭한다.
지식 구성 과정	특정 학문 영역의 암묵적인 문화적 가정, 준거틀, 관점, 편견 등이 해당 학문 영역에서 지식이 형성되는 과정에 어떠한 영향을 미치는지를 의미한다. 교사는 학생으로 하여금 지식이 어떻게 만들어지고 그것이 개인과 집단의 인종 · 민족 · 성(gender) · 사회계층과 같은 지위에 의해서 어떠한 영향을 받는지 이해할 수 있도록 돕는 역할을 한다.
편견 감소	학생들의 인종적 태도의 특징 및 그것이 교수법이나 교재에 의해 어떻게 변화될 수 있는가에 중점을 둔다.
공평한 교수법	교사가 다양한 인종, 민족, 사회계층 집단에서 온 학생들의 학업성취도를 향상하기 위하여 수업을 수정하는 것을 말한다. 여러 문화적 · 인종적 집단 내에 존재하는 독특한 학습양식에 부합하는 다양한 교수법을 사용하는 것을 포함한다.
학생의 역량을 강화하는 학교문화와 조직	집단 구분과 낙인의 관행, 스포츠 참여, 성취의 불균형, 인종과 민족 경계를 넘나드는 교직원과 학생의 상호작용 등은 학교문화를 구성하는 요소이다. 다양한 인종, 민족, 문화 집단 출신 학생들의 역량을 강화하는 학교문화 창조를 위해서는 이러한 요소를 면밀히 검토해야 한다.

2) 시사점

다문화 교육은 소수집단의 사람과 다수집단의 사람 모두 다문화 능력을 함양하도록 이루어져야 하는데, 우리나라의 다문화 교육은 초기에 다문화 가정 자녀의 언어 교육, 학습결손 지도, 정체성 강화 등을 지원하는 소수집단 학생을 대상으로 하는 교육을 중심으로 이루어졌다. 하지만 점차 모든 학생이 다문화사회에서 살아가는 데 필요한 다양한 지식, 기능, 가치 및 태도를 습득하여 다문화적 소양을 함양하도록 돕는 방향으로 변화하고 있다(모경환, 부향숙, 구하라, 황혜원, 2018).

다문화 교육에서 교사의 역할은 매우 중요하다. 교사의 인식과 실천이 없으면

다문화 교육은 성공할 수 없다. 교사의 다문화적 인식과 태도는 수업과 학생지도에 직접적으로 영향을 미치며, 교사의 기대가 학생들의 학업성취나 정서발달에 많은 영향을 준다. 효과적인 다문화 교육의 실행을 위해 교사에게 요구되는 자질은 교사의 다문화 역량(multicultural competency)이라고 개념화할 수 있으며, 사회의 문화적 다양성에 대한 지식, 다양한 학습자의 특성에 대한 이해, 다문화 교육자료를 개발하고 활용할 수 있는 능력, 다문화 수업을 실행할 수 있는 교수능력과 다문화 교육에 대한 자신감, 소수자에 대한 관용과 배려, 다문화적 갈등상황 해결능력 등이 포함된다(장인실 외, 2022). 무엇보다 교사는 자신이 문화적 편견이나 고정관념을 가지고 있는 것은 아닌지 점검하고 문화적으로 개방적인 태도를 갖는 것이 필요하다.

EDUCATIONAL PSYCHOLOGY

제 9 장

행동주의 학습이론

인간의 행동은 타고나는 것도 있지만 성장하면서 경험을 통해 학습되는 것이 더 많다. 학습이라고 하면 사람들은 학교에서 하는 공부만을 떠올린다. 하지만 심리학에서의 학습은 그보다 훨씬 넓은 개념이다. 의도적으로 노력해서 학습되는 행동이 있는가 하면, 자신도 모르게 학습되는 행동도 있다. 또 겉으로 보이는 행동뿐 아니라 감정, 태도도 학습된다. 이러한 학습을 설명하는 이론에는 크게 행동주의 학습이론과 인지주의 학습이론이 있다. 행동주의 학습이론에서는 학습의 대상을 겉으로 드러나는 행동의 변화로 보지만, 인지주의 학습이론에서는 당장은 행동으로 드러나지 않아도 후에 행동의 변화로 나타날 수 있는 생각의 변화까지 포함한다.

학습
직접적 또는 간접적 경험이나 연습의 결과로 나타나는 비교적 영속적인 행동의 변화 혹은 행동잠재력의 변화

행동주의 학습이론은 왓슨(John Watson, 1878~1958)에 의해 시작되었다. 이 이론의 기본적 학습 원리는 자극과 반응 간 연합에 있으며, 이러한 이유로 행동주의 학습이론을 '연합이론(association theory)' 혹은 'S-R(Stimulus-Response)이론'이라고도 한다. 파블로프, 스키너 등 행동주의 심리학자들은 동물을 대상으로 연구하며 환경에 의해 새로운 행동이 만들어지고 유지되는 학습의 원리를 발전시켰다. 행동주의 학습이론은 눈에 보이는 행동에만 초점을 두고, 눈에 보이지 않는 학습과정을 고려하지 않았다는 비판을 받기도 하지만, 바람직하지 못한 행동을 바로잡고 바람직한 행동을 계속하게 할 수 있는 매우 효과적인 학습이론이다.

1. 고전적 조건형성

1) 주요 개념

고전적 조건형성(classical conditioning)은 파블로프 실험으로 설명된다. 파블로프(Pavlov)는 개의 침 분비반응에 관한 실험에서 자극-반응이 연합되는 학습과정을 보여 주었다. [그림 9-1]은 파블로프의 실험 장치와 고전적 조건형성 단계를

파블로프(Ivan Petrovich Pavlov, 1849~1936)

파블로프는 러시아 출생의 생리학자이다. 화학과 생리학을 공부하였고, 의사 자격을 취득했으며 생리학 교수로 재직하였다. 파블로프는 대표적인 행동주의 실험인 고전적 조건형성 실험을 통해 조건형성의 원리를 설명하였다. 1904년 소화의 생리학에 관한 공로를 인정받아 노벨 생리의학상을 수상하였으며, 주요 저서로는 『소화샘 연구에 대한 강의(Lectures on the work of the digestive glands)』(1923), 『조건반사학 강의(Lectures on conditioned reflexes)』(1928) 등이 있다.

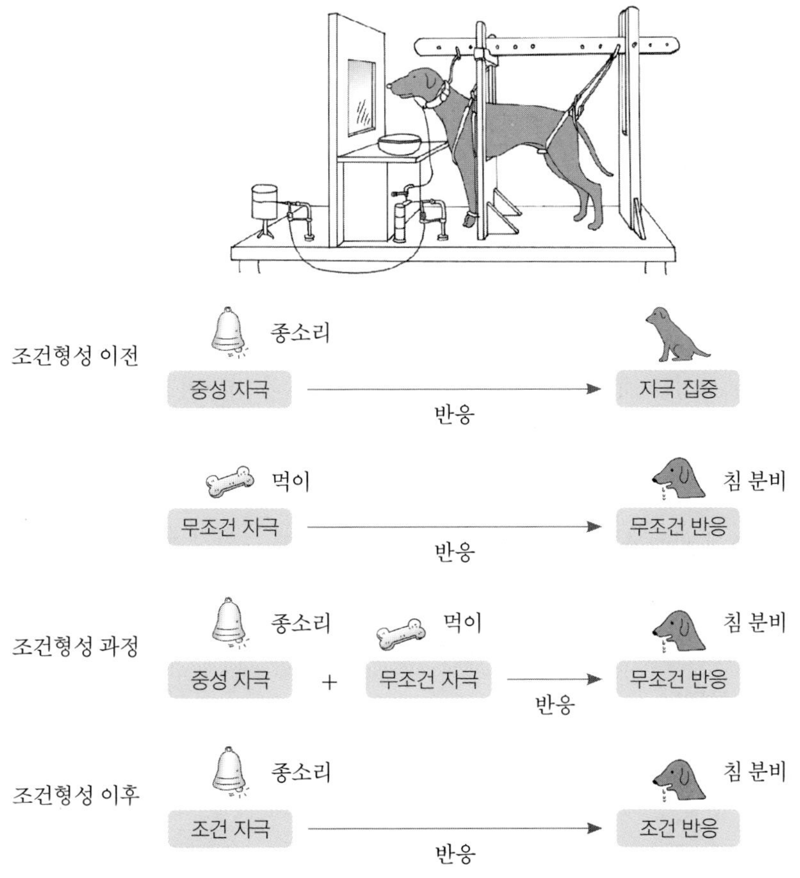

그림 9-1 파블로프의 실험 장치와 고전적 조건형성 단계

보여 준다.

개는 먹이를 먹으면 자연적으로 침을 분비한다. 이것은 자동적인 것으로 **무조건 반응**(Unconditioned Response: UR)이라고 하며, 무조건 반응을 일으키는 자극을 **무조건 자극**(Unconditioned Stimulus: US)이라고 한다. 처음에 종소리는 침 분비를 유발하지 않는 **중성 자극**(Neutral Stimulus: NS)이다. 하지만 종소리와 먹이를 여러 번 연합하면 종소리만으로도 침을 흘린다. 이때 종소리는 **조건 자극**(Conditioned Stimulus: CS)이 되고, 침 흘리는 행동은 **조건 반응**(Conditioned Response: CR)이 된다.

무조건 반응
무조건 자극으로 인해 나타나는 자연적 · 자동적 반응

무조건 자극
자동적으로 정서적 · 생리적 반응을 일으키게 하는 자극

중성 자극
의도한 반응을 일으키지 못하는 자극

조건 자극
무조건 자극과 중성 자극의 결합으로 조건형성된 이후 정서적 생리적 반응을 일으키는 자극

조건 반응
조건 자극에 의해 유도되는 학습된 반응

파블로프의 실험을 통해 우리는 몇 가지 주요 개념을 배울 수 있다. 첫째, 유기체는 서로 다른 자극을 구별하고 그 자극에 대해 각각 다르게 반응하도록 학습될 수 있다. 이를 **변별**(discrimination)이라고 한다. 파블로프의 실험에서 개에게 짧은 종소리를 제시할 때마다 먹이를 주고, 긴 종소리를 제시할 때마다 먹이를 주지 않을 경우, 개가 짧은 종소리에만 침을 흘리고, 긴 종소리에서는 침을 흘리지 않는 것이 변별의 예이다.

변별
유사하지만 서로 다른 자극을 구별하여 반응하도록 학습하는 것

둘째, 유기체는 반복적으로 훈련받은 자극에 대해서뿐만 아니라 유사한 다른 자극에도 반응하도록 학습될 수 있다. 이를 **자극일반화**(stimulus generalization)라고 한다. 특정한 종소리에 침을 분비하는 개가 그와 유사한 종소리에도 침을 분비하는 반응을 보이는 것을 의미한다. 왓슨은 파블로프의 접근법을 높이 평가하고 이러한 고전적 조건형성을 이용하여 인간의 정서반응도 조건화될 수 있는지를 확인하고자 하였다. 이것이 유명한 리틀 앨버트(little Albert) 실험이다. 11개월 된 앨버트는 처음에 흰쥐를 무서워하지 않았으나 흰쥐에게 다가갈 때마다 큰 소리를 반복해서 들려주자 흰쥐와 큰 소리가 짝지어짐으로써 흰쥐를 보기만 해도 놀라며 두려워했다. 그 후 앨버트는 흰쥐뿐 아니라 흰 토끼, 흰 수염, 흰 머리카락에도 공포반응을 보였다.

자극일반화
반복적으로 훈련받은 자극뿐 아니라 유사한 다른 자극에도 반응하도록 학습되는 것

파블로프의 실험을 통해 알 수 있는 세 번째 개념은 **소거**(extinction)이다. 개가 종소리에 침을 흘리는 반응을 학습했더라도 먹이 없이 종소리만 계속 들려주면 개는 종소리에 더 이상 침을 흘리지 않게 된다. 무조건 자극 없이 계속해서 조건 자극만 주게 된다면 학습된 행동은 점차 줄어들거나 없어지는데 이러한 현상을

소거
계속적인 조건 자극만 제시되어 조건화된 반응이 점차 감소하거나 사라지는 것

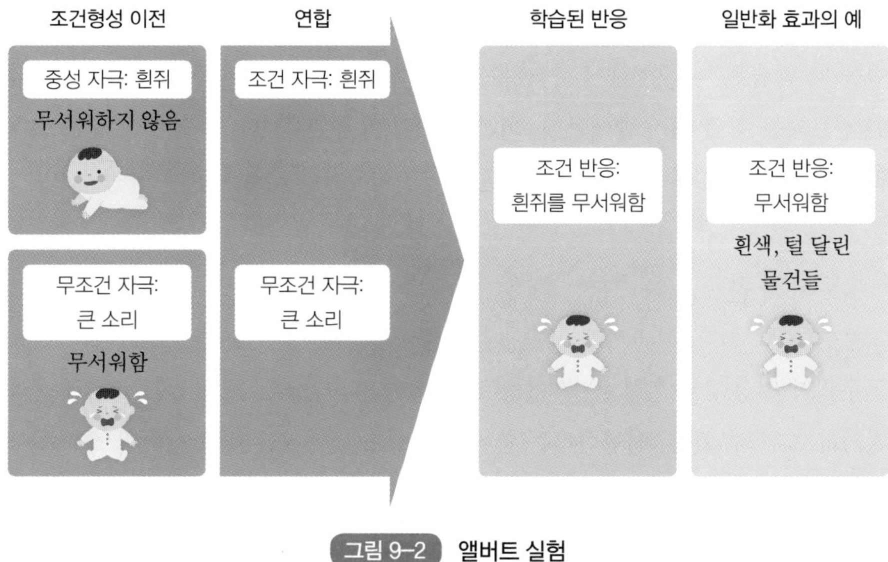

그림 9-2 앨버트 실험

소거라고 한다.

네 번째 개념은 **자발적 회복**(spontaneous recovery)이다. 더 이상 종소리에 침을 흘리지 않던 개가 어느 날 문득 종소리에 침을 흘리는 행동을 보이는 것이 자발적

자발적 회복
소거 절차 이후 무조건 자극과 연합되지 않은 조건 자극을 제시했을 때 조건 반응이 다시 나타나는 것

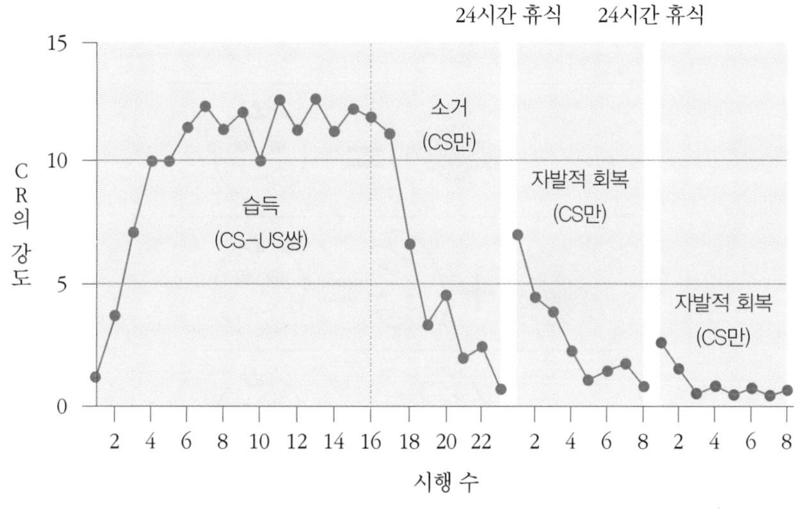

그림 9-3 조건 반응의 습득, 소거, 자발적 회복

회복이다. 즉, 소거 이후 무조건 자극과 연합하지 않은 채 조건화된 자극이 주어졌을 때 학습된 행동이 다시 나타나는 것을 말한다. 이때 개는 다시 침을 흘리지만 전보다는 침 분비가 줄어든다. 회복된 조건 반응은 소거 이전의 조건 반응보다 약하게 나타나고, 다시 소거 과정에 들어가면 이전보다 더 빠르게 사라진다.

2) 시사점

우리가 일상에서 흔히 볼 수 있는 정서적 반응이나 태도는 고전적 조건형성의 결과라고 할 수 있다. 시험이라는 단어만 들어도 떨린다든지, 놀이터만 생각해도 즐겁다면 이는 시험이나 놀이터라는 중성 자극이 긍정 혹은 부정적 경험과 연합하여 정서반응을 불러일으킨 것이다. 인간은 단 한 번의 경험에 의해서도 정서반응을 학습할 수 있다.

역조건형성
바람직하지 못한 조건 반응을 바람직한 조건 반응으로 대치하는 방법

과거 특정 상황에서 두려움이나 불안을 학습한 아동에게 공포반응을 줄이거나 없애는 방법으로 **역조건형성**(counter conditioning)을 쓸 수 있다. 역조건형성이란

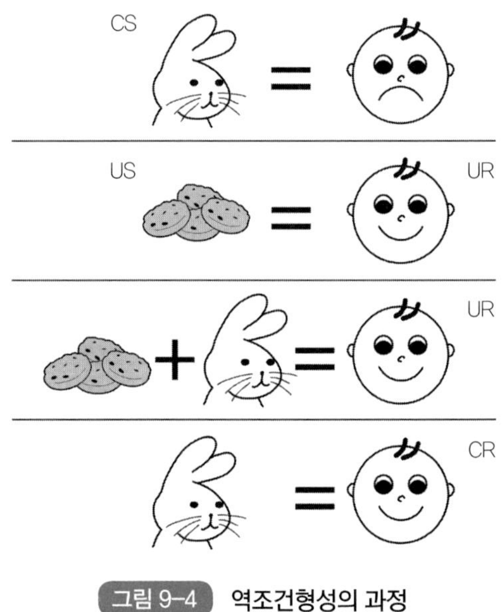

그림 9-4 역조건형성의 과정

바람직하지 못한 조건 반응을 바람직한 조건 반응으로 바꿔 주는 방법이다. 존스(Jones, 1924)는 토끼를 두려워하는 소년 피터가 초콜릿을 먹으며 즐거워하고 있을 때 토끼를 가까이 가져갔다. 이러한 과정을 통해 피터는 점차 토끼를 덜 두려워하게 되고 결국 토끼와 놀 수 있게 되었다. 즉, 좋아하는 초콜릿과 두려워하는 토끼를 연합함으로써 토끼에 대한 공포를 줄이고 즐거운 기분을 학습하게 된 것이다([그림 9-4] 참조).

또한 공포나 불안을 느끼는 사람을 공포상황에 반복적으로 노출시켜 불안을 줄일 수 있다. **체계적 둔감법**(systematic desensitization)은 공포를 일으키는 자극에 점차적으로 노출시키고 동시에 이완을 훈련함으로써 공포를 없애는 방법이다. 공포를 느끼게 하는 원인을 찾아 단계적으로 나누어 가장 낮은 단계부터 극복할 수 있도록 도와준다. 예를 들어, 뱀 공포를 가진 사람이 있다면 뱀과 비슷한 것을 보는 상황, 뱀의 그림을 보는 상황, 뱀의 사진을 보는 상황, 실제 뱀을 보는 상황, 뱀을 만지는 상황 등 불안의 정도를 낮은 순에서 높은 순으로 점차 노출시킨다. 이때 노출과 함께 불안이 느껴지면 이완하도록 훈련한다. 만약 교실에 발표불안을 느끼는 학생이 있다면 교사는 쉽고 흥미 있는 주제부터 발표를 시작하거나 소집단에서 발표할 수 있는 기회를 줌으로써 학생이 점차 발표불안을 극복하도록 도와야 한다.

체계적 둔감법
긴장을 이완한 상태에서 부정적 정서를 갖게 하는 원인의 가장 낮은 단계부터 점차 경험하게 하여 불안, 공포 등 부정적 정서를 극복하도록 돕는 치료기법

2. 조작적 조건형성

1) 주요 개념

새로운 행동이 만들어지고 학습되는 또 다른 주요 원리는 조작적 조건형성이다. 고전적 조건형성에서의 행동은 의도되지 않은 반응적인 것이다. 그러나 인간은 이러한 수동적 행동이 아니라 의도적으로 행동하는 경우가 더 많다. 고전적 조건형성이 반응을 유발하는 자극에 관심이 있다면, 조작적 조건형성은 자극보다는

스키너(Burrhus Frederic Skinner, 1904~1990)

스키너는 미국의 심리학자이며 왓슨과 함께 행동주의 심리학을 이끈 주요 인물로 20세기 가장 영향력 있는 심리학자로 손꼽힌다. 그는 스키너 상자와 누적기록장치를 제작하여 조작적 조건형성이론을 체계화하였다. 그의 이론은 심리학을 비롯하여 여러 다른 분야에 지대한 영향을 미쳤으며, 특히 오늘날 교육현장에서도 조작적 조건형성이론에 근거한 교수법이 널리 사용되고 있다. 행동과학에 대한 공로로 높이 평가받고 있으며 주요 저서로는 『월든 II(Walden two)』(1948), 『자유와 존엄을 넘어서(Beyond freedom and dignity)』(1971) 등이 있다.

행동의 결과에 관심을 둔다. 즉, 어떤 행동을 하고 난 후 결과가 좋은지 나쁜지에 따라 그 행동을 계속할지를 결정하게 된다.

조작적 조건형성(operant conditioning)의 원리는 스키너에 의해 체계적으로 정리되었다. 그는 어떠한 의도 없이 일어나는 자극에 의한 반응적 행동(respondent behavior)과 자신의 의지에 의해 자발적으로 하는 조작적 행동(operant behavior)을 구별하였다. 자발적 행동 이후에 주어지는 자극에 따라 앞으로 같은 행동이 다시 일어날 가능성과 강도가 결정된다. 스키너의 이러한 생각은 '스키너 상자' 실험에 기초하고 있다.

먹이통과 연결된 지렛대와 먹이 접시가 달린 스키너 상자는 상자 안에서 지렛대를 누르면 먹이통에 먹이가 떨어지도록 설계되었다. 스키너는 상자 안에 쥐를 넣고 관찰하였다. 이 실험에서 쥐는 상자 안을 돌아다니며 탐색하다가 우연히 지렛대를 누르고 먹이를 먹었다. 이러한 일이 반복되자 지렛대 누르기와 먹이의 관계를 점차 학습하게 된 쥐는 배가 고프면 지렛대를 누르는 행동을 보였다. 이처럼 보상이 뒤따르는 행동은 계속하고 처벌이 주어지는 행동은 줄어들게 된다.

강화
바람직한 행동을 증가시키고자 할 때 사용되는 것

스키너는 그의 실험을 통해 조작적 행동(지렛대 누르기)이 일어나는 것과 그 행동을 하게 만드는 자극(먹이)의 관계를 **강화**(reinforcement)라는 개념으로 설명하

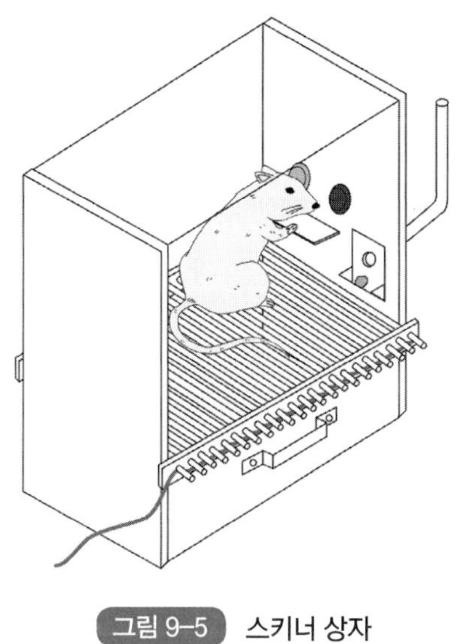

그림 9-5 스키너 상자

였다. 강화란 바람직한 행동 후에 보상을 줌으로써 그 행동을 계속하게 만드는 것이다. 고전적 조건형성에서의 강화는 학습이 일어나도록 돕는 역할을 하지만 강화 없이도 학습은 일어날 수 있다. 그러나 조작적 조건형성에서의 강화는 학습을 일으키는 중요한 조건이 된다. 이러한 강화에는 정적 강화(positive reinforcement)와 부적 강화(negative reinforcement)가 있다.

정적 강화란 바람직한 행동 후에 좋아하는 것을 줌으로써 그 행동을 계속하게 만드는 것이다. 스키너 상자에서 쥐가 지렛대를 누르면 원하는 먹이가 나오는 것이 이에 해당된다. 일상생활이나 학교에서 정적 강화의 예는 많이 있다. 숙제를 잘해 오는 학생에게 칭찬 스티커를 주거나 수업시간에 대답을 잘하면 칭찬을 하는 것 등이 정적 강화의 예이다.

부적 강화란 바람직한 행동 후에 싫어하는 자극을 없애 줌으로써 그 행동을 계속하게 만드는 것이다. 쥐가 발판을 누르면 전기충격이 멈추는 경우가 이에 해당한다.

행동을 계속하게 만드는 강화물(reinforcer)에는 **일차적 강화물**(primary reinforcer)과 **이차적 강화물**(secondary reinforcer)이 있다. 일차적 강화물이란 그 자체로 강화

정적 강화
바람직한 행동 후에 만족스러운 강화물을 제공함으로써 의도한 행동을 증가시키고 유지하는 것

부적 강화
바람직한 행동 후에 싫어하는 자극을 제거함으로써 의도한 행동을 증가시키고 유지하는 것

일차적 강화물
그 자체로 강화능력을 가지고 있어 생리적 욕구를 충족해 주는 것

이차적 강화물
그 자체로 강화능력을 가지고 있지 않은 중성 자극이 일차적 강화물과 결합되어 강화의 속성을 갖고 있는 것

능력이 있어 생리적 욕구를 충족해 주는 것으로 사탕이나 초콜릿 등이 있다. 이차적 강화물이란 그 자체로 강화능력을 가지지 않으나 강화능력이 있는 자극과 결합되어 강화의 성질을 지닌 것이다. 돈, 토큰(별 도장, 스티커 차트 등) 등이 해당된다. 돈을 사용한 경험이 없는 아동에게 돈은 강화물이 아니지만, 돈으로 음식을 살 수 있다는 것을 경험한 아동에게 돈은 강화적 속성을 지니게 된다. 따라서 토큰을 다양한 일차적 강화물과 결합하여 학생들이 원하는 것과 교환할 수 있게 한다면 교실에서 유용하게 사용할 수 있다. 예를 들어, 칭찬 스티커 10개를 모으면 갖고 싶은 학용품을 상으로 주거나 벌점을 면제해 주는 것이다.

특히 칭찬과 격려는 효과적인 보상이 된다. 칭찬은 강력한 강화물이지만 효력을 발휘하려면 제대로 사용해야 한다. 무조건적이고 맹목적인 칭찬은 도움이 되지 않으며 오히려 역효과를 일으킬 우려가 있다. 학습자가 무엇을 잘해서 칭찬을 받는지 알 수 있도록 교사는 구체적인 행동을 칭찬하는 것이 좋다.

처벌
바람직하지 않은 행동을 감소시키고자 할 때 사용되는 것

강화는 바람직한 행동을 증가시키는 반면, **처벌**(punishment)은 바람직하지 않은 행동이 덜 일어나게 하는 방법으로 사용된다. 벌의 종류에는 수여성 벌(presentation punishment)과 제거성 벌(removal punishment)이 있다.

수여성 벌
바람직하지 않은 행동을 감소시키기 위해 제공하는 꾸중이나 처벌

수여성 벌(정적 벌)은 바람직하지 않은 행동을 줄이기 위해 싫어하는 자극을 주는 것을 의미한다. 교칙을 어기는 학생에게 벌점을 주거나 숙제를 안 해 온 학생을 교사가 꾸중하는 것 등이 수여성 벌의 예이다.

제거성 벌
바람직하지 않은 행동을 감소시키기 위해 좋아하는 자극을 없애는 것

제거성 벌(부적 벌)은 학생의 잘못된 행동을 줄이기 위해 학생이 좋아하는 자극을 없애는 것을 말한다. 바람직하지 않은 행동을 했을 때 외출을 금지한다거나 좋아하는 게임을 못하게 하는 것이 그 예이다. 학교현장에서 흔히 볼 수 있는 제거성 벌로는 타임아웃(time-out)이 있다. 교실에서 습관적으로 큰 소리를 내며 뛰어다니는 학생을 교실에서 격리시켜 혼자 있게 둔다거나 일정 시간 동안 벽을 보고 서 있게 함으로써 그 행동을 줄일 수 있다.

처벌은 적절히 사용되기만 한다면 그 효과가 즉각적일 수 있으나 잘못된 행동을 잠시 억압할 뿐 그 행동을 완전히 없애는 것은 아니기 때문에 처벌을 적절히 잘 사용해야 한다. 예를 들어, 오락실에 가는 행동을 없애기 위해 아이를 처벌하였는

표 9-1 강화와 벌의 유형

	자극의 유형	
	긍정적 자극	부정적 자극
반응 후에 제공	정적 강화	수여성 벌
반응 후에 제거	제거성 벌	부적 강화

데, 오히려 아이가 거짓말을 하고 오락실에 갈 수도 있다. 또한 처벌하는 사람에 대한 적대감이나 처벌하는 상황에 대한 공포 등이 생길 수 있다. 처벌받은 아동은 공격성, 우울, 낮은 자존감을 보이기도 한다. 교실에서 처벌을 사용할 때 교사의 감정이 개입될 수 있으며, 이는 학생으로 하여금 잘못된 행동을 반성하게 하기보다는 처벌 자체에 대한 수치감, 두려움, 반발심, 공격성 등을 느끼게 할 수 있다. 또, 폭력에 대한 무감각과 공격성 모방 등의 문제도 생길 수 있다. 처벌을 문제해결 방법으로 배우게 되는 것이다.

그렇다면 처벌을 어떻게 사용하는 것이 효과적일까? 처벌을 사용할 경우에는 잘못된 행동이 일어난 직후에 즉시 벌이 주어져야 한다. 또, 벌을 피할 수 있는 상황이 만들어져서는 안 된다. 같은 행동에 대해서는 같은 처벌이 일관성 있게 주어져야 하며, 벌을 받는 이유를 정확히 설명하고, 어떻게 하면 벌을 받지 않을 수 있는지 대안적인 행동을 알려 주어야 한다.

학교현장에서 교사가 적절한 강화물을 선택하는 것은 매우 중요하다. 효과적인 보상은 학생마다 다르고 상황에 따라 변할 수 있다. 예를 들어, 어떤 학생에게는 사탕을 주는 것이 보상이 될 수 있으나 다른 학생에게는 그렇지 않을 수 있다. 햄버거를 상으로 사 준다고 했을 때, 배가 고픈 상황인지 아닌지에 따라 그 효과는 다를 수 있다. 학생이 좋아하는 특정 행동을 이용하여 효과를 보는 방법으로 프리맥의 원리가 있다. **프리맥(Premack)의 원리**는 학습자가 자주 하는 행동을 강화물로 사용하여 상대적으로 덜 일어나는 행동을 증가시키는 방법이다. 예를 들어, 독서를 싫어하는 아이에게 독서를 하면 좋아하는 축구를 하게 해 주겠다고 할 수 있

프리맥의 원리
자주 일어나는 행동을 강화물로 사용하여 상대적으로 덜 일어나는 행동을 증가시키는 것

다. 이때 교사는 학습자가 선호하는 행동이 상황에 따라 변화될 수 있다는 점을 기억하고 있어야 한다. 축구를 좋아하던 아이가 축구를 하다가 다치는 일이 발생해서 더 이상 축구를 좋아하지 않게 된다면 축구는 더 이상 강화물로서의 역할을 하지 못한다. 프리맥의 원리는 강화물이 학생마다 다를 수 있고 언제든지 상황에 따라 바뀔 수 있음을 강조한다. 또한 가장 효과적인 강화물은 교사의 입장에서 생각하는 강화물이 아니라 학생이 만족하고 흥미를 느낄 수 있는 것이다. 그러므로 학교현장에서 교사는 학생들을 주의 깊게 관찰하고 그들이 가장 선호하는 것으로 보상하도록 해야 한다.

강화계획은 강화물이 언제, 그리고 얼마나 자주 제시되는지에 따라 간격계획(interval schedule)과 비율계획(ratio schedule)으로 나뉜다. 각각은 다시 고정(fixed)과 변동(variable)으로 나뉜다.

고정간격 강화계획
일정한 시간 간격을 기준으로 강화가 제시되는 조건

고정간격 강화계획(fixed interval schedules)은 일정한 시간을 두고 강화가 제시되는 것을 의미한다. 한 학기 동안 고정적으로 보는 중간·기말시험, 30분 공부하고 10분 쉬는 시간을 주는 경우 등이 고정간격 강화계획의 예이다. 이같이 고정간격 강화는 학생들이 강화가 언제 제시되는지 예측할 수 있기 때문에, 강화를 받은 직후 바로 행동에 옮기지 않고 다음 강화가 제시되는 시점이 임박해서야 행동에 옮기는 패턴을 보일 수 있다.

변동간격 강화계획
강화가 제시되는 시기를 예측할 수 없도록 설정하여 행동을 증가시키고 유지하는 조건

변동간격 강화계획(variable interval schedules)은 강화가 언제 제시되는지를 학생들이 예측할 수 없도록 강화가 제시된다. 깜짝퀴즈 시행 등이 변동간격 강화의 예이다. 변동간격 계획은 언제 강화가 주어질지 예측하기 어렵기 때문에 반응이 꾸준하게 나타나는 경향이 있다. 그러나 학생들이 불안을 느낄 수 있으므로 교사는 매우 신중하게 사용해야 한다.

고정비율 강화계획
정해진 반응 횟수에 따라 강화물이 제시되는 조건

고정비율 강화계획(fixed ratio schedules)은 정해진 행동의 횟수에 따라 강화물이 제시되는 것을 의미한다. 예를 들어, 영어단어 20개를 외우면 10분의 휴식을 주는 경우가 이에 해당한다. 시간에 관계없이 20개의 단어를 외우면 휴식이라는 강화물이 제시되는 것이다. 고정비율 강화 역시 일정한 비율로 강화가 주어진다는 것을 학생들이 예측하기 때문에 강화 후에 잠시 행동이 줄어드는 경향이 있다.

변동비율 강화계획(variable ratio schedules)은 학생들이 강화물을 얻기 위해서 해야 하는 행동의 횟수를 전혀 예측하지 못하도록 강화물을 제시하는 것을 의미한다. 축구나 농구에서 골을 넣는 것이 변동비율의 가장 좋은 예이다. 축구나 농구에서 골을 넣는 행위는 시간에 관계없이 골을 넣기 위해 공을 차거나 던지는 횟수와 관계가 있다. 이때 공을 몇 번 차거나 던져야 하는지 전혀 예측할 수 없으며 다만 계속 부지런히 공을 차다 보면 언젠가 골을 넣는다는 사실을 알고 있을 뿐이다. 변동비율 강화계획에서 만들어진 행동은 더 이상 행동에 대해 강화물이 주어지지 않아도 매우 오랫동안 사라지지 않는 경향이 있다.

변동비율 강화계획
강화물을 얻기 위해 수행해야 하는 행동 횟수를 예측하지 못하도록 강화물을 제시하는 것

[그림 9-6]은 강화에 따른 반응 패턴을 나타낸 것이다. 각각의 강화계획에서 그래프의 기울기는 반응률을 나타내며 짧은 선분들은 반응을 유도하기 위한 강화의 빈도이다. 그래프의 기울기가 가파를수록 반응률이 높은 것을 의미한다. 비율강화가 간격강화보다 학생들의 반응률이 높다. 즉, 반응 횟수와 연합된 강화는 시간 경과와 연합된 강화보다 더 높은 반응률을 초래한다. 한편, 강화의 예측 가능성 또한 중요한 변수가 된다. 예측 불가능한 변동계획은 예측 가능한 고정계획보다 반응을 지속하는 효과가 있다. 고정강화는 강화가 주어진 직후에 반응률이 낮아짐을 나타낸 것이다. 변동강화의 경우는 강화가 주어지는 빈도의 간격과 비율이 증가되어 강화가 제시되지 않는 기간에도 학생들의 반응이 지속되고 있음을 알

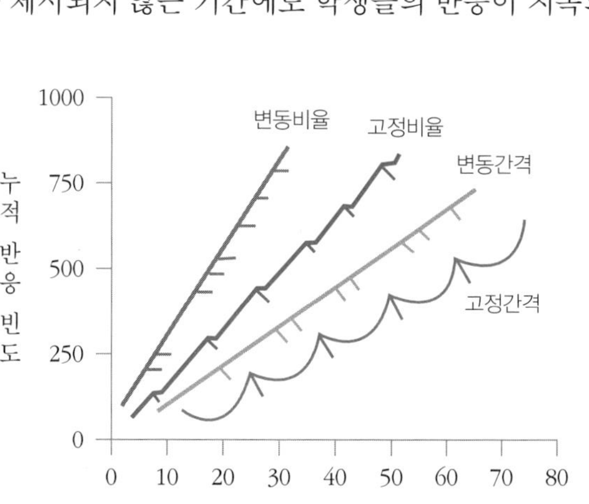

그림 9-6 강화계획에 따른 반응 패턴

수 있다. 높은 수준의 수행을 위해서는 비율강화가, 반응의 지속성을 높이기 위해서는 변동강화가 효과적이다.

강화계획을 교육현장에 적용하기 위해서는 교실상황에 따라 어느 강화계획이 더 효과적일지 정확하게 파악하는 것이 중요하다. 또한 교사는 강화를 영구적으로 사용할 수 없음을 이해하고 강화계획을 세울 때 강화를 사용하는 횟수를 줄이고 점차적으로 학생 스스로 행동을 유지할 수 있도록 도와주어야 한다. 적절한 강화물을 선택하고 그 강화물을 언제, 어떠한 방법으로 투입할 것인지에 대한 교사의 판단이 매우 중요하다.

2) 시사점

동물을 훈련하는 조련사들은 조작적 조건형성 원리를 많이 활용한다. 돌고래의 화려한 묘기가 끝나면 던져 주는 먹이가 대표적인 예이다. 인간의 행동 중에서도 이러한 조작적 조건형성 원리에 의해 학습된 것이 많다. 아동이 보이는 많은 행동은 부모, 교사, 친구들의 관심, 칭찬, 처벌 등에 의해 형성된 것들이다. 교사는 학생의 바람직하지 않은 행동을 수정하거나 새로운 행동 또는 기술을 습득시키고자 할 때 조작적 조건형성 원리에 따른 방법을 활용할 수 있다.

조형(shaping)은 새로운 행동을 만들어 주는 것으로, 최종 목표행동을 몇 개의 작은 단위로 나누어 점진적으로 강화해 나가도록 한다. 예를 들어, 스키너 상자에 들어간 쥐는 처음에는 지렛대를 누르지 않는다. 지렛대를 누르는 행동을 학습시키려면 처음에는 지렛대 근처에 오면 먹이를 제공하고, 다음에는 지렛대를 건드려야 먹이를 주고, 그다음에는 발로 지렛대를 누를 때만 먹이를 제공한다. 그 결과, 쥐는 지렛대를 누르는 반응을 하게 된다.

행동수정(behavior modification)은 조작적 조건형성 원리를 체계적으로 적용하여 특정 행동을 변화시키는 방법이다. 강화와 벌을 이용하여 나쁜 습관이나 문제행동을 교정하고 바람직한 행동을 습득시킨다. 가령, 바람직하지 않은 행동을 보일 때 벌을 줌으로써 더 이상 그 행동을 하지 않게 할 수 있다. 강화와 벌을 체계적

으로 이용하여 행동수정 방법을 사용하는 경우 몇 가지 단계를 거친다. 첫째, 변화되기 원하는 행동을 먼저 결정한다. 둘째, 변화되기 원하는 행동의 발생 빈도를 체크한다. 셋째, 행동의 변화를 위해 학생에게 영향을 줄 수 있는 강화와 벌의 종류 및 방법을 결정한다. 이때 유관계약(contingency contract)을 통해 학생이 바람직한 행동을 하면 그가 원하는 보상을 한다는 일종의 계약을 맺는다거나, 바람직한 행동을 할 때마다 토큰(token)을 제공함으로써 학생이 원하는 다양한 물건과 교환하도록 할 수도 있다. 넷째, 일정 기간을 두고 강화와 벌을 통해 행동의 변화 정도를 기록한다. 다섯째, 학생의 행동이 서서히 개선을 보이면 강화의 빈도를 점차 감소시키는 것이 바람직하다.

유관계약
보상이 특별한 혜택을 얻기 위해 무엇을 해야 하는지 구체화해 놓은 교사와 학생 간의 계약

3. 사회인지 학습이론

1) 주요 개념

행동주의이론에서는 직접적인 강화와 벌에 의해서만 학습이 일어난다고 하였으나, 직접적인 강화나 벌 없이 다른 사람의 행동을 관찰하고 모방하는 것으로도 새로운 행동을 배울 수 있다. 직접적인 강화 없이 관찰을 통해 모델의 행동을 모

반두라(Albert Bandura, 1925~2021)

반두라는 사회학습과 공격성에 대한 연구를 시작으로 인간의 사고와 동기, 행동이 사회적 상황의 영향과 밀접한 관계가 있다는 사회인지 학습이론을 주장하였다. 자아효능감이란 개념을 처음 소개하였고 인간은 대리적 조건형성을 통해 학습한다고 주장하였다. 주요 저서로는 『공격성: 사회학습분석(Aggression: A social learning analysis)』(1973), 『사회학습이론(Social learning theory)』(1977), 『자기효능감(Selfefficacy: The excercise of self-control)』(1997) 등이 있다.

방하고 새로운 행동을 학습하는 것을 사회인지 학습이론(social cognitive learning theory)이라고 한다.

반두라는 사회인지 학습이론을 이론적으로 체계화한 대표적인 학자이다. 사회인지 학습이론에서 강화는 학습의 필수요건이 아니며 대부분의 학습은 관찰을 통해 일어난다고 설명한다. 인간은 관찰을 통해 지식, 기술, 신념, 전략, 태도, 정서 등을 학습하고, 모델로부터 그 행동의 유용성과 적합성을 배우게 된다. 이러한 관찰학습은 모델을 관찰하여 행동, 인지, 정서의 변화가 나타나므로 **모델링**(modeling)이라고 하고 간접적으로 타인의 행동결과를 관찰하고 자신의 행동을 조절하므로 **대리적 조건형성**(vicarious conditioning)이라고 한다.

모델링
특정 행동을 관찰하여 행동, 인지 정서가 변화하는 과정

대리적 조건형성
직접적인 강화 없이 다른 사람의 행동에 제공되는 강화나 벌을 관찰하여 자신의 행동을 조절하는 과정

관찰학습
타인이나 주변에서 일어나는 일에 선택적으로 주의집중하여 정보와 기술을 획득하는 과정

반두라(Bandura, 1977)는 **관찰학습**에 인지적 과정이 영향을 준다고 보고, 관찰학습의 과정을 주의집중단계, 파지단계, 재생단계, 동기화단계로 설명한다. 첫째, 주의집중단계(attention phase)는 학습이 일어나기 위한 첫 번째 단계로서, 학습자가 모델의 행동에 관심을 가지고 주의집중하는 단계이다. 예를 들면, 수영 강습을 받을 때 유능한 코치가 보여 주는 수영 동작 시범에 집중하는 경우가 이 단계에 해당된다. 둘째, 파지단계(retention phase)는 주의집중을 통해 얻은 모델의 행동이 학습자의 머릿속에 기억된다. 주의집중단계에서 보여 준 수영 코치의 수영 동작의 순서를 차례대로 말로 되뇌거나 시각적 영상으로 생각해 내는 경우가 이에 해당한다. 셋째, 재생단계(reproduction phase)는 기억된 행동을 학습자가 실제로 해 보는 것이다. 예를 들면, 수영 코치가 보여 준 수영 동작 중 자유형 동작을 기억하고 호흡, 손동작, 발동작 하나하나를 직접 해 보고 수영 코치의 수영 동작과 비교하여 수정하고 그 동작이 자연스러워질 때까지 연습하는 것이다. 넷째, 동기화단계(motivation phase)는 모델의 행동을 재생한 것에 대해 강화를 기대하면서 동기를 갖게 되는 단계로, 앞서 3단계(주의집중단계, 파지단계, 재생단계)에 모두 관여한다. 즉, 모델의 행동을 기억하고 능숙하게 수행할 수 있게 되더라도 그 행동이 바람직한 결과를 가져오지 않는다면 그 행동을 계속하지 않을 것이다. 3개월 동안 수영 코치가 가르쳐 준 여러 가지 수영 동작을 익히고 연습하였다고 하자. 3개월이 지난 후 수영을 하기 전보다 더욱 건강해졌거나 체중조절이 되어 주위 사람으

로부터 긍정적인 피드백을 받았다면, 이 사람은 계속해서 수영을 배울 것이다. 하지만 기대만큼의 효과를 거두지 못했다면 수영을 그만둘 것이다.

반두라(Bandura, 1965)는 유명한 보보인형(Bobo doll) 실험을 통해 공격성의 모방을 보여 주었다. 공격적인 행동을 하는 성인의 모습을 관찰한 3~6세의 아동이 자신의 인형에게 공격적인 행동을 하였다. 이 실험에서 그는 아이들을 세 집단으로 나누어 각기 다른 내용의 비디오를 보여 주었다. 첫 번째 집단의 경우 모델이 공격적인 행동을 하고 난 후 상을 받는 내용의 비디오를 보여 주었고, 두 번째 집단의 경우 공격적인 행동 후 벌을 받는 내용의 비디오를 보여 주었다. 마지막 세 번째 집단에는 공격적인 행동 후 상도 벌도 받지 않는 내용의 비디오를 보여 주었다. 실험 결과, 세 집단 중 첫 번째 집단의 아동들이 가장 공격적으로 행동했으며, 벌을 받는 것을 본 두 번째 집단의 아동들이 공격적인 행동을 가장 적게 하였다. 하지만 흥미로운 결과는 실험에 참가한 세 집단의 아동 모두에게 비디오 속 모델과 같은 행동을 하면 상을 주겠다고 했을 때, 모든 아동이 비디오에서 나온 모델의 행동을 모방했다는 것이다. 이미 보여 준 모델의 행동을 아동들은 모두 학습하고 있었던 것이다. [그림 9-7]은 어른이 인형을 때리는 비디오(A)를 본 남아(B), 여아

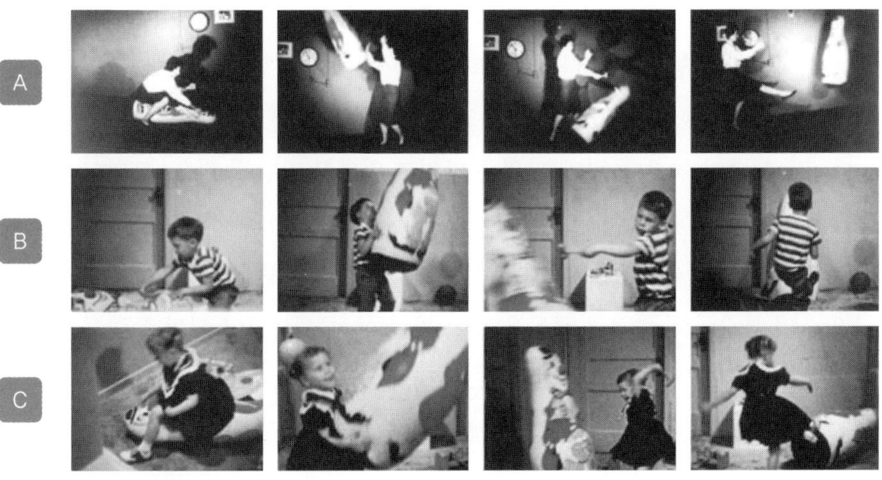

그림 9-7 관찰을 통한 공격행동의 모방학습 실험(Bandura & Walters, 1963)

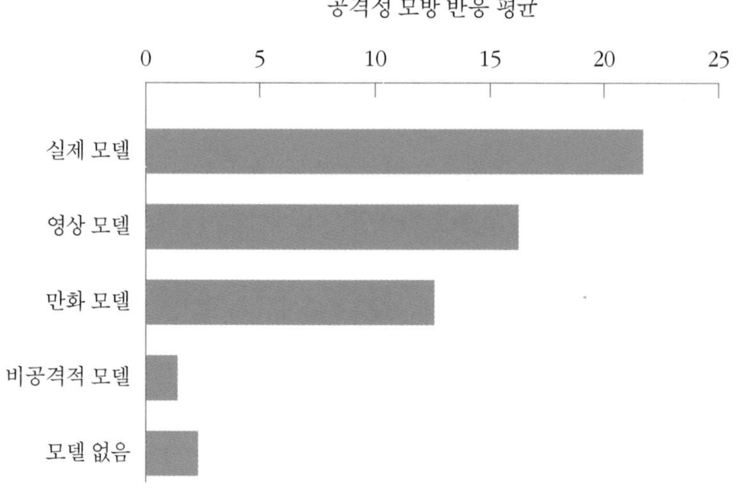

모델의 형태에 따라 공격성을 모방하는 수행의 수를 보여 준다. 실제 모델이 공격적인 것을 보는 경우 가장 많이 모방하였고, 영화 등의 영상물, 만화를 보는 경우가 그다음의 순서로 나타났다. 한편, 공격성이 없는 모델이 제공된 경우가 모델이 없는 경우보다 낮은 공격성을 보여 준 것은 비공격적 모델을 통해 비공격적 행동이 학습되었음을 의미한다. 모델이 제공되지 않았음에도 공격성을 보여 준 것은 인간의 공격본능을 보여 주는 것이다.

그림 9-8 모델의 형태에 따른 공격성 모방 반응(Bandura, 1973)

(C)가 모두 어른의 행동을 따라 하는 장면을 보여 준다(Bandura & Walters, 1963).

학습자는 자신과 관찰하는 모델 사이에 유사점이 있다고 인식할 때 그 모델의 행동을 모방할 가능성이 높다(Schunk, 1987). 학습자와 성(gender), 연령, 문화 등이 유사하여 감정이입이 가능한 모델일수록 모방을 통한 학습이 일어날 가능성이 높다. 또, 모델이 높은 능력과 지위를 가지고 있다고 판단될 경우, 모델의 행동을 모방할 가능성이 높아질 수 있다(Eggen & Kauchak, 2004). 특히 부모나 교사 등 자신이 존경할 만한 사람을 모방할 가능성도 크다. 어린 시절의 기억은 쉽게 사라지지 않으며 부모의 폭력적인 행동을 보고 자란 아이는 성인이 되어 폭력성을 보일 가능성이 있다. 모델의 신체적 매력도 모방에 영향을 미친다. 아이돌에 열광하며 그 모습을 모방하는 청소년들이 그 예가 될 수 있다. 또한 만화나 영화 속 장면보다 실제 현실 속 인물이 하는 행동이 더 쉽게 모방된다.

반두라는 모델의 행동을 관찰하고 모방하는 과정에서 자기효능감이 중요한 역

표 9-2 **자기효능감이 학습자의 인지와 행동에 미치는 영향**(Eggen& Kauchak, 2004, p. 237)

	높은 자기효능감을 가진 학습자	낮은 자기효능감을 가진 학습자
과제 지향	• 도전감을 느낄 수 있는 과제를 선택함	• 도전감을 느낄 수 있는 과제를 회피함
노력	• 도전감을 느낄 수 있는 과제를 할 때 더욱 노력함	• 도전감을 느낄 수 있는 과제를 할 때 덜 노력함
인내심	• 목표에 도달하지 못했을 때 포기하지 않음	• 목표에 도달하지 못했을 때 포기함
믿음	• 자신이 성공할 것이라 믿음 • 목표에 도달하지 못했을 때 생기는 불안감을 스스로 통제하고 조절함	• 무능하다는 느낌에 집중함 • 목표에 도달하지 못했을 때 불안감을 느낌
수행	• 같은 능력을 가정할 때 낮은 자기효능감을 가진 학생보다 높은 수행을 보임	• 같은 능력을 가정할 때 높은 자기효능감을 가진 학생보다 낮은 수행을 보임

할을 한다고 보았다. **자기효능감**(self-efficacy)이란 어떤 과제를 수행할 때 내가 이 일을 잘할 수 있다는 자신의 능력에 대한 믿음이며 학습자의 인지와 행동에 영향을 미친다(Bandura, 1986, 1997). 〈표 9-2〉는 자기효능감이 학습자의 인지와 행동에 미치는 영향에 대해 설명한 것이다.

자기효능감
자신이 특별한 목표를 달성해 낼 수 있다는 능력에 대한 신념

그렇다면 자기효능감은 어떻게 높일 수 있을까? 자기효능감을 형성하게 하는 요인에는 과거의 성공 경험, 모델 관찰, 언어적 설득, 개인의 심리상태가 있다. 교사는 학생의 자기효능감을 높여 주기 위해 성공을 경험할 수 있는 기회를 주고 성공 모델을 제시해 주어야 한다. 또 자신감을 키워 줄 수 있는 말을 해 주거나 불안한 마음을 다스릴 수 있게 도와주어야 한다.

자기효능감의 높고 낮음은 학습에 영향을 미친다. 높은 수준의 자기효능감을 가지고 있는 학습자는 모델로부터 더 잘 배울 수 있으며 실패했을 때 더 많은 노력과 과제에 대한 집착력을 보인다. 반면, 자기효능감이 낮은 학습자는 문제가 생겼을 때 쉽게 포기하고 과제 자체를 회피하는 경향이 있다.

2) 자기조절

기존의 행동주의이론에서는 환경과 행동 사이에서 환경이 일방적으로 행동에 영향을 준다고 보았다. 그러나 사회인지 학습이론은 기대나 신념과 같은 개인, 행동, 환경 모두가 서로 영향을 주고받는 **3요인 상호성**(triadic reciprocal)을 주장하였다. 반두라는 인간을 환경에 반응하기만 하는 존재가 아니라 스스로를 조절할 수 있는 존재로 인식하였다. 학습자의 기대와 신념이 행동과 환경에 영향을 줄 수 있으며 이는 학습자 자신이 학습에 대해 책임과 통제를 받아들이는 과정인 자기조절을 통해 가능하다고 본다. 학습자는 강화가 주어지지 않아도 기대와 신념을 갖고 **자기조절**(self-regulation)을 통해 스스로 목표행동을 달성할 수 있다.

3요인 상호성
신념이나 기대와 같은 요인, 행동, 환경 모두가 서로 영향을 주고받는 것

자기조절
학습자 자신이 학습에 대해 책임과 통제를 받아들이는 과정

짐머만(Zimmerman, 2002)은 목표에 도달하기 위하여 인지, 정서, 행동을 조절하고 사용하는 과정이 자기조절학습이라고 보았다. 자기조절학습에서 인지적 요소는 주어진 과제를 암송하거나 조직화할 수 있는 능력을 뜻하고, 정서적/동기적 요소는 과제의 중요성, 가치나 신념, 기대 등을 의미한다. 행동적 요소는 시간이나 상황의 관리, 도움 요청 등 필요한 자원의 활용 등을 뜻한다. 자기조절학습은 학습자 스스로 자신의 수준에 맞게 학습목표를 설정하고 자신의 행동이 목표에 부합하는지 점검하고 평가하면서 자기강화하는 방식으로 진행된다. 자기조절 학습자는 인지적 · 동기적 · 행동적 측면에서 자신의 학습과정을 계획, 조절, 통제한다. 그들은 학습에 적극적으로 참여하고 높은 성취와 뛰어난 능력을 보인다. 이러한 자기조절은 적절한 훈련을 통해 발전시킬 수 있다. 자기조절 훈련을 통해 학습

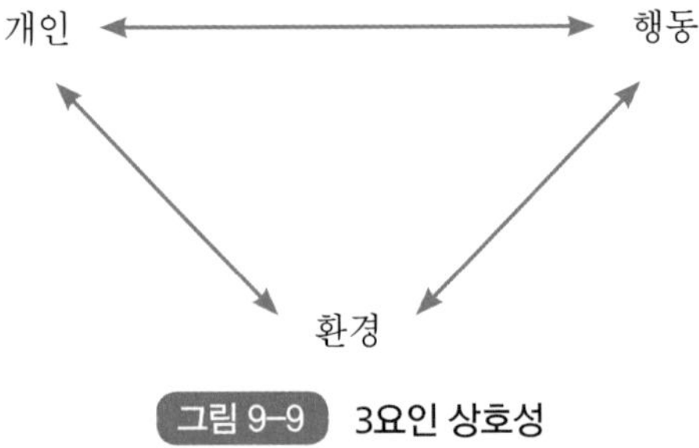

그림 9-9 3요인 상호성

자는 학습과 성취에 대한 통제력을 기를 수 있고, 낮은 학업성취를 보이는 학습부진을 벗어날 수 있다.

이와 같이 반두라는 인간행동을 이해함에 있어 인지적 요인의 중요성을 인식함으로써 행동주의와 인지심리학을 이어 주는 역할을 하였다.

3) 시사점

학교에서 학생들은 모방과 관찰을 통해 많은 것을 배운다. 학생들은 또래 친구의 학습방법을 보거나, 교사가 체육시간에 여러 가지 운동기구를 다루는 방법을 보면서 새로운 기술과 지식을 배운다. 관찰학습은 조작적 조건형성을 통해 학습이 일어나기 어려울 때 효과적으로 사용된다. 예를 들어, 건강보건 교육을 하기 위해 학생들이 올바른 행동을 할 때마다 강화를 주는 것보다 건강한 생활법에 대한 영상을 보여 주고 학생들이 이와 같은 행동을 따라 하는 것이 더 효과적일 수 있다. 학생들은 영상 속 또래 친구가 건강한 생활습관을 가진 것을 보면 건강한 생활행동을 더 많이 실천하게 될 것이다. 관찰학습을 통해 특정 행동을 하지 않게 되거나 안 하던 행동을 하게 될 수도 있다. 안전교육에 대한 영상물에서 위험한 행동으로 모델이 다치는 모습을 보게 된다면, 학생들은 경각심을 가지고 그러한 행동을 안 하게 될 것이다. 그러나 어떤 학생이 규칙을 위반하고도 벌을 받지 않는 것을 보게 되면, 참고 있었던 부정적인 행동이 다시 나타날 수 있다.

한편, 관찰학습을 통해 학생들은 행동적인 측면뿐 아니라 태도와 같은 정서적인 측면도 학습한다. 교사가 열정적으로 수업하는 모습을 보고 학업에 대한 열정을 배우고, 교사가 학생들을 대하는 태도를 보고 존중이나 편견을 갖게 될 수도 있다. 또 교사의 감정표출 방식을 보고 자기감정조절을 배운다.

EDUCATIONAL PSYCHOLOGY

제 10 장

인지주의 학습이론

1. 잠재학습
2. 통찰학습
3. 정보처리이론
4. 시사점

인지주의이론이 등장하면서 행동주의는 행동 변화에만 초점을 맞춘 나머지 눈에 보이지 않는 인지적 변화를 놓쳤다는 비판을 받게 된다. 더불어 신경과학, 의료기술, 컴퓨터의 발달로 밝혀진 인간의 뇌와 사고과정에 대한 신비한 사실들도 인지심리학자들의 주장을 뒷받침해 주었다.

학습자는 환경에 반응하는 수동적인 존재가 아니라 다양한 경험을 바탕으로 새로운 정보를 적극적으로 받아들여 각자 다른 행동의 결과를 만들어 낼 수 있는 능동적인 존재이다. 행동주의에서는 종을 치면 침을 흘리는 파블로프의 개처럼 인간도 자극 1을 주면 반응 1만을 한다고 가정한다. 하지만 인간은 개와 다르다. 종소리에 대한 인간의 반응은 사전경험에 따라 다양할 수 있다. 수업 시작 종소리는 지난 시간 칭찬을 받은 아이에게는 콧노래를 부르게 할 수 있고, 지난 시간 졸다가 혼난 아이에게는 싫은 표정을 짓게 할 수 있다. 이와 같이 인간은 자극 1을 주면 사전경험에 따라 반응 1, 반응 2 또는 그 이상의 다양한 반응을 할 수 있다.

1. 잠재학습

톨먼(Edward Tolman)은 학습을 단순한 자극과 반응의 연합으로 설명하는 행동주의와 달리 인지적 변화도 학습에 포함된다고 보았다.

쥐의 미로실험은 이러한 그의 주장을 뒷받침한다. 그는 쥐들을 서로 다른 강화조건을 가진 세 집단으로 나누어 미로학습을 시켰다. 첫 번째 집단의 쥐들은 첫날부터 미로 찾기 학습에 성공할 때마다 강화, 즉 먹이를 받았다. 두 번째 집단의 쥐들은 성공하여도 어떠한 강화를 받지 못하였다. 세 번째 집단의 쥐들은 첫날부터 10일째까지는 강화를 받지 못하다가 11일째부터 강화를 받았다.

그 결과는 [그림 10-1]과 같다. 즉, 첫 번째 집단은 실수를 범하는 횟수가 꾸준히 줄어들었지만 두 번째 집단은 실수가 크게 줄어들지 않았다. 이 두 집단의 결과는 행동주의의 강화이론으로 설명할 수 있다. 한편, 세 번째 집단은 10일까지

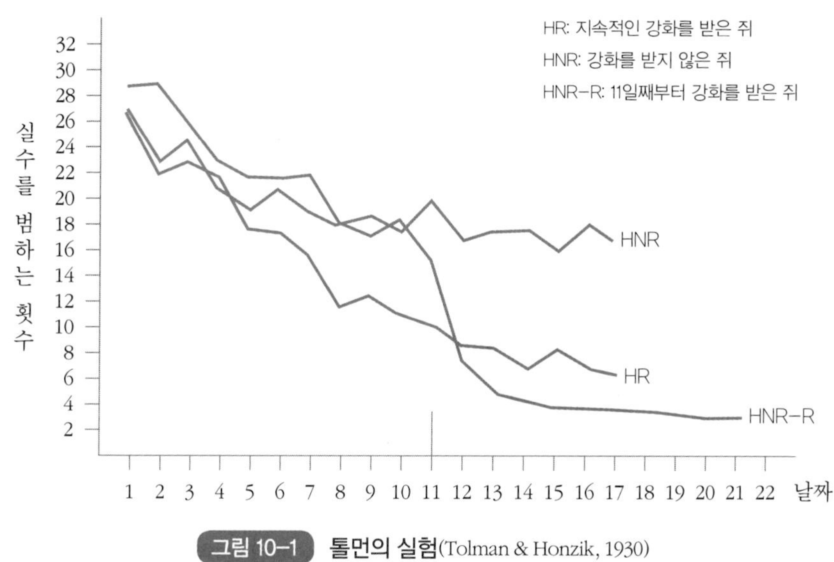

그림 10-1 **톨먼의 실험**(Tolman & Honzik, 1930)

두 번째 집단과 비슷한 실수를 보이다가 11일째부터 실수가 급격하게 줄어들어 12일째부터는 첫 번째 집단과 비슷한 정도의 실수를 하였다. 이러한 결과는 행동주의이론으로 설명하기 어렵다. 행동주의이론에 따르면, 세 번째 집단의 실수 정도는 11일째부터 점진적으로 줄어들다 20일째쯤 되었을 때 첫 번째 집단과 비슷한 정도로 나타나야 한다. 하지만 세 번째 집단은 12일째에 첫 번째 집단과 비슷한 정도의 실수를 보였다.

이 연구(Tolman & Honzik, 1930)는 세 번째 집단의 쥐들이 10일 동안 강화물이 없어도 무언가를 학습했음을 시사한다. 이들의 머릿속에는 미로에 대한 지도가 이미 그려져 있었던 것이다. 톨먼은 이를 **인지도**(cognitive map)라고 하였다. 인지도는 환경의 여러 특성과 위치에 관한 정보를 그림 또는 지도와 같은 형태로 나타낸 정신적 지도이다.

그의 연구는 또한 눈에 보이는 행동의 변화만이 학습은 아니라는 것을 증명한다. 눈에 보이지 않는 인지적 변화도 학습이며, 이러한 학습은 강화와 관계없이 일어날 수 있다는 것이다. 톨먼은 이러한 학습을 **잠재학습**(latent learning)이라고 하였다. 즉, 잠재학습이란 학습이 실제 일어났지만 아직 직접 관찰할 수 있는 행

인지도
환경의 여러 특성과 위치에 관한 정보를 그림 또는 지도와 같은 형태로 나타낸 정신적 지도

잠재학습
학습이 실제로 일어났지만 직접 관찰할 수 있는 행동으로 아직 나타나지 않은 학습

동으로 나타나지 않고 잠복되어 있는 상태를 말한다.

2. 통찰학습

쾰러(Wolfgang Köhler)는 침팬지의 문제해결능력을 알아보는 실험을 하였다. 그는 침팬지 우리 안에 바나나를 높이 매달아 놓고 침팬지의 행동을 관찰하였다. 침팬지는 바나나를 따려 해도 손이 닿지 않자 이내 포기한 듯 구석에 가서 앉아 우리 안에 있는 상자들을 한참 쳐다보더니 어느 순간 갑자기 일어나서 상자를 쌓고 그 위에 올라가 바나나를 따서 먹었다.

행동주의에 따르면 학습은 지속적인 시행착오를 경험하면서 점진적으로 문제를 해결하는 과정이다. 그러나 쾰러의 실험에서 침팬지는 문제해결과정에 오차가 거의 발생하지 않았으며, 갑자기 완전한 형태로 문제를 해결하였다. 또한 행동주의에 따르면 침팬지가 여러 개의 상자를 쌓도록 하기 위해서는 상자를 하나씩 이용할 때마다 강화를 주어야 한다. 그러나 쾰러의 실험에서 침팬지는 강화를 받지 않았음에도 한순간에 여러 개의 상자를 조합할 수 있었다.

이러한 실험을 통해 쾰러는 행동주의이론만으로는 침팬지를 포함한 고등동물의 학습과정을 설명하기 어렵다고 판단하고 **통찰학습**(insight learning)이론을 제안하였다. 통찰학습은 문제상황에서 관련 없는 여러 요인이 갑자기 의미 있는 형태로 파악되면서 문제를 해결하는 것을 뜻한다. 이때 학습자는 갑자기 문제가 해결되는 '아하' 현상을 경험한다. '아하' 현상이란 순간적으로 문제를 해결하는 통찰의 순간을 의미한다. 이와 같은 통찰을 통해 얻은 지식은 다른 상황에 쉽게 적용되며 오랫동안 기억된다.

통찰학습
문제상황에서 관련 없는 여러 요인이 갑자기 완전한 형태로 재구성되어 문제를 해결하는 것

그림 10-2 도구를 사용하여 문제를 해결하는 통찰학습 실험

3. 정보처리이론

정보처리이론(information processing theory)은 컴퓨터의 정보처리과정에 기초하여 인간의 인지과정을 밝힌 이론이다. 애킨슨과 쉬프린(Atkinson & Shiffrin, 1968)에 의해 처음 제안된 이 이론에 따르면, 컴퓨터가 정보를 입력, 저장, 인출해 내듯 인간도 정보를 받아들이고 저장하며 인출한다. 즉, 감각기관으로 들어오는 모든 정보는 우선 감각기억에 매우 짧은 시간 동안 저장되고 주의와 지각의 과정을 거쳐 작업기억으로 이동한다. 작업기억은 지금 이 순간 활동하고 있는 기억 저장소로 부호화 과정을 거쳐 장기기억에 저장되었다가 필요에 따라 인출된다. 그리고 이 감각기억, 작업기억, 장기기억 등 세 개의 기억 저장소에서 이루어지는 모든 기억과정은 초인지에 의해 통제되고 조절된다. [그림 10-3]은 정보처리모형을 그림으로 제시한 것이다.

정보처리이론
컴퓨터의 정보처리과정에 기초하여 인간의 인지과정, 즉 정보를 받아들이고 저장하며 인출하는 과정을 밝힌 이론

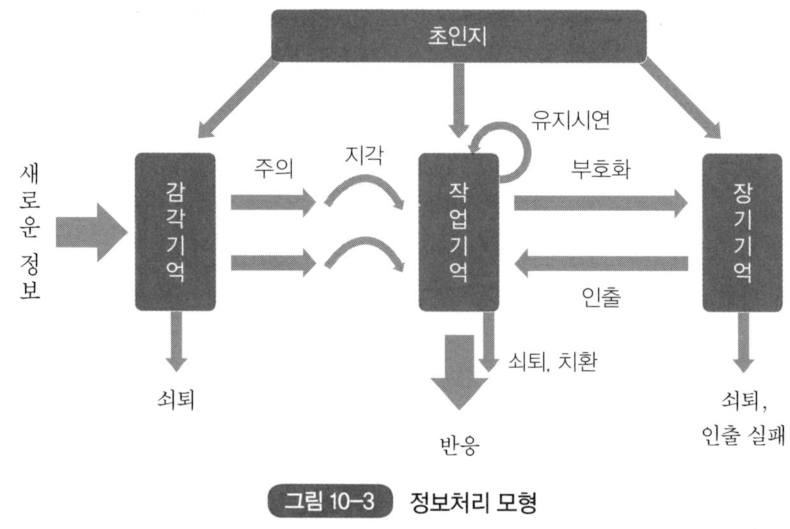

그림 10-3 정보처리 모형

① 감각기억

감각기억
환경으로부터 들어온 자극 또는 정보를 원래의 형태 그대로 매우 짧은 시간 동안 보존하는 저장고

감각기억(sensory memory)은 환경으로부터 들어온 자극 또는 정보를 원래의 형태 그대로 잠시 보존하는 첫 번째 기억 저장고이다. 감각기억의 정보는 금세 사라진다. 감각기억에서 정보가 보존되는 시간은 1~4초(시각적 정보는 약 1초, 청각적 정보는 2~4초)밖에 되지 않는다(Pashler & Carrier, 1996). 지금도 우리의 눈과 귀를 통해 수많은 정보가 들어오고 있다. 그러나 이 모든 정보가 기억되는 것은 아니다. 감각기억에서 작업기억으로 넘어가려면 주의와 지각과정을 거쳐야 한다.

주의
특정한 자극에만 신경을 쓰고 관심을 기울이는 과정

우리는 감각기억에서 중요하다고 판단된 자극이나 정보에 **주의**(attention)를 기울인다. 주의를 기울이는 정보는 감각기억에서 작업기억으로 이동된다. 반면, 중요하지 않다고 판단되어 주의를 기울이지 않은 대부분의 정보는 사라진다. 집중해서 수업을 들을 때 우리는 밖에서 들리는 공사 소음, 선풍기가 돌아가는 소리, 친구가 볼펜 떨어뜨리는 소리 등을 알아채지 못한다. 이는 더 중요한 것에 초점을 맞추도록 중요하지 않은 자극을 차단하였기 때문이다. 이와 같이 주의는 우리의 기억과정에서 블라인드와 같은 역할을 한다. 즉, 블라인드가 열린 상태에서는 빛이 쉽게 통과하지만, 블라인드가 닫힌 상태에서는 아무리 밖에서 밝은 빛이 비춘

다 하더라도 그 빛은 블라인드를 통과하지 못한다. 마찬가지로 우리가 주의를 기울이지 않으면 그 아무리 강력한 정보라 할지라도 우리의 기억과정에 들어오지 못한다.

정보처리과정에서 우리는 자극을 있는 그대로 받아들이는 것이 아니라 우리의 과거 경험, 지식, 동기 등의 요인을 토대로 그 자극을 해석하고 의미를 부여한다. 이 과정이 바로 **지각**(perception)이다. 예를 들어, [그림 10-4]를 보라. 컵으로 보이는가? 아니면 사람의 옆 얼굴로 보이는가? 우리는 동일한 자극도 서로 다르게 지각한다.

그림 10-4 지각의 예

학습에서 정확한 지각은 매우 중요하다. 교사는 모든 학생이 같은 지각을 할 것이라고 생각하지만 이는 착각이다. 학생들은 자신의 경험을 토대로 새로운 정보를 받아들인다. 따라서 교사는 교사가 설명한 것에 대해 학생이 다르게 지각할 수 있다는 것을 염두에 두고 의도대로 학생이 지각했는지 확인해야 한다.

지각
자극을 해석하고 의미를 부여하는 과정

한편, 감각기억에서 다음 단계로 넘어가지 못한 정보는 망각된다. **망각**은 이전에 경험하였거나 학습한 것에 대한 기억을 떠올리지 못하는 것을 뜻한다. 망각은 모든 기억 저장소에서 일어나는데 감각기억에서 망각의 주된 원인은 정보의 쇠퇴(decay)이다. 쇠퇴는 시간이 지남에 따라 기억의 흔적이 사라지는 것을 말한다.

망각
이전에 경험하였거나 학습한 것에 대한 기억을 일시적 또는 영속적으로 떠올리지 못하는 것

② 작업기억

주의와 지각의 과정을 거친 정보는 우리의 기억체계의 두 번째 기억 저장소인 **작업기억**(working memory)으로 전달된다. 작업기억은 새로운 정보를 조작하여 저장하는 곳으로, 지금 이 순간 의식적으로 활성화된 기억 저장고이다. 흔히 작업기억은 작업대로 비유된다. 작업기억이라는 작업대 위에는 감각기억에서 넘어온 새로운 정보와 장기기억에서 인출해 온 지식이 놓여 있다. 즉, 작업기억에서 우리의 기억체계는 새로운 자극과 관련된 지식을 장기기억에서 꺼내 와서 새로운 자극을 체계적으로 조직하여 저장하거나 자극에 대한 반응을 행동으로 표현한다.

작업기억
용량과 머무는 시간의 한계가 있는 지금 이 순간 활성화된 기억의 저장고

작업기억은 우리의 기억체계에서 중심적인 역할을 하지만 작업대 위의 공간이

제한되듯 기능적 한계를 가진 기억 저장소이다. 즉, 작업기억에 들어온 정보는 기억전략을 쓰지 않을 경우 약 10~20초 동안만 유지되고, 용량도 7±2개(item)로 제한된다. 작업기억의 용량 제한을 어떻게 극복할 수 있을까? 우리는 묶기전략을 활용할 수 있다. **묶기**(chunking)는 많은 작은 정보를 몇 개의 큰 묶음으로 처리하는 전략이다. 정보를 묶어서 조직화하면 기억할 수 있는 정보의 양을 늘릴 수 있다. 주민번호를 외울 때 앞의 숫자를 생일이라는 하나의 정보로 조직하는 전략도 묶기의 한 예이다.

> **묶기**
> 서로 관련된 여러 자극을 하나의 정보 또는 묶음으로 인식하는 전략

작업기억에 정보를 계속 머물게 하는 방법으로는 유지시연이 있다. 유지시연(maintenance rehearsal)은 기억해야 할 정보의 의미나 관련성을 고려하지 않고 단순히 정보를 반복하여 시연함으로써 정보가 잊히지 않게 하는 방법이다. 가령, 새로운 전화번호 저장을 위해 휴대전화 키패드를 누르기 직전 번호를 계속해서 되뇌는 경우를 예로 들 수 있다.

오래 기억되어야 할 정보는 부호화의 과정을 통해 장기기억으로 이동되어야 한다. **부호화**(encoding)는 새로운 정보를 장기기억에 담는 과정이다. 기계적 암기와 달리 새로운 정보를 의미 있게 만들고 장기기억에 저장되어 있는 정보와 연결하고 결합한다. 이러한 과정을 통해 새로운 정보는 작업기억에서 장기기억으로 이동한다. 만약 정보가 부호화되지 않으면 그 정보는 작업기억에서 사라진다. 부호화 방법에는 심상, 정교화, 조직화가 있다.

> **부호화**
> 새로운 정보를 장기기억에 표상하는 과정

심상(imagery)은 새로운 정보를 우리의 마음속에 그림으로 만드는 과정으로, 심상 전략을 통해 우리는 정보를 오래 기억할 수 있다. '공' 또는 '강아지'와 같이 언어 및 시각적으로 나타낼 수 있는 단어가 '진리' 또는 '능력'과 같이 언어적으로만 나타낼 수 있는 단어보다 기억하기 쉽다. 그러므로 새로운 정보를 성공적으로 부호화하기 위해서는 언어적 정보와 함께 시각적 자료를 보충하는 것이 좋다. 정보처리 모형에 대한 언어적 설명과 함께 제시된 [그림 10-3]은 정보처리 모형을 시각화하여 장기기억으로 부호화하기 위한 심상 전략의 한 예이다.

> **심상**
> 새로운 정보를 마음속에 그림으로 만드는 과정

정교화(elaboration)는 새로운 정보를 장기기억에 저장되어 있는 자신의 사전경험과 연결시키는 과정이다. 예를 들어, '장미는 여름에 피는 꽃이다'를 학습할 때,

> **정교화**
> 자신의 사전경험에 근거하여 새로운 정보를 장기기억에 저장되어 있는 정보와 연결하는 부호화 전략

여름에 생신이신 엄마를 위해 장미꽃을 선물했던 기억으로 '장미는 여름에 피는 꽃'을 기억하는 전략이다. 우리는 새로운 정보에 의미를 붙임으로써 그 정보를 오래 기억할 수 있다. 자신의 말로 바꾸어 하는 노트 필기 또한 정교화 전략을 활용하는 방법으로 교사가 말한 그대로를 받아 적는 것보다 훨씬 효과적이다(Kiewra, 1991; Slotte & Lonka, 1999). 이처럼 정교화는 학습자가 새로운 학습을 저장된 지식과 연결하고 의미를 부여하기 위해 정보를 여러 차례 다시 처리한다는 점에서 좀 더 복잡한 사고과정이다.

조직화
공통범주나 유형을 기준으로 새로운 정보를 장기기억에 저장되어 있는 정보와 연결하는 부호화 전략

조직화(organization)는 공통범주나 유형을 기준으로 새로 들어온 정보와 장기기억에 저장되어 있는 기존 정보를 연결하는 부호화 전략이다. 우리는 정보를 조직화함으로써 그 정보를 오래 기억할 수 있다. 조직화 전략의 구체적인 방법에는 개념도가 있다. 개념도(concept mapping)는 개념 간의 관계를 보여 주고 주제와 얼마나 관련이 있는지를 나타내기 위해 개념 간의 관계를 도형화하는 것이다. 개념

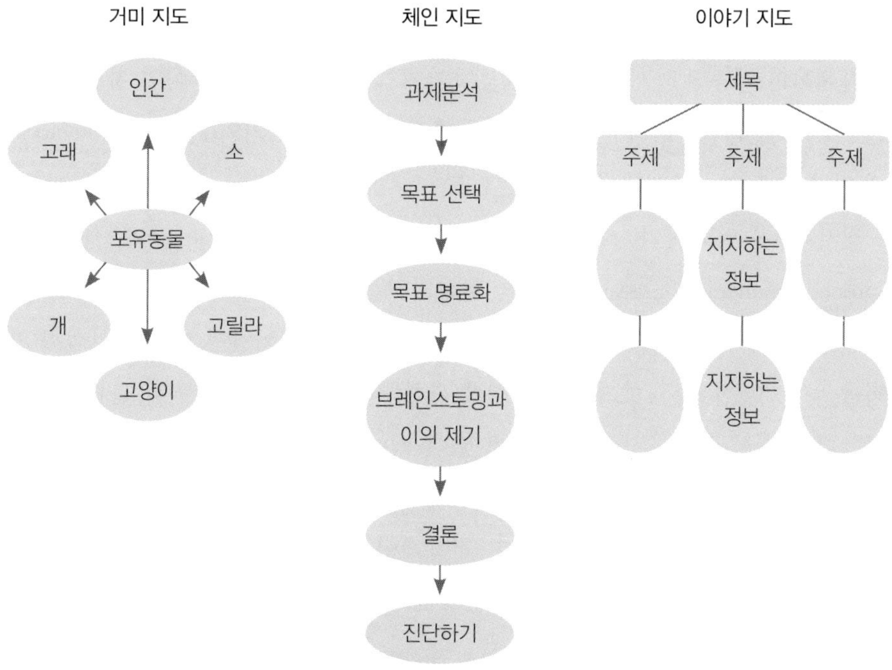

그림 10-5 개념도의 예(Sousa, 2006)

도는 핵심 아이디어 간의 관계를 기억하도록 돕는 강력한 시각적 도구가 된다. 또한 학생들이 눈에 보이는 것 이상을 볼 수 있도록 하고 추론할 수 있도록 하며 새로운 지식을 발견하게 한다. [그림 10-5]는 개념도의 예이다.

조직화 전략은 교사가 학습자료를 잘 조직화하여 제시할 필요가 있음을 시사한다. 잘 조직된 학습자료는 학습자가 자료를 쉽게 받아들여 오랫동안 기억하고 정보 간의 관계를 더 쉽게 이해하도록 돕는다. 잘 조직된 학습자료로는 그래프, 표, 흐름도, 지도, 위계적인 개념도 등이 있다.

한편, 부호화되지 못한 기억들은 망각되는데 작업기억에서 망각의 주요 원인은 쇠퇴와 치환이다. 치환(displacement)은 작업기억이 담을 수 있는 용량 한계 때문에 나타나는 현상으로 새로운 정보가 이전의 정보를 밀어내고 대신 그 자리를 차지하는 것을 뜻한다.

③ 장기기억

장기기억은 정보가 최종적으로 저장되는 저장고이다. 작업기억은 용량과 저장기간에서의 기능적 한계가 있는 반면, 장기기억은 용량이 무제한이며 저장기간도 영구적이다. 작업기억의 정보는 부호화 과정을 통해 장기기억(long-term memory)에 저장된다.

장기기억
용량과 머무는 시간에 제한이 없이 정보가 최종적으로 저장되는 저장고

장기기억은 일화기억(episodic memory), 의미기억(semantic memory), 절차기억(procedural memory)으로 분류된다. 일화기억은 20세 크리스마스 때 있었던 일, 오늘 아침 식사에서 먹었던 것과 같이 우리 인생에서 일어났던 사건의 의식적 기억을 뜻한다. 한편, 의미기억은 사실에 관한 지식으로, 어떤 사건과 관련되지는 않는다. 즉, 석굴암이 경주에 있다는 것, 우리나라 초대 대통령이 누구인지에 대해 아는 것이다. 어린이날이 5월 5일인 것을 아는 것은 의미기억이고, 어린이날의 경험을 기억하는 것은 일화기억이다. 절차기억은 자전거 타기, 운전하기, 수영하기와 같이 어떤 것을 하는 방법을 기억하고 운동기술과 인지기술을 학습하는 것을 뜻한다. 기술을 계속 연습함에 따라 이러한 기억은 더 효율적이 되고 거의 의식하지 않고 수행할 수 있게 된다.

장기기억에서 중요한 과정은 인출이다. **인출**(retrieval)은 저장된 정보 자체를 사용하거나 새로운 정보를 부호화하기 위해 장기기억에 저장된 정보를 작업기억으로 이동시키는 과정이다. 어떠한 정보가 쉽게 인출되는지는 정보가 부호화된 맥락과 방법에 영향을 받는다. 즉, 정보가 저장되었던 맥락과 같은 환경에서는 정보 인출이 쉽지만, 저장되었던 맥락과 다른 환경에서는 정보 인출이 좀 더 어려워진다. 따라서 정보를 인출하려 할 때 그 정보가 잘 기억나지 않으면 그 정보가 저장된 상황을 떠올리는 전략을 사용하는 것이 좋다. 예를 들면, 시험시간 정답이 떠오르지 않을 때 그 내용을 배웠던 교실 상황을 머릿속에 떠올리면 문제의 답을 인출할 가능성이 커진다.

인출
장기기억에 저장된 정보를 작업기억으로 이동시키는 과정

장기기억은 용량도 무제한이고 저장기간도 제한되어 있지 않으나, 장기기억에서도 망각은 일어난다. 장기기억에서 망각의 원인은 인출 실패와 간섭이다. 저장된 정보의 인출 실패는 갑자기 사람 이름이 기억나지 않는 경우로 설명할 수 있다. "걔 있잖아~ 눈 크고 키 작은 애. 그 애 이름이 뭐였더라? 갑자기 기억이 안 나네." 우리의 머릿속에는 분명히 정보가 있지만, 우리는 그 정보를 찾아낼 수 없다. 이런 현상을 설단현상(舌端現象, tip of the tongue phenomenon)이라고 한다. 즉, 어떤 사실을 알고 있기는 하지만 말하려고 할 때 갑자기 말문이 막히면서 혀끝에서만 빙빙 맴돌 뿐 말로 표현되지 않는 것을 말한다. 인출 실패의 원인 중 하나는 간섭이다. **간섭**(interference)은 과거에 학습한 지식 또는 최근에 학습한 지식이 기억하고자 하는 정보의 인출을 방해하는 것을 말한다. 예를 들어, 우리는 인터넷 사이트에 로그인을 할 때 예전의 비밀번호만 기억나고 최근에 바꾼 비밀번호가 떠오르지 않아 곤란해하곤 한다. 이는 이전 비밀번호에 대한 기억이 새로운 비밀번호의 기억을 간섭하였기 때문이다.

간섭
과거에 학습한 지식 또는 최근에 학습한 지식이 기억하고자 하는 정보의 인출을 방해하는 것

교사는 비슷한 개념을 가르칠 때 주의해야 한다. 매우 비슷한 개념 또는 기술을 동시에 가르치는 것은 간섭을 유발하여 기억을 어렵게 할 수 있다. 만약 비슷한 두 개의 개념을 함께 가르쳐야 한다면, 두 번째 개념을 가르칠 때에 첫 번째 개념과의 차이점을 먼저 부각하는 것이 좋다.

표 10-1 기억의 특성

	감각기억	작업기억	장기기억
부호 형태	감각적 특징	식별된 청각적 · 시각적 · 감각적 특성	의미적 · 시각적 지식, 추상적 개념, 심상
용량	매우 큼	7±2개	무한대
저장기간	1~4초	약 10~20초(시연으로 좀 더 길어질 수 있음)	영구적
망각	쇠퇴	치환, 쇠퇴	쇠퇴, 인출 실패

④ 초인지

초인지
사고과정에 대한 지식으로 자기 자신의 인지과정 전체를 지각하고 통제하는 정신 활동

초인지(metacognition)는 나의 인지과정 전체를 파악하고 내가 무엇을 알고 모르는지 정확히 아는 것이다.

초인지는 [그림 10-3]에서처럼 기억체계의 과정 전체를 지각하고 통제한다. 어떤 정보에 주의를 기울여야 하는지, 시연을 할 것인지 혹은 어떤 부호화 전략을 사용할 것인지, 학습하는 데 얼마나 많은 시간이 필요한지, 그리고 새로운 학습이 장기기억에 잘 저장되었는지를 확인하는 것 모두 초인지적인 활동이다. 이와 같이 초인지는 인지과정 전체를 계획하고, 그 계획이 효과적으로 실행되고 있는지를 점검하며, 필요에 따라 방법을 수정하는 역할을 한다.

우리는 이미 초인지적인 행동을 많이 하고 있다. 우리는 수업에 집중하기 위해 맨 앞자리에 앉고, 밤새워 공부하기 위해 커피를 마셔 본 경험이 있다. 또한 우리는 책을 읽을 때 이해가 되지 않는 부분이 있으면 그 부분을 다시 천천히 읽는다. 그리고 그림, 표, 다른 책을 참고한 후 이해가 되었는지 다시 확인한다. 이 모든 것이 초인지 기술이다.

초인지가 높은 학습자는 그렇지 않은 학습자보다 학업성취도가 높다(Kuhn & Dean, 2004). 상위 0.1% 학생들과 일반 학생들에게 단어 암기시험을 보고 정답률을 예측하도록 한 결과, 상위 0.1% 학생들은 자신이 예측한 시험 점수와 실제 점수가 거의 같았던 반면, 일반 학생은 예측 점수와 실제 점수 간 차이가 컸다. 상위

0.1% 학생들이 시험을 보고 난 후 자신의 성적을 더 잘 예측한 것이다. 상위 0.1% 학생들은 초인지가 높기 때문에 자신이 무엇을 알고 무엇을 모르는지를 잘 알고 자신의 능력으로 할 수 있는 바를 더 잘 예측할 수 있다.

초인지 기술은 배울 수 있다(Alexander, Graham, & Harris, 1998). 우선, 아는 것과 모르는 것을 분명히 구분하는 연습을 한다. 이를 위해 상대방에게 학습한 것을 설명해 보는 것이 좋은 방법이 된다. 설명을 잘하면 이것은 진짜 아는 것이고, 설명을 하다 막히면 이는 잘 모르는 것이다. 오답노트나 학습포트폴리오를 만듦으로써 자신의 학습과정을 성찰하고, 성장 정도를 확인하며, 자신의 강점과 약점을 파악할 수 있다. 학습플래너 등을 활용하여 학습을 계획하고, 진행과정을 점검하며, 성과를 스스로 평가하는 것도 초인지를 향상시킬 수 있는 좋은 방안이다.

4. 시사점

인지주의 학습이론이 학습자에 대한 새로운 이해를 토대로 하여 우리의 교육 현실에 던지는 시사점은 다음과 같다.

첫째, 학습자의 주의를 끄는 수업을 계획해야 한다. 주의는 기억과정의 시작이다. 주의를 기울인 새로운 정보는 작업기억을 거쳐 장기기억에 저장될 기회를 갖게 된다. 학습자의 주의를 유도하는 전략으로는 수업과 관련된 도입 활동하기, 학생의 이름 부르기, 주의분산 요인 없애 주기, 그림 또는 도표 제시하기 등이 있다.

둘째, 교사는 학습자의 선행지식을 활용해야 한다. 학습자는 수많은 내용을 잠재적으로 학습한 상태이며, 자신이 이미 가지고 있는 선행지식을 토대로 새로운 정보를 부호화한다. 교사는 학생의 선행지식 정도를 파악하고 새로운 학습을 그들의 기존 지식과 연결해 주는 수업을 해야 한다.

셋째, 인지적 과부하가 걸리지 않도록 수업을 해야 한다. 우리의 작업기억은 기능적 한계가 있다. 많은 교사가 정해진 수업시간 안에 최대한 많은 지식을 학생에게 전달해 주려고 애쓴다. 그러나 너무 빠른 속도로 정보를 나열하여 전달하게 되면 학생들은 그 내용을 다 기억하기 어렵다. 수업목표의 정보량이 학생의 기억 저장 용량을 넘지 않을 때 학생은 자신이 학습한 것을 더 많이 기억하게 된다. 교사는 수업설계에서부터 지식을 어떻게 조직하여 전달할지 고민해야 한다.

전이
하나의 학습 내용이나 방법이 새로운 학습에 영향을 미치는 것

넷째, 학습의 전이가 일어나도록 해야 한다. 선행학습이 새로운 학습에 영향을 미치는 것을 **전이**(transfer)라고 한다. 전이는 또한 새로운 학습을 미래의 다른 상황에 적용하는 능력을 포함한다. 예를 들어, 우리는 곱셈을 이해할 때 덧셈에 대한 지식을 토대로 한다. 이는 덧셈에 대한 지식이 곱셈의 학습에 전이된 것이다. 기계적 학습보다 이해를 동반한 학습은 전이를 촉진한다. 따라서 정교화, 조직화, 심상과 같은 부호화 전략을 통해 정보를 저장하도록 유도해야 한다. 또한 전이는 학습되었던 상황과 전이가 일어날 상황이 비슷할 때 더 쉽게 발생한다. 예비교사들의 경우 교생실습 전 수업시연 훈련을 받게 되는데, 이렇게 습득된 모든 훈련과 학습은 실제 교실상황에 쉽게 전이되어 예비교사가 실제 수업에 빨리 적응하도록 돕고 실수를 줄인다. 교사는 학생이 정보를 충분히 습득하면 전이가 자동적으로 일어날 것이라고 믿는다. 그러나 전이가 일어나도록 가르칠 때에만 비로소 의미 있고 효율적인 전이가 일어난다. 따라서 교사는 전이를 유도하는 수업을 계획해야 한다.

EDUCATIONAL PSYCHOLOGY

제 11 장

동기화

스스로 공부하고 싶은 마음이 들어서 학습하는 학생은 과제에 대한 인내심이 높고 긍정적인 태도를 보이며, 만족감과 좋은 학습 결과를 얻게 된다. 그러므로 공부하고 싶은 마음이 스스로 생겨서 자율적으로 학습하는 것을 누구나 원하지만, 아이들은 저마다 여러 이유로 인해 공부하기 싫어하거나, 때로는 학습과 관련하여 무기력한 모습을 보이기도 한다. 동기화이론을 통해 부모나 교사는 아이들의 마음을 보다 잘 이해하고 실질적인 도움을 줄 수 있다.

1. 동기화의 개념

동기화
특정한 행동을 하도록 만드는 것

동기화란 특별한 행동을 하도록 만드는 것을 의미한다. 목표를 향해 나아가며 시간이 지나도 그 행동을 유지하는 내적 과정(Pintrich & Schunk, 2002; Stipek, 1996)으로, 어떤 행동의 방향과 강도를 정해 주는 요인이다.

동기화의 강도와 학업성취도는 상관이 높다(McDermott, Mordell, & Stoltzfus, 2001; Wang, Haertel, & Walberg, 1993). 스스로 동기화된 학생은 더욱 높은 인지과정을 사용하며(Jetton & Alexander, 1997; Pintrich, 2003), 수업 중 문제행동을 덜 보이고, 깊이 있게 공부하면서, 과제를 다른 학생보다 잘한다(Stipek, 1996).

좋은 학습 결과를 얻기 위한 수단인 동시에 교육의 정의적 목표로도 작용하는 동기화는 교육현장에서 다음과 같은 이유로 중요하게 다루어진다.

우선, 동기화는 학생의 설정 목표를 실제 행동으로 옮기는 역할을 한다. 목표는 분명하지만, 실제로 하고자 하는 마음이 없다면, 목표만 있을 뿐, 학습의 과정 및 결과는 나타나지 않을 것이다. 또한 특정 과제에 대한 높은 수준의 동기화는 학생의 지속적 흥미와 깊이 있는 학습을 유도하므로(Atkinson, 1980), 교사는 학생의 동기화 수준을 파악함으로써 더 좋은 수업운영을 위한 준비를 할 수 있다. 지능이나 적성으로 설명될 수 없는 성취도의 차이 또한 동기화로 설명 가능하다. 학생의 지능 수준이 문제가 없음에도 불구하고 학업성취도가 매우 낮은 경우, 혹은 그 반대

표 11-1 외재 · 내재 동기화의 특성

외재동기화	내재동기화
• 과제와 상관없이, 보상이나 사회적 압력 등의 환경 요인과 관련된 동기화 • 행동주의 심리학자들이 강조	• 사람의 욕구와 흥미, 즐거움과 같은 심리적 요인에 의한 동기화 • 과제를 하는 그 자체가 보상이 되는 동기화 • 인본주의 및 인지주의 심리학자들이 강조

인 경우가 특정 과제에 대한 학생의 동기화 수준 때문이다.

동기화는 크게 **외재동기화**(extrinsic motivation)와 **내재동기화**(intrinsic motivation)로 구분된다. 외재동기화는 공부하는 것이 어떠한 목적의 수단으로 쓰이는 것이고, 내재동기화는 공부하는 그 자체를 목적으로 하는 동기화이다(Pintrich & Schunk, 2002). 외재동기화와 내재동기화의 특성을 정리하면 〈표 11-1〉과 같다.

외재동기화
외부로부터의 보상이나 사회적 압력 등, 환경 요인과 관련된 동기화

내재동기화
과제를 하는 자체가 보상이 되는 동기화

외재 · 내재 동기화는 극단에서 서로 대립적인 관계에 있는 것이 아니므로, 외재동기가 높다고 내재동기는 무조건 낮은 것은 아니다. 학습에 대한 흥미와 좋은 점수가 모두 중요한 학생이 있는 반면, 점수를 좀 더 중요하게 생각하는 학생도 있다. 전자는 외재 · 내재 동기화가 함께 작용한 경우이지만, 후자는 외재동기화 쪽으로 좀 더 치우쳐 있는 학생이다.

외재 · 내재 동기화는 시간과 상황에 따라서 얼마든지 변할 수 있다. 수업 초반에는 교사의 칭찬이나 친구의 인정 등과 같은 외재동기화로 색칠공부를 시작했던 학생이 시간이 흐르면서 점차 색칠공부 자체에 흥미를 느끼는 내재동기화로 변하는 경우가 있다. 또한 수학은 단순히 점수를 잘 받기 위해 공부하지만, 체육은 점수보다 그 자체를 선호하여 공부하는 학생도 있다. 즉, 많은 학생이 특정 수업에서는 외재동기화가 강하지만, 또 다른 수업에서는 내재동기화가 높을 수 있다.

내재동기화된 학생이 외재동기화된 학생보다 더 높은 성취를 지속적으로 보이므로(Gottfried, 1985) 내재동기화가 외재동기화보다 바람직한 것으로 여겨진다. 그러나 실제 교실 상황에서 아이들 스스로 동기가 유발되는 상황을 지속적으로 유지하기란 그리 쉬운 일이 아니므로, 우선 아이들을 외재동기화한 후 내재동기

화로 갈 수 있도록 유도하는 것이 교사나 부모의 역할이다.

2. 동기화이론

동기화이론은 다양한 관점에서 논의되어 왔다. 행동주의 학자들은 높은 점수, 칭찬, 인정, 상 등의 강화를 통해 행동과 동기를 높이는 외재동기화에 초점을 두어 설명하였고, 욕구위계이론과 자기결정성이론을 제시한 인본주의 학자들은 내재동기화의 원천을 사람의 선천적인 욕구에 있다고 보면서 타고난 내재동기화를 중요하게 다루었다. 목표지향성이론과 귀인이론을 제시한 인지주의 학자들은 행동은 사고에 의해 결정된다고 하면서 내재동기화를 강조하였다. 목표지향성이론은 학생의 목표와 의도에 기반하여, 귀인이론은 행동과 그 결과의 원인을 무엇에 두는지에 따라 동기화를 설명하였다.

1) 행동주의 강화이론

정적 강화
어떤 행동 후에 만족스러운 강화물을 줌으로써 의도한 행동의 빈도와 강도를 증가시키고 유지하는 것

부적 강화
어떤 행동 후에 싫어하는 자극을 제거함으로써 의도한 행동의 빈도와 강도를 증가시키는 것

행동주의 학자들은 강화를 활용한 외재동기화를 강조한다. 강화는 목표 행동의 발생과 빈도를 높이는 것으로서 정적 강화와 부적 강화가 있다. **정적 강화**는 어떠한 행동을 보인 아이에게 그가 좋아하거나 만족스럽게 느끼는 강화물을 주는 것이고, **부적 강화**는 어떤 행동 후 아이가 싫어하는 혐오 자극을 빼 주는 것으로 행동의 빈도와 강도를 증가시키는 것을 말한다. 결국 아이들의 동기를 높이려면, 바람직한 반응에 대하여 정적 혹은 부적 강화를 주면 된다.

교실에서 효과적으로 사용되는 대표적인 정적 강화 중 하나가 보상이다. 초등학생의 경우 칭찬 스티커, 매일 쓴 일기에 대한 교사의 긍정적인 피드백 등이 적절한 형태의 보상이라면, 중·고등학생은 좋은 성적이나 교사의 개인적 칭찬, 친구들과 보내는 자유시간 등이 효과적인 보상의 실제이다. 부적 강화의 경우도 동일해서, 개인차를 보이는 혐오 자극에 대하여 교사나 부모가 정확하게 알고 있어야

한다. 즉, 아이들에게 효과적인 정적 강화물이 무엇인지에 대하여 교사나 부모가 충분히 생각하고 보상을 제시하거나, 개인차를 보이는 부적 강화물에 대한 정확한 정보를 알고 있을 때, 아이들의 외재동기화가 제대로 유발될 수 있다. 앞에서 보듯이 초등학생과 중·고등학생이 선호하는 보상 형태가 다르고, 동일한 연령임에도 아이들마다 좋아하거나 싫어하는 것이 다양하기 때문이다. 이렇듯 학생의 동기 유발을 위한 강화물은 일반화될 수 없다.

칭찬을 포함한 다양한 형태의 보상이 항상 좋은 것은 아니다. 이미 내재동기화된 학생에게 외재동기화의 방법 중 하나인 보상을 제공할 때 오히려 내재동기가 손상되었다(Vansteenkiste, Lens, & Deci, 2006). 스스로 독서하고 싶은 마음이 들어서 책을 읽는 아이에게 책을 한 권 읽을 때마다 용돈을 주는 것과 같은 과도한 외적 보상은, 아이가 자신의 발전이 아니라 주어질 보상에만 관심을 갖도록 만들며, 보상에만 집중함으로써 좀 더 단순한 책을 선호하고, 독서에 대한 흥미 자체를 잃게 한다. 따라서 보상은 아이가 흥미를 느끼지 않는 과제에 사용하는 것이 좋다. 흥미 없는 과제를 하는 학생에게 보상이라는 외재동기화를 사용하는 것은 학생에게 그 과제를 지속하고 싶은 마음이 들게 한다. 이렇듯 보상은 교육현장에서 가장 효율적으로 쓰일 수 있는 외재동기화의 방법이지만, 교사나 부모가 별 생각 없이 사용할 경우, 오히려 아이의 내재동기를 손상시킬 수 있으므로, 꼭 필요한 경우에 구체적인 방법으로 사용해야 한다.

공부에 대한 흥미가 없던 아이가 보상을 통하여 외재동기화가 되었다면, 이제 교사나 부모에게 남은 과제는 아이의 외재동기를 내재동기로 전환하는 것이다. 아이가 수행한 과제의 질에 따라 적절하게 제공된 보상은 아이의 내재동기화를 유발시켰다(Deci & Ryan, 1991). 즉, 과제의 질이 적당히 도전적이며, 아이가 생각할 때 자신의 수준에 적합한 보상이 계획했던 대로 적절히 주어졌을 때, 보상임에도 불구하고 아이의 내재동기가 증가하였다. 또한 교사나 부모 입장에서 아이를 통제하는 듯한 조정적인 피드백이 아니라, 좋아진 학습 결과의 원인이 아이의 노력에 있었음을 강조하는 등의 정보적인 피드백을 줄 때, 피드백이라는 외재동기화 상황임에도 불구하고 아이의 내재동기가 꾸준히 상승하였다. 예를 들면, 사회

교과에서 좋은 결과를 얻은 봄이에게, "그것 봐, 선생님이 시키는 대로 하니까 좋은 점수가 나왔잖아."와 같은 조정적 피드백이 아니라, "봄이가 예전에 비해 이런저런 교재를 더 보고 많은 시간을 들여 열심히 공부했기 때문에 좋은 결과가 나온 거야."와 같은 정보적 피드백을 주었을 때, 학생의 내재동기화가 함께 유발되었다. 이렇듯 공부의 질과 관련된 정확한 정보를 제공하는 방식의 외적 보상은 과제에 대한 아이의 흥미를 증가시키는 데 도움을 준다.

행동주의에서 중요하게 다룬 보상을 포함한 외재동기화는, 동기가 없는 학생의 동기 유발을 위하여 필수적이지만, 잘못 사용할 경우 오히려 학생의 내재동기를 외재동기로 전환하는 등의 부정적 영향을 줄 수 있기 때문에 교사나 부모는 정적 · 부적 강화를 포함한 외재동기화를 사용함에 있어서 신중해야 한다.

2) 매슬로우의 욕구위계이론

욕구는 목표를 향해 나아가도록 만드는 일종의 결핍상태이다(Darley, Glucksberg, & Kinchla, 1991). 우리의 마음속에 무언가 결핍이 있으면 그것을 채우기 위한 자연

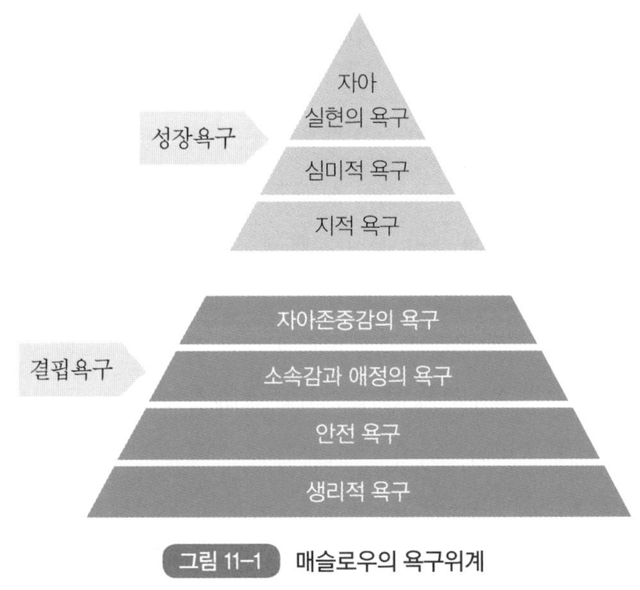

그림 11-1 매슬로우의 욕구위계

욕구위계이론
생리적 욕구에서 자아실현의 욕구까지 7개 수준으로 인간의 욕구를 위계화한 매슬로우의 이론

스러운 심리적 요구가 생기는데, 그것이 곧 우리의 욕구가 되는 것이다.

인본주의 심리학자 매슬로우(Maslow, 1954)에 따르면, 사람의 욕구는 피라미드 구조로 이루어져 있어서 아래 단계의 욕구가 충족되지 못하면 위 단계의 욕구가 발현되지 못한다. 무언가를 원하고 행동하게 만드는 사람의 다양한 욕구를 매슬로우는 7단계로 나누어 설명하였다.

먼저, 결핍욕구에 해당되는 생리적 욕구, 안전 욕구, 소속감과 애정의 욕구, 자아존중감의 욕구는 긴장을 이완시키는 것이 최종 목표이고, 외부로부터의 완전 충족이 가능하다. 상대적으로 성장욕구에 해당되는 지적 욕구, 심미적 욕구, 자아실현의 욕구는 자기 스스로 긴장을 일으키며 긴장 그 자체를 즐기는 것이 최종 목표이고, 그에 따라 완전충족이 불가능한, 끝이 보이지 않는 욕구이다. 성장욕구가 강한 사람은 그만큼 자율적이고 자기지시적이어서 스스로를 도울 수 있지만, 타인에 의해서 충족되는 경향성을 지닌 결핍욕구가 강한 사람은 타인지향적이고 어려움에 처했을 때 다른 사람의 도움에 의존한다.

욕구위계이론은 사람이 항상 그 이론이 예견한 바와 같이 행동하지 않는다는 이유로 많은 비판을 받아 왔다. 대부분의 사람이 서로 다른 욕구가 동시에 나타나는 경험을 하며, 아래 단계 욕구가 충족되어야 반드시 위 단계 욕구가 차례차례 생기는 것도 아니다.

매슬로우(Abraham Harold Maslow, 1908~1970)

1908년 뉴욕, 유대인 부모에게서 출생한 매슬로우는 당시의 사회 분위기로 인하여 자신의 어린 시절을 늘 외로웠던 시절로 회상하곤 하였다. 변호사가 되기를 원했던 부모의 기대와는 달리 그는 심리학에 관심을 가졌고, 그 결과 할로(Harry Harlow)와 아들러(Alfred Adler), 베르타이머(Max Wertheimer)의 영향을 받아 욕구의 위계, 자아실현자, 절정경험 등의 개념과 관련된 연구를 꾸준히 수행하였다. 1967년 미국 휴머니스트 협회는 그를 '올해의 휴머니스트'로 지정하였다.

그러나 이러한 비판에도 불구하고 매슬로우의 이론이 교육현장에 주는 시사점은 있다. 아픈 몸으로 학교에 온 학생에게 공부만을 강요하는 것은 바람직하지 못하다. 지속적으로 집단폭행을 당하는 학생에게 소속감과 애정, 자존감을 강조하고 수업에 적극 참여하도록 요구하는 것은 의미가 없다. 따돌림을 당하여 소속감과 애정의 욕구가 위협받고 있는 학생, 교사나 친구로부터 자존감의 상처를 입은 학생에게 교과 수업은 더 이상 흥미로운 것이 될 수 없다. 생리적 욕구가 충족되고, 가정과 학교에서 안전감과 소속감, 애정을 충분히 느끼며, 자기 자신이 존중받을 만한 가치가 충분히 있는 사람이라는 자긍심이 충족될 때, 아이들은 비로소 성장욕구인 지적 욕구를 충족하기 위하여 더욱 열심히 공부할 것이다.

그러므로 교사는 아이들의 결핍욕구가 충분히 채워졌는지에 대하여 주의를 기울여야 한다. 건강을 포함한 아이들의 생리적 욕구가 충족되었는지 확인하고, 가정에서 사랑과 소속감을 경험하지 못한 학생이 있다면 수업 참여에 앞서 정부나 복지기관의 도움으로 그들의 기본 욕구가 해결될 수 있도록 돌봐 주어야 한다. 만약 아이가 학교나 가정에서 안전에 위협을 받고 있다면 교사는 즉시 개입하여 그 학생이 안전감을 느끼도록 도와주어야 할 것이다. 교사는 학생의 자아개념 형성에 중요한 영향을 미친다. 교사가 학생의 자존감을 건드리고 상처를 입히는 언행을 할 경우, 학생은 학습과 학교생활에 대한 흥미를 유지할 수 없다. 교사가 학생의 자존심을 지켜 주고 장점을 부각해 주면, 아이들은 그렇지 않은 경우보다 더욱 적극적으로 수업과 학교생활에 참여하게 된다.

또한 학생의 욕구와 교사의 요구 간의 현저한 차이로 인해 갈등 상황이 발생하기도 한다. 청소년기 학생에게 공동체 내에서의 소속감과 자존심을 유지하는 것은 중요한 일이다. 그러나 교사의 요구 사항이 자신이 속한 집단 내의 규칙이나 가치와 동떨어져 있는 상황이 생기는데, 이런 경우 학생은 당연히 교사의 요구를 거부하거나 심지어 도전적인 행동을 보인다. 그러므로 교사는 동기 유발을 위해 학생의 욕구를 충분히 이해하려고 노력해야 한다.

3) 자기결정성이론

동기화의 원인과 역할을 강조하는 자기결정성이론은 다양한 사회 문화적 요인들이 사람의 의지와 주도성에 어떠한 영향을 미치는지에 대하여 관심을 기울인다. 자기결정성은 환경에 대해 어떠한 행동을 취할 것인가를 스스로 결정하는 것을 말한다. 우리는 누구나 다른 사람이나 상황에 의해 통제받기보다 자기 스스로 결정하는 것을 선호한다. 자기결정성이론에 따르면, 내재동기의 바탕에는 자율성, 유능감, 관계성이라는 기본 욕구가 있고, 이 욕구들이 개인의 학습이나 성장을 위한 동기를 제공한다(Deci & Ryan, 2000). 아이들은 자신이 스스로 공부하고 싶은 것을 선택하고, 유능한 사람이며, 다른 친구들과 더 좋은 관계를 유지하고픈 마음을 가지고 있다. 결국 이 세 가지 기본 욕구들이 충족될 때, 아이들의 내재동기가 증가하고 그만큼 안녕감과 만족감이 높아질 것이다.

자기결정성이론의 핵심인 **자율성 욕구**는 외적 보상이나 사회적 압력보다 자기 스스로 원하는 것에 따라 행동하려는 욕구를 말한다. 우리는 스스로 목표를 세우고, 나에게 가장 중요하고 가치 있는 것이 무엇인지, 스스로 결정하기를 원한다. 사람들은 살아가면서 규칙이나 마감시간, 정해진 일정 등의 외적인 압력에 시달린다. 이러한 상황으로부터 자유롭고, 스스로 선택할 수 있는 기회가 많으며, 자유로운 의사결정을 할 수 있는 상황이 허락되면, 자율성 욕구는 더욱 충족될 것이다.

자율성 욕구
스스로 결정하고 행동하려는 욕구

자율성 욕구의 충족은 학생의 내재동기화를 위하여 반드시 필요하다. 자율성이 지지되는 학습 환경은 아이들의 흥미와 호기심을 지속시키고, 유능감과 창의성을 발휘하여 개념학습과 도전을 즐기도록 만든다(Moller, Deci, & Ryan, 2006; Shih, 2008). 즉, 내재동기와 학업성취, 적응력 등 다양한 영역에 대하여 긍정적인 영향을 끼치는 반면(Deci & Ryan, 2000; Roth et al., 2009), 어른들이 만든 규칙과 규율을 따를 것을 요구하는 통제적인 환경은 아이들의 내재동기와 성취를 하락시키는 것으로 나타났다(Gottfried et al., 1994). 교사가 학생에게 일방적으로 지시하고, 학습을 자주 간섭하며, 비판적이거나 독립적인 의견을 내지 못하도록 하는 것은 학생에게 불안과 분노와 같은 부정적인 감정을 일으키는 동시에 내재동기를 떨어트렸다(Assor, Kaplan, Kanat-Maymoon, & Roth, 2005). 그러므로 교사는 아이들이 자율적으로 판단해서 결정하고 행동하도록 권장하며, 왜 학습활동이 필요하고 중요한지에 대해 설명함으로써 학습과 관련된 아이들의 내재동기가 지속되도록 도와야 한다.

유능감 욕구
자신이 능력 있는 사람이라는 믿음과 관련된 욕구

인간은 누구나 자신이 능력 있는 사람이기를 원한다. **유능감 욕구**는 자신의 능력이나 재능이 향상되는 것을 자기 스스로 원하는 것과 관련된 욕구이다. 매슬로우가 제시한 지적 성취 욕구나 사회인지 학습이론에서의 자기효능감과 비슷한 개념인 유능감은 '내가 과연 이 과제를 잘할 수 있을까?'라는 물음에 대한 답으로, 다른 친구와 비교하여 자신이 그 과제를 얼마나 잘하는가 등의 인식에 의해서 형성된다.

다양한 학습 상황에서 성공적인 경험을 많이 한 학생일수록 유능감 욕구가 충족된다. 유능감이 높은 학습자는 과제를 잘할 수 있다고 생각하므로 더욱 열심히 노력하며, 그에 따라 성취도가 높다. 흥미로운 점은 초등학생의 유능감은 매우 높지만, 중 · 고등학생으로 성장하면서 점차 낮아진다는 점이다(Eccles, Wigfield, & Schiefele, 1998; Wigfield & Eccles, 2002; Spinath & Spinath, 2005). 이러한 현상은 학년이 올라가면서 학교에서의 경쟁이 심화되고, 긍정적인 피드백 외에 부정적인 피드백을 받으면서 자신의 능력에 대한 인식이 점차 부정적으로 변하기 때문이다(Wigfield & Eccles, 2002). 그러므로 교사는 중 · 고등학교로 성장해 가는 학생이 지속적인 성공 경험을 할 수 있도록 도와야 한다. 다른 학생과의 상대적 비교는 가급적 삼가고, 학습과 관련된 다양한 선택지를 주어 아이 스스로 자신이 더 잘할 수 있는 일을 찾고 몰입할 수 있도록 격려해야 한다.

관계성 욕구
다른 사람과 좋은 관계를 맺고 싶은 욕구

관계성 욕구는 다른 사람과 긍정적인 정서적 유대나 애착을 형성하고자 하는 욕구이다. 이 욕구는 내재동기와 직접 관련된 것은 아니지만, 다른 사람과 함께하는 활동 속에서 외적 원인을 내면화하는 데 영향을 끼치므로, 아이의 내재동기화를 위하여 중요하다(Ryan & Deci, 2000b). 관계성 욕구는 친밀한 사회관계 속에서 충족된다. 부모나 교사와 안정적인 관계 속에 있을 때 아이는 더 높은 내재동기를

지니며, 학교활동에 몰입한다(Furrer & Skinner, 2003). 특히 교사와의 긍정적인 관계는 고등학교와 대학교에서 학생의 성취도에도 영향을 주었다(Thompson, 2008). 또래와의 친밀한 관계 형성을 위해 협동학습 전략을 사용하는 것도 좋다. 협동학습을 통하여 아이들은 또래로부터 긍정적인 피드백, 칭찬 등을 받으면서 보다 따뜻한 인간관계를 맺을 수 있다. 경쟁적이며 성적과 결과만을 강조하는 환경에서 아이들은 친밀한 인간관계를 맺기 어렵다. 아이들의 관계성 욕구를 채우고 공부에 대한 내재동기화를 높이기 위해서는 협력적이고 서로 배려하는 학습 환경이 제공되어야 한다.

4) 목표지향성이론

목표지향성이론을 제시한 인지주의 학자들은, 아이들의 목표와 의지가 동기화에 미치는 영향에 대하여 관심을 기울인다. 뚜렷한 목표를 지닌 학생은 그것을 이루기 위하여 스스로 움직이는 경향성이 높다. 그러므로 효과적인 목표의 설정은 학생의 내재동기화를 위하여 중요하다. 효과적인 목표란 구체적이며, 아주 가까운 미래의, 적절히 도전감을 불러일으킬 수 있는 것을 말한다. 먼 미래의 장기적인 목표만 설정하는 것은 현실적으로 작은 성취를 경험할 수 없게 만드므로 쉽게 동기를 떨어뜨린다. 설정된 목표를 학생 스스로 점검하는 것도 내재동기화를 위하여 중요하다. 효과적인 목표의 성취 여부를 학생 스스로 점검하는 것은 학생의 성취감과 자기효능감을 높이며 긍정적인 느낌을 주기 때문이다(Eggen & Kauchak, 2010).

목표는 **숙달목표**(mastery goal)와 **수행목표**(performance goal)로 분류된다. 숙달목표는 과제의 숙달 및 향상, 이해 증진 등 학습과정 자체에 가치를 부여하며 나의 유능감을 발전시키는 것을 중요하게 생각하는 목표이다. 상대적으로 수행목표는 나의 능력이 다른 사람의 능력과 어떻게 비교되는지, 타인에 의해 어떠한 평가를 받는지에 초점을 둔 목표이다(Elliot & McGregor, 2000). 숙달목표를 가진 학생은 본인의 유능감을 높이기 위해 도전적이고 새로운 과제를 학습하려 하므로 과

숙달목표
과제의 숙달 및 향상, 이해 증진 등 학습과정 자체를 중시하는 목표

수행목표
다른 사람에게 보이기 위한 점수 중심의 목표

제에 대한 흥미, 즐거움과 같은 내재동기가 높다. 이들은 자신에게 유익함을 주는 타인의 도움에 대하여 개방적이다. 즉, 타인에게 도움을 요청하는 것을 꺼려하지 않는다. 그러나 수행목표를 가진 학생은 위험부담을 피하려고 하기 때문에 쉬운 과제를 선호하고 도전적인 과제는 가급적 회피한다. 이들은 다른 사람에게 도움을 요청하는 것이 자신의 부족한 능력을 드러내는 것이라고 생각하기 때문에 도움을 요청하지 않는다. 수행목표를 지닌 학생은 자신의 부족한 능력이 드러나는 것을 원하지 않지만, 실제 학습상황에서 이러한 목표를 매번 성취하지는 못하므로 실패에 대한 공포나 시험 불안과 같은 부정적 정서를 지닌다(Elliot & McGregor, 2000).

그렇다면 수행목표의 설정은 항상 안 좋은 결과만을 야기하는가? 최근 들어 숙달목표와 수행목표가 적극적인 학습전략 및 높은 자기효능감과 관련되어 있으며(Midgley, Kaplan, & Middleton, 2001; Stipek, 2002), 숙달목표와 수행목표를 동시에 추구할 수도 있다는 연구결과가 나왔다. 즉, 숙달목표와 수행목표라는 이분법적 접근은 목표지향성의 다양한 유형을 설명하지 못하므로, 여러 목표 유형에 대한 추가적인 연구가 이루어졌다.

그 결과, 수행목표는 접근 또는 회피 성향에 따라 수행접근목표(performance-approach goal)와 수행회피목표(performance-avoidance goal)로 구분되었다. **수행접근목표**는 타인과의 비교에서 상대적으로 유능하다고 평가받으려는 목표이며, **수행회피목표**는 상대적으로 무능력하게 평가되는 것을 피하려는 목표이다. 과학 수업에서 발표를 가장 잘함으로써 친구들에게 유능하고 지적으로 보이기를 원하는 가을이의 목표는 수행접근목표이지만, 단지 멍청하고 무능하게 보이는 것을 원하지 않는 겨울이의 목표는 수행회피목표이다.

수행접근목표
타인과 비교하여 자신이 유능하다고 평가받으려는 목표

수행회피목표
타인에게 무능력하게 평가되는 것을 피하려는 목표

수행접근목표는 자신이 유능하게 보이는 것을 원했지만 본인의 생각과는 달리 실패를 반복적으로 경험할 때 수행회피목표로 전환된다. 수행회피목표를 가진 학생은 방어적이며 실패회피전략을 쓴다. 실패회피전략이란 실패에 대한 변명으로 자기 자신을 방어만 하는 전략을 의미한다. "내가 공부를 하지 않아서 그런 것이지 제대로 했으면 너보다 훨씬 잘할 수 있어." 등의 말을 매번 반복하며, 마치 결과

와 아무 상관이 없는 듯이 이야기하거나, 시험에서 부정행위를 저지르기도 한다. 수행회피목표가 높은 학습자는 성공에 대한 지속적인 강화가 주어지고, 실패로 인한 당황감을 방어할 수 있을 때 동기가 유발된다. 그러므로 수행회피목표를 가진 학생을 가르치는 교사는 그들이 외적 보상에 민감하다는 점을 이용하여, 수행 정도와 상관없이 현재보다 더 새롭고 도전감 있는 과제를 수행했을 때 칭찬을 하는 것이 효과적이다.

수행회피목표를 가진 학생이 지속적인 실패를 경험하면 학습된 무기력(learned helplessness) 상태에 빠지게 된다. **학습된 무기력**이란 '나는 실패하는 게 당연해'와 같은 생각을 하며, 공부에 대한 어떠한 시도조차 하지 않는 상태를 말한다. 이들은 아무리 노력해도 성공할 수 없다고 생각하므로 목표 자체를 설정하지 않으며 쉽게 포기한다. 실패가 거듭될수록 '나는 바보야'라고 실패의 원인을 자신의 능력 부족으로 돌리며, 그로 인해 절망감과 수치감에 휩싸인다. 어느 누구도, 그 무엇도 자신에게 도움을 줄 수 없다고 생각해 도움을 구하지도 않고 과제를 수행하려

학습된 무기력
자신의 실패가 당연하다고 생각하며 학습에 대한 어떠한 시도도 하지 않는 상태

표 11-2 **목표유형이 학습자의 동기와 성취에 미치는 영향**(Eggen & Kauchak, 2010)

목표유형		예시	해당 목표유형이 학생의 동기와 성취에 미치는 영향
숙달목표		은유법을 이해하고 응용하여 나만의 동시를 창작하기	과제에 대하여 지속적으로 노력을 기울인다. 높은 자기효능감을 지니며, 도전을 기꺼이 받아들인다. 높은 성취를 보인다.
수행	접근목표	우리 학급에서 은유법을 활용한 동시를 최고로 잘 쓰기	자신감이 있는 학생은 과제에 대하여 지속적으로 노력하며, 높은 자기효능감 및 성취를 보인다. 그러나 도전을 받아들이고자 하는 동기가 낮으며, 이것은 곧 낮은 성취로 이어질 수 있다.
	회피목표	선생님과 친구들에게 무능력하게 보이지 않는 선에서 동시를 창작하기	동기와 성취도가 점차 떨어진다. 특히 자신감이 부족한 학생의 경우 동기와 성취가 더욱 저조하다.
과제회피목표		과제를 내기만 하면 된다는 생각으로 동시를 대충 써서 내기	노력을 하지 않고, 자기효능감이 낮다. 성취도 또한 저조하다.

는 시도조차 하지 않는다. 교사는 이러한 학생의 수준과 상태를 고려한 적절한 과제를 제시함으로써 그들이 성공 경험을 하고, 그에 따라 자신감을 가질 수 있도록 유도해야 한다. 또한 그들이 잘하는 것을 발견하고, 그것을 친구들에게 공개하며, 그에 맞는 책임을 부여함으로써 학급에서 그들의 위상을 높여 주어야 한다.

과제회피목표
그저 최소한의 노력으로 과제를 피해 가려고 하는 정도의 목표

한편, **과제회피목표**(work-avoidance goal)라는 목표지향성의 또 다른 유형도 있다. 이 목표는 그저 최소한의 노력으로 대충 과제를 수행하는 것을 말한다. 과제회피목표를 가진 학생은 과제가 쉬워서 별다른 노력 없이 완성할 수 있을 때 성공적이라고 느낀다. 이들은 비효과적인 전략을 사용하고, 모둠 활동에 최소한의 공헌을 하며, 도전적인 과제가 주어졌을 때 불평을 한다(Dowson & McInerney, 2001).

지금 당장은 학습 자체에 흥미가 없을지라도, 주어진 과제가 스스로 설정한 미래의 목표 달성에 도움이 될 것이라는 생각이 들면, 학생의 동기는 유발된다. 그러므로 교사는 학생이 설정한 목표에 관심을 기울이고, 그 목표의 성취에 도움을 줄 수 있는 다양한 과제를 제시해야 한다.

5) 귀인이론

귀인이론
자신의 성공과 실패에 대한 원인을 무엇으로 생각하는지와 관련된 이론

귀인은 어떠한 행동이 발생한 원인을 추론하는 것을 의미하며, **귀인이론**이란 자신의 성공과 실패에 대한 원인을 무엇으로 생각하는지와 관련된 이론을 말한다. 학습에 대한 성공과 실패의 원인을 무엇으로 귀인하느냐에 따라서 학생의 정서 및 후속 학습에 대한 동기 수준이 달라지므로(Weiner, 1992), 교사가 학생의 귀인 유형을 파악하는 것은 중요하다.

학생들이 가장 많이 귀인하는 것은 자신의 능력, 노력, 과제 난이도, 운이다. 이러한 귀인 유형은 원인의 소재, 안정성, 통제 가능성이라는 세 가지의 차원으로 설명된다(Weiner, 1986). 먼저, 원인의 소재(locus of control)란 성공과 실패의 원인을 자신의 내부나 외부 중 어느 쪽으로 돌리느냐의 차원이다. 원인을 자신의 노력이나 능력으로 돌리면 내적 요인으로 귀인한 것이며, 과제 난이도나 행운과 같은

표 11-3 영어 시험 실패에 대한 귀인

귀인	차원 분류			예시
능력	내부	안정	통제 불가능	나는 어학에 소질이 없어.
노력	내부	불안정	통제 가능	시험 공부를 열심히 하지 못했어.
과제 난이도	외부	안정	통제 불가능	영어 시험이 너무 어려웠어.
운	외부	불안정	통제 불가능	운이 나빠서 공부하지 않은 부분에서 시험 문제가 출제되었어.

것으로 돌리면 외적 요인으로 귀인한 것이다. 안정성(stability)은 성공과 실패의 원인이 시간의 경과나 과제에 따라 변할 수 있느냐 없느냐의 차원이다. 노력이나 운은 변할 수 있기 때문에 불안정하지만, 능력이나 과제 난이도는 변할 수 없기 때문에 안정적이다. 통제 가능성(controllability)은 학생이 성공과 실패에 대한 책임감을 수용하거나 학습상황을 제어하는 정도를 말한다. 노력은 통제 가능하나, 능력이나 운, 과제 난이도는 통제 불가능하다.

학습에 대한 성공과 실패의 원인을 외적보다 내적 요인으로, 안정보다 불안정한 요인으로, 통제 불가능보다 통제 가능한 요인으로 귀인할 때 학습동기는 증가하였다(Ames, 1992). 즉, 자신의 노력으로 귀인하는 것은 학생 스스로 학습에 대한 책임감을 느끼게 하며, 실패했을 때 죄책감을 느끼고, 앞으로 더 많이 노력하여 향후 좋은 결과를 얻고자 하는 학습동기를 증가시킨다. 이와 달리 실패를 자신의 능력으로 귀인하는 학생은 스스로 무능감을 느끼고, 미래의 성공을 기대하지 않게 되므로, 과제에 대한 학습동기를 점차 잃게 된다.

아이들은 자신의 성공과 실패의 원인을 설명함에 있어서 늘 비슷한 방식으로 반응한다. 또한 귀인 유형은 향후 선택하는 과제의 종류나 수행 속도, 과제 지속력에도 영향을 미친다(Bar-Tal, 1978; Weiner, 1974). 귀인 유형은 학생뿐만 아니라 교사에게도 영향을 끼친다. 만약 교사가 학생의 학업성취도를 자신의 교수법에 귀인한다면 그 교사는 잘 가르치기 위하여 더욱 노력할 것이다. 그러나 학생의 성취 부진을 학생의 배경지식 부족, 열악한 집안환경과 같은 교사의 통제를 넘어서는 다른 원인으로 귀인한다면 그들의 가르치려는 노력은 감소할 것이다(Eggen & Kauchak, 2010).

학생들이 바람직한 귀인 유형을 가지고 있다면 그들의 학습동기는 꾸준히 유지될 것이며, 학업성취도 또한 향상될 것이다. 그러므로 바람직하지 않은 귀인 유형을 지닌 학생은 상담을 통하여 바람직한 귀인 유형으로 바꾸어야 한다(Robertson, 2000; Weiner, 1980). 학습된 무기력을 보이는 학생에게 그의 학습 실패의 원인이 노력 부족과 비효율적인 전략에 있다고 코칭하였다. 상담을 받지 않은 통제집단에 비해 코칭을 받은 실험집단의 학생은 총 25회의 상담 후 과제 수행 시 지구력이 향상되고 더 효율적인 전략을 사용하며 실패에 적절하게 대처하였다(Dweck, 1975).

이렇듯 교사의 도움을 통하여 아이들은 보다 바람직한 귀인 유형을 가질 수 있다. 학업에 실패하여 좌절한 학생에게 교사는 가장 먼저 노력을 어느 정도 했는지에 관하여 물을 것이다. 스스로 생각하기에 노력 부족이 실패의 원인이었다면, 학생은 이후 좋은 결과를 얻기 위하여 더 많은 노력을 기울일 것이기 때문이다. 그러나 실패를 무조건 노력 부족으로 귀인한다고 하여 모든 문제가 해결되는 것은 아니며, 실제로 적절하지 못한 경우도 있다. 다른 친구보다 더 많이 노력하고 최선을 다하여 시험 준비를 한 학생에게 "네가 충분히 노력하지 않았기 때문에 결과가 좋지 못한 거야."라고 말하는 것은 오히려 학생에게 '아무리 노력해도 안 된다'와 같은 좌절감을 안겨 줄 뿐이다. 학생이 충분히 노력했음에도 불구하고 결과가 좋지 않을 때는 학습방법이나 습관을 점검하고 더욱 바람직한 전략과 방법으로 바꾸어 주는 것이 필요하다. 학생이 충분히 노력하였고 최적의 전략을 사용하였음에도 불구하고 안 좋은 결과가 지속적으로 나오면, 학생의 목표나 기대 자체를 수정하고 새로운 길을 모색하도록 도와준다.

제 12 장

교수 · 학습이론 및 교수방법

교사가 잘 가르치기 위해서는 자신이 가르치는 교과에 적합한 최선의 수업 방법을 탐색하기 위해 노력해야 한다. 단 하나의 '최고의 수업 방법'이 있는 것이 아니므로 교사는 학생들과 수업상황에 맞는 다양한 수업모형과 교수방법을 개발하고 적용할 수 있어야 한다.

1. 교수 · 학습과정

가르치고 배우는 과정인 교수 · 학습과정은 [그림 12-1]과 같이 크게 세 단계로 나눌 수 있다. 수업목표 설정, 교과 내용 분석, 학습자 특성 진단, 교수방법 결정, 평가계획 수립과 같은 계획(planning)단계, 세워진 계획대로 수업을 진행하는 실행(implementation)단계, 그리고 목표에 대한 성취도를 측정하고 평가하는 평가(evaluation)단계이다.

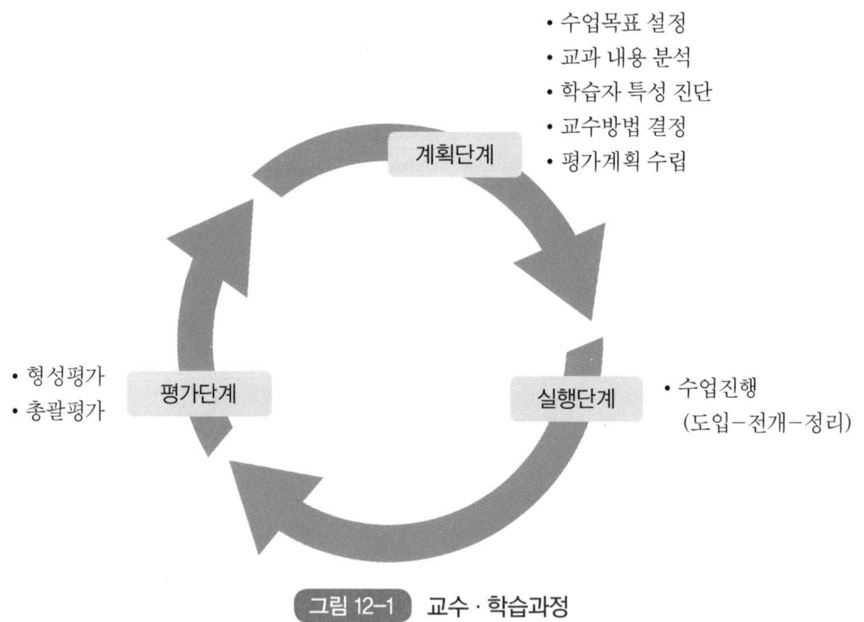

그림 12-1 교수 · 학습과정

1) 수업목표 설정

교수 · 학습과정을 계획하기 위해 먼저 수업목표(instructional objectives)를 정해야 한다. **수업목표**는 교실 수준에서의 목표로 특정한 교수 · 학습과정을 통해서 학습자가 달성하는 성취(performance) 수준을 의미하므로 세분화된 구체적인 행동목표로 진술해야 한다.

수업목표
수업 내용 및 절차의 선정, 수업결과의 평가기준이 되는 것으로 전반적인 교수 · 학습의 지침

수업목표 진술은 학습자가 성취하게 될 다양한 수준과 종류의 행동이 무엇인지 수업의 의도를 알 수 있도록 행위동사(action verbs)를 활용하여 분명하게 제시하여야 한다. 예를 들어, '알다(know)', '이해하다(understand)' 등과 같이 뜻이 모호한 암시적 행위동사는 관찰 가능하지 않기 때문에 '쓰다(write)', '설명하다' 등과 같이 분명하고 구체적인 행위동사를 사용하여야 한다(Mager, 1975).

수업목표 진술은 성취해야 할 행동이 발생하는 조건(condition)과 성취가 어느 정도로 이루어져야 그 목표가 달성되었다고 할 수 있는지를 성취준거(performance criterion)로 밝혀야 한다. "학생들은 10문제 중 9문제를 10분 이내로 풀 때(준거) 계산기를 사용하지 않는 암산으로(조건) 덧셈을 할 수 있다(성취행동)"와 같이 학생이 수업을 통해 무엇을 할 수 있는지에 관해 진술한다.

블룸(Bloom, 1956)은 교육목표를 3개의 영역으로 분류했는데, 인지적 영역(지식, 개념, 이해, 사고 및 문제해결능력 습득을 포함한 지적 성과; Bloom & Krathwohl, 1956), 정의적 영역(흥미, 태도 및 가치의 발달을 포함한 정서적 성과; Krathwohl et al., 1984), 그리고 심리운동적 영역(실험실 및 임상 절차를 수행하는 것을 포함하는 운동역량 성과; Simpson, 1972)으로 분류하였다.

[그림 12-2]에서 왼쪽 그림은 블룸이 제시한 인지적 영역의 위계적 목표 수준이다. '지식', '이해', '적용'은 상대적으로 낮은 수준의 목표이며 '분석', '종합', '평가'는 높은 수준의 목표이다. 이후 블룸의 인지적 영역의 목표 수준이 재구성되고 명사가 동사로 바뀌었고 '창조하다'가 가장 높은 수준의 목표가 되었다(Anderson & Krathwohl, 2001). 오른쪽 그림이 수정된 목표의 위계이다. 과목 전체의 학습목표는 '분석하다', '평가하다', '창조하다'와 같이 상위수준의 목표로 진술하는 것이

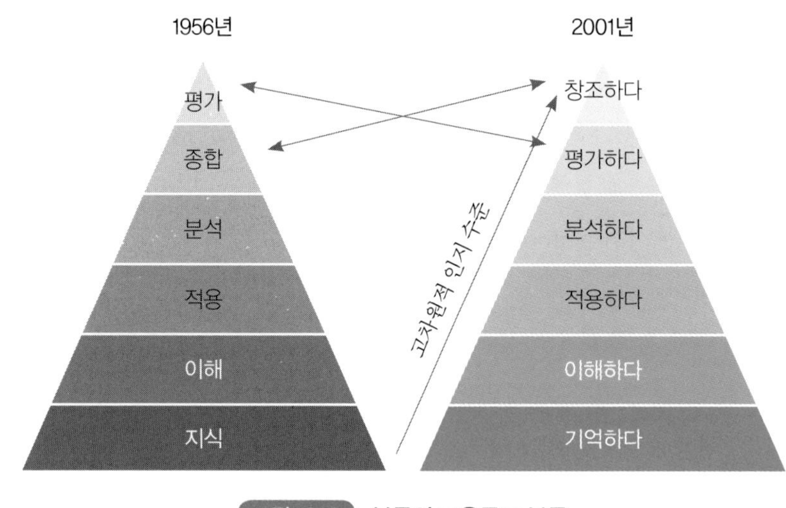

그림 12-2 블룸의 교육목표 분류

바람직하지만, 차시별 수업목표는 하위목표로 구성하여 한 학기를 마칠 때에는 상위수준의 학습목표를 달성하게 할 수 있다.

대부분의 교육활동은 인지적 성과에 중점을 두고 있지만, 실제 교실에서 교사는 인지적 영역에 포함되지 않는 학생의 태도, 가치, 감정 등에 초점을 두는 정의적 영역(affective domain)에 대한 수업목표를 세울 수 있다. 정의적 영역의 수업목표는 어떤 현상이나 자극을 수동적으로 받아들이는 수용(receiving), 어떤 자극에 대해 반응 행동을 보여 주는 반응(responding), 어떤 상황에서 일관된 태도와 믿음을 가지고 행동하는 가치화(valuing), 가치관에 따라 올바른 선택을 할 수 있는 조직화(organization), 자신의 가치관에 따라 지속적이고 일관성 있는 행동을 하는 인격화(characterization)까지 5단계로 구분할 수 있다(Krathwohl, Bloom, & Masia, 1964). 높은 단계의 정의적 수업목표로 올라갈수록 다른 사람의 느낌, 태도, 가치에 좌우되지 않고 학생 스스로의 결정이나 가치판단에 따라서 일관성 있는 행동을 할 수 있다.

신체적 수행 능력과 관련된 심리운동 영역(psychomotor domain)의 수업목표 위계는 단순한 모방(imitation)에서 설명을 듣거나 읽고 특정 행동을 하는 조작

(manipulation), 어떤 행동을 정확(precision)하게 하는 것, 여러 단계의 행동을 순서에 따라 정확하게 행동하는 연합(articulation), 배운 행동을 능숙하게 해내는 순응(naturalization)까지 5단계로 분류한다(Harrow, 1972; Moore, 1992). 심리운동 영역에서는 단계가 높아질수록 좀 더 복잡하고 빠른 신체기능을 요구한다.

2) 수업의 실행과 평가

실행단계는 교사가 교실에서 수업을 도입, 전개, 정리의 단계로 구분하여 실행하는 단계이다. 수업의 도입 부분에서는 주로 학생의 동기 유발, 학습목표 확인, 학습활동을 안내하고, 전개 부분에서는 주요 학습활동을 진행하며, 정리 부분에서는 마무리 활동, 학습 내용 정리, 차시 학습 예고 등을 한다. 수업목표에 따라 수업 방법과 매체를 선정하고 활용하여 수업을 진행한다.

교육평가는 교수 · 학습과 관련하여 시행하는 목적과 시점에 따라 크게 진단평가(diagnostic evaluation), 형성평가(formative evaluation), 총괄평가(summative evaluation)로 나눌 수 있다. 진단평가는 수업을 시작하기 전에 학습자의 능력, 선수학습 정도 등을 파악하여 학급을 편성하거나 수업을 설계하기 위해서 실시하고, 형성평가는 교수 · 학습이 진행되는 동안에 계획대로 잘 진행되고 있는지 확인하기 위해 실시하며, 총괄평가는 교수 · 학습이 끝난 후에 성취 수준을 판단하기 위해 실시한다.

또한 학생들을 평가하는 주체가 누구냐에 따라 자기평가, 동료평가, 교사평가로 나눌 수 있다. 자기평가와 동료평가는 관찰을 통해 알기 어려운 학생들의 학습 정보를 획득하여 교수 · 학습을 개선하기 위해 활용할 수 있으나, 평가결과의 객관성과 공정성을 담보하기 어려워 성적을 내기 위한 목적으로 사용하기에는 다소 한계가 있다. 교사평가는 평가결과를 학교 성적에 반영하기 쉽다는 점에서 다른 방법보다 유리한 점이 있다.

2. 교수 · 학습이론

교사는 교과 내용에 대한 지식뿐 아니라 교과 내용을 어떻게 가르칠지에 대한 지식도 갖추고 있어야 한다. 브루너의 발견학습, 오수벨의 유의미학습, 가네의 교수 · 학습이론, 구성주의 학습이론과 같은 교수 · 학습이론은 교사에게 효과적으로 수업하는 방법을 알려 준다.

1) 발견학습

발견학습
학습자가 스스로 학습의 기본 원리를 발견해 나가는 학습

지식의 구조
학문의 기저를 이루고 있는 일반적 아이디어 및 원리, 기본 개념

발견학습(discovery learning)은 학생이 스스로 원리나 법칙을 찾아내도록 하는 학습활동을 통해 특정 영역에 대한 지식과 문제해결능력을 기르도록 하는 것이다. 브루너는 한 분야의 기본적인 개념, 이들 간의 관계 또는 전체 패턴과 같은 **지식의 구조**(structure of knowledge)를 학생이 이해한다면 학습이 더 의미 있고 유용하며 잘 기억될 것이라고 보았다.

브루너(Bruner, 1960, 1962)는 모든 지식이 구조를 지니므로 어떤 학습과제든지 아동의 발달단계에 맞게 구조화하여 제시하면 어떤 아동이라도 효과적으로 학습할 수 있다는 가정하에 나선형 교육과정(spiral curriculum)을 제안하였다. 나선형 교육과정은 동일한 내용을 처음에는 쉽게 제시하고 학년이 올라감에 따라 점차 심화, 확대하여 결국 어려운 내용을 완전히 이해하게 되는 교육과정을 의미한다.

학습자가 정보의 구조를 잘 파악하기 위해서는 교사의 설명을 단순히 받아들이기보다 학습자가 능동적으로 학습 내용의 주요 원리를 파악해야 한다. 학습자가 탐구심과 호기심을 가지고 다양한 대안을 탐색해야 하므로 학습자의 탐색행동을 지속시킬 수 있는 적절한 난이도의 과제와 과제 목표를 명확히 제시하는 것이 중요하다. 발견학습에서는 교사가 예시를 제시하고, 학습자는 이들 예시 간의 관계, 즉 학습주제의 구조를 발견하는 학습활동을 한다.

발견학습은 구체적인 사례를 이용하여 일반적인 원리를 추출해 내는 **귀납적 추**

리(inductive learning)를 통해 이루어진다. 예를 들어, 학생에게 삼각형을 보여 주면서 삼각형이 아닌 도형의 실례를 충분히 제시해 주면 학생은 결국 삼각형이 갖추어야 할 기본 특징이 무엇인지 발견하게 된다. 또한 교사는 학습자에게 불완전한 증거에 근거하여 직관적인 추측을 하도록 한 다음, 이 추측을 체계적으로 증명하여 문제를 해결하도록 안내해 주는 질문을 하면서 돕는다. 예를 들어, 조수의 흐름과 선적사업에 대하여 학습한 후, 교사는 학생에게 3개의 항구가 있는 지도를 보여 준다. 그리고 학생에게 다음 중 어느 항구가 주요 항구가 될지를 추측하게 한다. 학생은 체계적인 연구를 통해 자신의 추측을 확인하여 주요 항구가 되는 원리를 학습한다.

귀납적 추리
구체적인 사례를 통해 일반적인 원리를 도출

브루너는 학습자가 지식을 가장 쉽게 학습할 수 있도록 구조화하여야 한다고 제안한다. 교과의 구조를 이해하면 그 교과를 이해하기 쉽고, 언제라도 필요할 때 재구성이 가능하며, 전이효과를 기대할 수 있다. 교사는 학습자가 이해, 변형, 전이하는 데 도움이 되도록 학습자료를 순서대로 조직하여 제시해 주며, 학생의 질문에 답을 할 때는 개념의 정의보다 탐구의 과정을 일깨워 주는 안내자 역할을 해야 한다.

발견학습은 학문의 결과보다 사고과정을 중요시하므로 지식의 발견과정에서 학습자가 능동적으로 참여하는 것은 학습 내용을 더 깊이 이해할 수 있게 한다. 학습자 스스로 배우는 것에 대해 가치를 부여하고 학교에서의 학습활동에 대해서도 긍정적인 태도를 형성할 수 있다.

수업 장면에서 학습자가 성취에 대한 만족감을 얻도록 하거나 실패와 오류를 교정하도록 도움을 주는 강화(reinforcement)를 제공한다. 강화는 학습자의 특성에 맞게 개별화되어 제공해야 하며 학습의 즐거움에 연결되는 발견의 기쁨, 성취의 만족감 등의 내적 보상이 외적 보상보다 효과적이다.

2) 유의미학습을 위한 설명식 교수이론

오수벨(Ausubel, 1968)은 교사가 많은 양의 학습 정보를 학습자에게 의미 있고 효과적으로 전달하는 설명식 수업(expository teaching)을 제시하였다(Ausubel, 1968, 2000). 교사가 학습내용을 설명하는 교사중심적인 수업을 하는 것은 학습자가 수동적이 되고 무조건 암기를 하게 되어 발견학습처럼 의미 있는 학습이 되기 어렵다. 오수벨은 이러한 점을 보완하기 위해 교수자가 학습자의 흥미, 선행학습 수준에 적합한 과제를 제시하여 학습자의 사고를 활성화하고 학습자의 인지구조를 변화시키는 **유의미학습**(meaningful learning)을 제안하였다. 유의미학습은 학습자가 새로운 학습과제를 기존에 가지고 있는 지식과 의미 있게 관련지어 학습하는 것이다.

유의미학습
학습자가 새로운 학습과제의 내용을 자신의 인지구조와 의미 있게 관련지어 학습을 수행하는 것

유의미학습에서 교수자는 새로운 학습과제를 학습자의 인지구조에 적합하도록 선정하고 구성하여 제시하는 것이 중요한데 이를 위해 **선행조직자**(advance organizer)를 활용한다. 선행조직자란 새로운 과제를 본격적으로 공부하기 전에 제시되는 지도나 도표, 개념도, 학습할 내용의 중요 상위개념 등과 같은 자료로서 학습자가 이미 알고 있는 것과 배울 것의 사이를 연결하는 교육적 장치이다. 선행조직자는 새로운 과제보다 더 높은 수준의 개념이나 원리를 의미하며 새로운 지식을 의미 있게 학습하는 데 필요한 관련 지식을 활성화한다.

선행조직자
새로운 학습에 앞서 추상적이고 일반적이며 포괄성 정도가 높은 자료를 제시하는 것

선행조직자를 활용한 수업은 선행조직자의 제시, 학습내용의 제시, 인지구조의 강화 등 3단계 수업절차로 할 수 있다(Joyce, Weil, & Calhoun, 2004).

(1) 선행조직자의 제시

수업목표를 명확히 하고 선행조직자를 제시하며 학습자들이 관련된 자신의 경험과 지식을 생각하도록 한다. 학습목표를 명확히 하는 것은 교수자의 수업 방향 설정과 학생의 동기 유발에 도움이 되어 유의미학습을 촉진한다. 선행조직자는 학습자의 기존 지식이나 경험과 관련 있는 내용이 포함되도록 해야 하지만 단순히 이전에 학습한 내용의 복습이나 요약과는 다르다.

(2) 학습내용 제시

효과적인 유의미학습이 이루어지도록 하기 위해서 교사는 학습과제를 학습자

가 이해하기 쉽게 정리하고 구조화하여 제시해야 한다. 선행조직자와 학습내용이 상호 관련되도록 제시하고 먼저 제시하는 내용이 나중에 제시하는 내용을 포괄할 수 있도록 상위 개념에서 하위 개념으로 위계적으로 수업 내용이 구성되도록 한다.

(3) 인지구조의 강화

학습자는 자신의 인지구조에 새로운 학습내용이 통합되고 정착되도록 노력하여야 한다. 학습자가 능동적으로 학습내용을 수용하도록 교사는 학습자에게 학습내용의 본질을 설명하도록 요구한다. 선행조직자와 학습내용, 기존의 인지구조가 통합되어 위계적으로 개념화되며 학습을 점검한다.

오수벨의 설명식 교수이론은 지금까지 없었던 새로운 이론은 아니지만 효과적인 수업이 무엇인지에 대한 정보를 주었다는 점에서 의미가 있다. 선행조직자를 활용하는 수업에서는 교사의 지도하에 수업 내용이 체계적이고 조직적으로 학습자에게 전달된다. 이 수업은 핵심 내용에서부터 단계적으로 개념이 이해되고 구조화되는 내용일 때 효과적이다. 그러나 학습자가 사전지식이 없는 경우에는 포괄적이고 추상적인 선행조직자의 제시로는 학습을 돕기 어렵다는 단점이 있다.

3) 학습의 조건

가네(Gagné, 1985)는 인지적 정보처리과정과 수업에 관한 체계적인 연구결과들을 결합하여 좋은 수업을 위해 무엇을 고려해야 하는지 정리하였다. 가네는 학습의 성과로 일정한 능력이 성취될 수 있으며 이러한 능력은 학습자의 인지과정과 수업에서 이루어지는 환경적 자극에 의하여 획득된다고 하였다([그림 12-3] 참조).

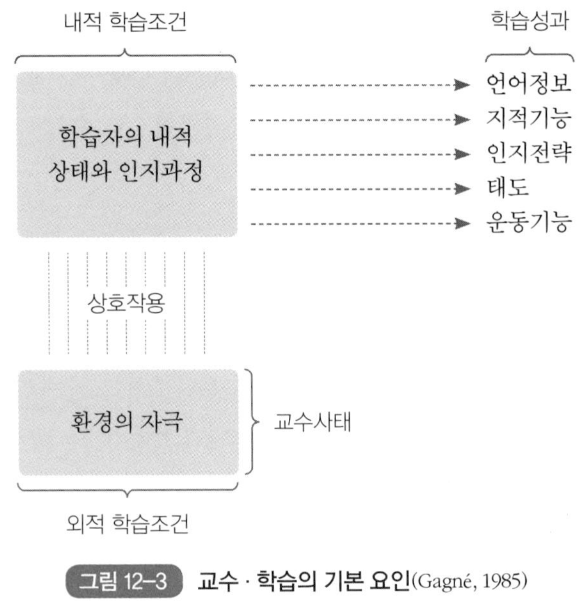

그림 12-3 **교수 · 학습의 기본 요인**(Gagné, 1985)

(1) 학습성과

> **학습성과**
> 학습자가 지속적으로 특정 행위를 할 수 있는 능력으로 교수 · 학습을 통해 성취되어야 할 목표

가네에 의하면 **학습성과**(outcomes of learning)란 학습자가 지속적으로 특정 행위를 할 수 있는 능력(capabilities), 교수 · 학습을 통해 성취되어야 할 목표를 의미하며 언어정보, 지적기능, 인지전략, 태도, 운동기능의 다섯 가지 유형으로 분류된다.

가네의 학습성과의 다섯 가지 유형은 다음과 같다. 언어정보(verbal information)는 조직화된 정보 또는 지식으로서, 학습자가 자신의 용어를 사용하여 정보를 진술하는 능력을 의미한다. 블룸의 교육목표 분류에서 인지적 영역에서의 지식과 비슷한 맥락이다.

지적기능(intellectual skills)은 읽기, 쓰기, 숫자 등의 상징을 이용하여 환경과 상호작용하는 능력을 의미한다. 앞서 제시한 언어정보가 내용(what)이라고 본다면 지적기능은 방법적 지식(knowing how) 또는 절차적 지식(procedural knowledge)에 속한다. 블룸의 교육목표 분류에서 인지적 영역의 '이해하다', '적용하다', '분석하다', '종합하다', '평가하다'와 비슷한 맥락이다. 이는 단순히 어떤 개념과 속성에 대한 사실적 지식과 구별되며, 사실적 지식을 사용하고 구별하고 분류하는 능력

을 의미한다.

인지전략(cognitive strategies)은 학습자가 자신의 학습, 기억, 사고, 행동을 관리하는 기능을 의미한다. 학습자가 사고기법, 문제분석법, 문제해결법 등을 학습하여 자신의 내적 인지과정을 조절하거나 통제하는 초인지적(metacognitive) 사고기능으로서 학습자 자신의 내면적인 행동과 연관된다. 인지전략은 학습자가 학습하고, 기억하고, 문제를 해결해야 하는 상황을 반복적으로 경험하면서 향상되며, 이러한 전략은 비슷한 상황의 문제해결에서 전이되어 활용된다.

태도(attitudes)는 특정한 방식으로 행동하는 것을 선택하는 것으로 개인의 선호경향성이며 블룸의 교육목표 분류에서 정의적 영역의 수업목표와 관련된다. 타인에 대한 배려, 관용, 학습에 대한 긍정적 태도 등을 형성하는 것은 교수 · 학습에서 중요한 수업목표이다.

운동기능(motor skills)은 단순한 행동에서 복잡한 수준까지의 행동을 수행하는 능력이며 블룸의 교육목표 분류에서 심리운동적 영역 목표에 해당된다.

(2) 학습의 조건

[그림 12-3]에서 볼 수 있듯이 학습성과는 내적 학습조건과 외적 학습조건의 상호작용 결과로 얻어진다. **내적 학습조건**(internal conditions of learning)이란 새로운 정보를 획득하기 위해 필요한 내적 상태와 정보를 처리하는 인지과정을 의미하며 선행학습, 학습동기, 자아개념, 주의력 등을 예로 들 수 있다. **외적 학습조건**(external conditions of learning)이란 학습자의 내적 인지과정을 돕는 환경적 자극으로 교수사태(instructional events)라고 한다. 의도적으로 계획된 학습은 다양한 과제와 학습과정 그리고 각기 다른 학습과정을 통해 학습된 결과, 학습이 이루어지는 조건(conditions) 등을 포함하여 설명될 수 있으며 이러한 학습원리는 다양한 상황에서 활용될 수 있다.

내적 학습조건
새로운 정보를 획득하기 위해 필요한 내적 상태와 정보를 처리하는 인지과정

외적 학습조건
학습자의 내적 인지과정을 돕는 환경적 자극

학습자의 내적 인지과정은 9단계로 이루어져 있으며 이러한 인지과정과 외적 학습조건으로서의 교수사태는 상호 긴밀한 관계를 맺는다(Gagné & Briggs, 1979). 이는 수업의 절차인 도입, 전개, 정리의 과정과도 연관된다.

표 12-1 학습자의 인지과정과 교수사태

	인지과정	교수사태
학습을 위한 준비	주의집중	주의집중 유발
	기대	수업목표 제시
	작업기억으로 재생	선행지식 자극
획득과 수행	선택적 지각	자극자료 제시
	의미론적 부호화	학습 안내 제공
	재생과 반응	성취행동 유발
	강화	피드백 제공
학습의 전이	재생을 위한 암시	성취행동 평가
	일반화	파지와 전이 높이기

① 학습을 위한 준비

- **주의집중 유발**: 학습자의 주의집중이 없다면 학습은 이루어지지 않으므로 수업 시작뿐만 아니라 수업 진행 전 과정을 통해 학습자가 주의를 집중하도록 하는 것이 중요하다. 교사는 학습자의 흥미나 호기심을 자극할 수 있는 언어적 · 비언어적 자극이나 시청각 자극을 사용한다. 또한 학습자에게 흥미로운 질문을 하거나, 그림이나 사진, 도표, 관련 동영상 등을 먼저 제시하면서 수업을 전개한다.
- **수업목표 제시**: 학습자에게 자신이 달성해야 할 수업목표를 알려 주는 단계이다. 수업목표란 학습자에게 기대하는 학습성과이며, 이는 수업이 종료되었을 때 학습자에게서 나타나기를 기대하는 성취행동을 의미한다. 교사가 학습과제를 다루기에 앞서 학습목표를 제시해 주면 학습자는 기대를 가지고 학습내용에 더욱 주의를 집중하게 된다.
- **선행지식 자극**: 새로운 학습은 관련된 선행지식에 의존하여 이루어진다. 교사는 학습자가 이전에 배운 관련 내용을 떠올리도록 하여 새로운 정보를 이해하고 기억하는 데 활용한다. 수업 도입부에 이전 시간에 배운 내용을 복습하

거나, 필수적인 선행지식을 다시 설명한다.

② 획득과 수행

- **자극자료 제시**: 학습자료 또는 교재 등의 자극이 구체적인 상황과 함께 학습자에게 제시되는 단계이다. 이때 자극을 주는 자료는 수업의 주제에서 벗어나지 않도록 해야 한다.
- **학습 안내 제공**: 수업에서 사고와 탐구를 자극하기 위해 질문, 단서, 암시 등의 학습 안내를 제공하는 단계이다. 교사가 정답을 알려 주는 것보다 학습자 스스로 사고하고 탐구할 수 있도록 단서나 힌트를 제공해 주는 것이 더 바람직하다.
- **성취행동 유발**: 학습자가 이미 알고 있던 것과 새롭게 배운 것을 통합된 지식으로 확인하고 증명하는 기회를 갖는 단계이다. 연습문제를 풀어 보거나 수업 내용에 대한 질문에 대답하고 실습해 보는 등 새로운 능력을 사용하는 행동을 유발한다.
- **피드백 제공**: 학습을 마친 후 학습자의 성취행동이 목표대로 달성되었는지 피드백을 제공하는 단계이다. 교사는 학생의 성취행동에 대하여 고개를 끄덕이거나 칭찬을 하는 등 여러 가지 방식으로 피드백을 제공할 수 있다. 피드백을 통하여 학습목표를 달성한 학습자는 강화를 받고, 목표를 달성하지 못한 학습자는 잘못된 부분을 수정하게 된다.

③ 학습의 전이

- **성취행동 평가**: 교사는 미리 계획을 세워 학습성과에 대한 평가를 체계적으로 해야 한다. 평가방법은 학습성과의 유형에 따라 달라질 수 있다. 예를 들어, 언어정보는 학습한 정보를 시험을 통하여 평가할 수 있고, 지적기능은 학습된 개념 및 법칙을 새로운 상황에 적용해 보도록 함으로써 수행결과를 평가할 수 있다.
- **파지와 전이 높이기**: **파지**(把持)란 학습한 내용을 기억하고 있는 것을 의미하

파지
학습한 내용을 기억하고 있는 것

전이
학습한 정보를 일반화하거나 적용함

고, **전이**(轉移)란 새롭게 학습된 정보를 다른 상황으로 일반화하거나 적용할 수 있는 것이다. 일반적이고 보편적인 내용을 학습하고 특수한 상황마다 일반적인 내용을 전이하여 이해할 수 있도록 하는 것은 학습의 최종 목표이다. 파지와 전이를 높이는 방법은 학습성과의 유형에 따라 다르다. 예를 들어, 언어정보는 학습자에게 배운 정보를 다른 말로 진술해 보게 하거나 더 발전시켜 보는 연습의 기회를 제공하고, 지적기능은 일정한 간격을 두고 복습의 기회를 적절히 제공함으로써 증진할 수 있다. 인지전략은 여러 가지 다양한 문제상황을 제시하여 해결책을 찾도록 기회를 부여할 수 있고, 운동기능은 계속적인 연습을 통해 파지와 전이를 강화할 수 있다.

가네는 수업의 처음부터 끝까지 어떻게 해야 하는지와 관련된 체계적이고 명확한 교수설계 모형의 개발에 영향을 주었다. 학습의 주요 변인에 대한 분석과 이러한 변인을 고려하여 수업을 어떻게 조직해야 할 것인지에 대해 설명함으로써 수업을 위한 유용한 활동 지침을 제공하였다는 점에서 의미가 있다.

가네는 학습내용이 단순한 것에서 복잡한 것으로, 낮은 수준에서 높은 수준으로 위계를 이루고 있다고 보았다. 따라서 학습은 위계에 따라 이루어져야 하며 위계적으로 낮은 수준의 핵심 지식이 먼저 학습되지 않는다면 후속학습이 이루어질 수 없다. 복잡한 기능을 학습하기 위해서는 **학습과제분석**(learning task analysis)을 통해 핵심적 선행학습 요소를 확인하고 학습성과의 위계를 고려하여 수업계획이 이루어져야 한다.

학습과제분석
가르쳐야 할 내용을 분석하는 과정. 최종 학습과제의 학습유형을 확인하고 배워야 하는 하위 학습내용과 학습 절차를 분석

또한 가네는 학습자의 인지과정에 적합한 수업을 제공해야 한다고 하였다. 학습이 이루어지기 위해 새로운 학습을 위한 선행지식이 학습되어야 하며 학습하려는 동기가 형성되고 지속적으로 유지되어야 한다. 학습자의 학습과 기억은 여러 단계의 활동을 통해 이루어지므로 수업은 학습자의 정보처리과정에 영향을 미치는 다양한 활동으로 구성되어야 한다.

4) 구성주의 학습이론

구성주의 학습이론은 지식이 외부에 고정적으로 존재하는 것이 아니라 학습자가 스스로 구성한다고 보는 이론이다. 학습자는 기존의 학습을 바탕으로 정보를 의미 있게 학습하고 스스로 자신의 지식을 수정하고 새로운 지식을 만들어 낸다. 학습자의 능동적이고 적극적인 역할을 강조한다는 점에서 구성주의 학습이론은 학습자 중심 교육(learner-centered education)이라고 한다.

구성주의 학습이론은 환경이 학습자 개인에게 미치는 영향을 강조하는 행동주의이론이나 개인의 정신 내에서 일어나는 인지처리과정을 강조하는 정보처리이론과는 지식과 학습에 대하여 다른 관점을 지니고 있다. 기존의 교수 · 학습이론과 구성주의 학습이론을 비교하면 다음과 같다.

첫째, 구성주의 학습이론은 지식이 고정된 것이 아닌 상대적인 것으로 수정되거나 변화될 수 있다고 본다. 기존의 교수 · 학습이론에서는 지식이 외부에 독립적으로 존재하기 때문에 모든 사람이 동일하게 인식할 수 있다고 가정한다. 그러나 구성주의 학습이론에서 지식은 개인의 경험, 선행지식, 흥미, 태도 등에 따라 다르며 지식이 적용되는 상황과 맥락에 따라 지식에 대한 의미도 달라진다.

둘째, 구성주의 학습이론에서는 학습자가 교수 · 학습과정에서 중심이 된다. 교수자 중심 교육에서 교사는 효과적으로 외부의 지식을 학습자에게 전달한다. 교사가 교육의 목표, 내용, 방법, 평가 등을 결정하고 학습자는 교사가 전달하는 지식을 수동적으로 받아들인다. 반면, 구성주의 학습이론에서 학습자는 스스로 개인의 경험에 기초하여 의미를 만들어 가거나 다른 학습자와 상호작용하는 가운데 지식을 구성하는 능동적인 역할을 한다. 구성주의 학습이론에서 교사는 학습자를 안내하고 학습자의 지식 구성을 촉진하는 학습 환경을 조성하여 학습자가 스스로 의미 있는 발견을 하도록 기회를 제공하는 보조자이다.

학습자 중심 교육은 학습자 스스로 지식을 발견하고 구성할 수 있는 학습환경이 제대로 조성되어 있을 때 효과적으로 구현된다. 교수자는 학습자가 정보를 제대로 이해하고 문제를 해결할 수 있도록 수업을 설계하여 제공하고 학습자는 스

표 12-2 **교수자 중심의 교수·학습이론과 구성주의 학습이론 비교**

	【교수자 중심】 기존 교수 · 학습이론	【학습자 중심】 구성주의 학습이론
지식	• 지식은 고정되어 있는 것 • 지식은 외부에 객관적으로 존재함 • 지식의 일반성, 보편성을 강조	• 지식은 가변적인 것 • 지식은 개인의 경험에 의한 해석으로 끊임없이 수정되고 변화될 수 있음 • 지식의 개별성과 특수성을 강조
교수 · 학습	• 교수자 중심으로 이루어짐 • 교사가 학습자에게 지식을 전수하는 역할을 하므로 교사의 역할이 절대적임 • 교사가 학습목표, 내용, 방법, 평가 등 일련의 교수 · 학습과정을 모두 결정하는 주도권을 지님 • 외부에 있는 일반적 지식을 학습자 내부로 옮기는 것을 학습으로 간주함	• 학습자 중심으로 이루어짐 • 학습자는 스스로 지식을 구성하는 능동적 · 적극적 존재임 • 학습자가 선행지식에 근거하여 지식을 재구성함 • 학습자가 환경(맥락, 상황)을 고려하여 다른 학습자들과의 사회적 상호작용을 통해 지식을 구성함 • 교사는 보조자, 촉진자, 코치의 역할
관련 이론	• 행동주의이론: 환경이 개인에 미치는 영향을 강조함 • 정보처리이론: 학습이 일어나는 환경, 맥락보다는 개인의 정신 내에서 일어나는 인지처리과정을 강조함	• 피아제의 인지발달이론을 발전시킨 인지적 구성주의: 인지발달에 있어 개인의 인지적 활동을 강조함 • 비고츠키의 인지발달이론을 발전시킨 사회적 구성주의: 인지발달에 있어 사회적 상호작용을 강조함

스로 이 과정을 경험해 나가는 학습자 중심 교수방법은 학교현장의 변화를 가져왔다.

구성주의자들은 교수 · 학습과정이 기초적인 원리에서부터 전체를 구성하는(bottom-up) 것이 아니라 전체적인 구성에서 출발하여 세부적인 것을 학습하는(top-down) 과정이어야 한다고 강조한다(Slavin, 2018). 학습자는 해결해야 하는 복잡한 문제에서부터 시작하여 과제를 해결하기 위해 요구되는 기본 지식과 기술을 발견하고 학습해 나간다. 쉽고 기초적인 개념과 원리부터 먼저 배우기 시작하는 기존의 교수 · 학습 순서와 정반대이다.

학습자 중심 수업에서 지식을 능동적으로 구성하는 것은 학습자 개인이므로 학습자의 자율성을 강화하도록 해야 한다. 구성주의자들이 이상적으로 생각하는 학습자는 효과적인 학습전략을 언제 어떻게 적용할지 알고 있는 자기조절학습자(self-regulated learner)이다(Barnes, 2013).

학습활동을 성공적으로 이끄는 데 또래 친구들과의 상호작용이 매우 중요하다. 학습자는 문제에 대해 동료 학습자들과 토의하면서 자신의 생각을 서로 공유한다. 자신의 생각과 다른 사람의 생각이 다를 때에는 서로 다른 의미에 대해 토의와 협상을 한다. 교사는 소규모 모둠 활동이 원활하게 이루어지도록 과제를 구조화하고 여러 의견이 토의되도록 지도한다.

3. 교수방법

온라인 강의 및 인터넷 자료를 활용한 수업이 활발해졌고, 학습자 중심 수업 방법의 소개로 교수방법은 더욱 다양해졌으며, 서로 혼합되어 사용되고 있다. 교사는 어떤 교수방법이 자신이 가르치는 교과 및 수업에 가장 적절한지 꾸준히 연구해야 한다. 학습자 중심 수업에서 학생들이 의미 있는 학습을 하려면 교사는 학습자 특성에 대해 더 잘 알아야 하고, 수업을 더 철저하게 계획하고 준비해야 하므로 더 많은 노력을 기울여야 한다(Sternberg & Williams, 2010). 여기에서는 대표적인 학습자 중심 수업 방법인 협동학습, 문제중심학습, 프로젝트중심학습, 거꾸로 학습에 대해 알아본다.

1) 협동학습

협동학습은 공통의 학습목표를 달성하기 위하여 소집단 내에서 동료들과 함께 학습하는 수업 방법이다. 협동학습은 교사가 학습내용을 학생들에게 안내한 후 2~6명의 학생들이 학습과제를 함께 학습하는 것과 같은 방식으로 이루어진다.

협동학습
각기 능력이 다른 학습자가 공통의 학습목표를 달성하기 위해서 소집단을 이루어 함께 학습활동을 하는 교수·학습 방식

협동학습은 집단 구성원 전체가 협력하여 지식을 습득함으로써 혼자 학습할 때보다 교과에 대한 지식이 증대된다. 집단 내에서 상호작용하면서 학생들은 인지불평형을 경험하게 되고, 사회적 지지나 비계를 제공받게 된다. 동료들에게 질문하고 설명하면서 학생들은 자신의 지식을 구조화하고, 연결하고, 검토해야 하는데 이러한 과정은 정보를 기억하는 데 도움을 준다(Woolfolk, 2019). 협동학습을 통해 서로의 학습을 도와주고 격려하면서 사회적 관계를 맺는 능력이 증진되며, 협동의 가치를 습득할 수 있다.

협동학습에서 조를 구성하는 일은 매우 중요하다. 지금까지의 연구결과에 따르면 구성원 간에 도움을 주고받을 수 있도록 이질적으로 편성하는 것이 가장 효과적인 것으로 나타났다. 학생의 능력 수준, 동기 수준, 사회경제적 지위, 성별 등을 고려하여 이질적인 집단을 구성하도록 한다. 한편, 집단 간에는 전체 능력에 있어서 동질적이어야 하는데, 이는 집단 간의 경쟁유도에 필수적이다. 즉, 협동학습의 집단을 구성할 때 집단 내 구성원은 이질적으로, 집단끼리는 동질적으로 구성하는 것이 좋다.

편성한 집단을 얼마나 오래 유지하느냐의 문제도 중요하다. 즉, 집단의 안정성에 관한 문제이다. 집단을 자주 바꾸는 경우, 여러 학습자와 폭넓은 교류를 갖게 되는 이점이 있으며 같은 구성원끼리 깊어질 수 있는 불화나 갈등을 미연에 방지한다는 이점이 있다. 반면, 너무 자주 바꾸게 되면 어느 정도 형성된 친밀한 관계가 없어지고 새로 짜인 집단의 구성원과 다시 사귀어야 하는 심리적 부담감이 생길 수 있다. 집단을 어느 정도 지속하는 경우, 깊이 있는 관계가 형성되어 협동심을 개발할 수 있다. 그러나 이 문제는 어느 쪽이 바람직하다고 단정적으로 말하기 어려우며, 교수자의 통찰과 판단에 따라, 때로는 학습자의 요구에 따라 결정하는 것이 좋다.

문제중심학습
다양한 해결책이 가능한 문제로 시작하여 문제를 해결하는 과정을 통해 필요한 지식을 스스로 배울 수 있도록 하는 교수방법

2) 문제중심학습

문제중심학습(problem based learning)은 실제적인 문제를 해결하는 과정을 통해

필요한 지식을 학습자 스스로 배울 수 있도록 하는 수업 방법이다. 의과대학에서 환자의 증상을 진단하는 것과 같은 실제적인 문제를 중심으로 학습을 하는 것처럼 학생이 실제 사회에서 경험할 수 있는 문제를 통해 학습한다.

실제 생활에서는 단순한 원리로 해결할 수 있는 문제는 없으므로 실제적 과제(authentic task)는 여러 측면을 포함하고 있어서 정답이 없고 다양한 해결책이 가능해야 한다. 교사는 학습자에게 실제 상황, 유의미한 맥락 속에서의 학습이 가능하고 학습을 위한 자극이 될 수 있는 실제적인 문제를 제시한다. 예를 들어, 의과대학의 문제중심학습에서는 환자나 지역사회 건강과 관련된 문제가 텍스트, 비디오, 시뮬레이션 등 다양한 형태로 제시된다. 교사는 학습자가 책임감을 갖고 문제해결을 할 수 있도록 제시된 문제와 학습자 자신의 삶이 어떤 관련이 있는지, 문제해결이 실제 삶에 어떤 도움이 되는지 인식하도록 돕는다.

학습자는 소집단 활동을 통해 문제를 해결하면서 이미 알고 있는 지식을 종합하고, 새로운 지식을 학습한다. 실생활의 맥락 속에서 문제를 해결하기 때문에 학습자의 흥미가 유발되기 쉽고, 학습자가 주인의식을 가지고 끝까지 문제를 해결해 나가도록 함으로써 자기주도적 학습력을 키울 수 있다.

3) 프로젝트중심학습

20세기 진보주의자들의 프로젝트 수업에서 발전된 **프로젝트중심학습**(Project Based Learning)은 프로젝트를 중심으로 학습자가 학습을 계획하고 설계하며 결과물을 만들어 내는 과정에서 새로운 지식과 기술을 습득하는 교수법이다.

프로젝트중심학습
프로젝트를 중심으로 학습자가 스스로 학습을 계획하고 결과물을 만들어 내는 교수·학습방법

프로젝트중심학습은 과제 해결 중심이어서 최종 결과물에 초점을 맞추는 반면, 문제중심학습은 학습자를 둘러싼 현실 세계에서 발생할 수 있는 문제에 직면하도록 하여 스스로 해결하고자 하는 내적 동기를 부여하고 문제와 관련된 지식을 스스로 탐구하며 해결해 가는 학습과정에 초점을 둔다. 프로젝트중심학습은 일반적으로 무엇을 해야 할지에 대한 지침이 구체적으로 주어지는 활동 중심의 과제형인 반면, 문제중심학습은 학습자가 무엇을 해야 할지를 제시된 문제 안에서 학

습자가 스스로 발견해야 한다.

프로젝트중심학습은 일반적으로 4단계로 구성되는데, 첫 번째 단계는 프로젝트 도입 단계로, 프로젝트를 함께 수행할 소집단을 구성하고, 각 집단의 합의를 통해 프로젝트 주제를 선정한다. 프로젝트 주제는 학습자들이 직접 느끼는 문제의식을 바탕으로 실제 적용이 가능한 주제를 정한다. 두 번째 단계는 프로젝트 계획 단계로, 프로젝트 수행을 위한 일정 계획을 수립하고 조사 영역을 결정한다. 세 번째 단계는 프로젝트 전개 단계로, 책, 전문가, 인터넷 자료 등 다양한 자원을 탐색하고 분석 및 종합하며, 토론과 협동학습을 한다. 마지막 단계는 프로젝트 정리 단계로, 결과물을 작성하여 발표하고 학습과정에 대해 성찰을 하며 서로 피드백을 주고받는다.

4) 거꾸로 학습

거꾸로 학습

학습자가 교실 수업에 앞서 동영상 등을 활용한 사전학습을 한 후, 교실에서 학습자 중심 활동을 하는 교수 · 학습 방법

거꾸로 학습 또는 플립러닝(flipped learning)은 학교에서의 강의식 수업과 집에서의 숙제로 구성된 전형적인 학습과정을 거꾸로 하는 교육모형을 말한다. [그림 12-4]에서와 같이 먼저 가정에서 동영상 강의를 학습하고, 학교 수업시간에는 예습을 통해 습득한 개념을 적용해 보는 역발상적 학습법이다. 여기서 핵심은 사전 동영상 학습보다 교실수업 공간의 재발견에 있다. 학교 교실은 함께 모여 토론하고 문제를 해결하는 공간이고, 사전 동영상 학습은 학습자를 더 깊고 넓은 배움으로 이끄는 출발점으로 활용해야 한다(Bergman & Sams, 2014).

거꾸로 학습의 절차를 살펴보면, 우선 교수자는 사전에 학습자가 배울 주요개념과 지식을 영상자료로 제작하거나 웹사이트의 관련 자료를 선별하여 학습자에게 제공한다. 학습자는 집에서 자신의 속도에 맞춰 제공된 자료를 수업 전에 학습한다. 이러한 예습은 거꾸로 학습의 성공을 좌우하는 가장 중요한 요소이다. 예습이 제대로 이루어지지 않으면 수업시간의 활동은 제한될 수밖에 없다. 학교 수업의 도입 부분에서 학습자는 예습한 내용 중 의문사항을 질문하고, 교수자는 학습자의 질문에 답을 하며 학습자들의 학습상황을 파악한다. 이와 더불어 교수자는

〈강의식 수업〉

〈거꾸로 교실〉

그림 12-4 강의식 수업과 거꾸로 학습 모형

수업시간에 해야 할 활동을 소개한다. 본격적인 수업 전개에서 학습자는 사전에 습득한 지식을 토대로 교수자가 제시한 활동, 예를 들어 토론, 프로젝트학습, 문제중심학습 등을 수행한다. 학습자가 활동을 수행하는 동안 교수자는 학습을 모니터링하고 피드백을 즉각적으로 제공하며, 개별 또는 팀별 코칭을 한다. 특히 교수자는 학습부진 또는 느린 학습자를 위한 개별화 학습을 진행한다. 마지막으로, 학습자는 자기 및 동료 평가를 시행하고 학습 성과에 대한 피드백을 받는다. 교수자는 다음 학습을 예고하고 과제를 안내하며, 학습자의 고차원적 사고력 개발을 위한 다양한 추가 자료들을 제공한다.

EDUCATIONAL PSYCHOLOGY

제 13 장

교수자의 이해와 학급운영

"교육의 질은 교사의 질 그 이상도 그 이하도 아니다."라는 말이 있듯이 교육에서 교사의 역할은 매우 중요하다. 교사에게 가장 중요한 역할은 학생들을 가르치는 것이다. 잘 가르치기 위해 전공에 관한 지식과 교육에 관한 지식을 갖추고 있어야 하며, 학생들에 대한 헌신적 소명감도 있어야 한다. 또한 교사는 효과적인 수업이 이루어질 수 있도록 학급을 잘 운영해야 한다.

1. 교수자의 이해

1) 교사 전문성

유능한 교사는 학습자에 대한 소명감과 열정을 가지고 학생의 특성을 잘 이해하며, 풍부한 전공영역의 지식을 능숙하게 전수하고, 교육상황에서 일어나는 문제를 해결하기 위하여 자신의 지식과 경험을 효율적으로 사용하는 교육 전문가이다.

교육 전문가로서 교사가 갖추어야 할 자질은 지식, 신념, 기술로 나누어 살펴볼 수 있다. 지식 관련 요소에는 수업의 내용과 수업 방법에 대한 지식, 학습자 발달에 대한 지식, 학습과정에 대한 지식 등이 있다. 가르치는 교과 내용을 잘 알고 있어야 하며, 학생들이 교과 내용을 잘 학습할 수 있도록 효과적인 수업 방법을 알고 있어야 한다. 풍부한 전공지식을 가지고 있어도 그것을 어떤 학생에게, 어떤 방법으로, 언제, 어떻게 제시하여, 어떻게 배우게 할 것인지를 알지 못한다면 유능한 교사가 되기 어렵다. 가르치는 학생의 인지발달 수준이 추상적인 사고를 할 수 있는 단계인지, 구체적인 것에 대해서만 사고할 수 있는 단계인지 알아야 발달 수준에 맞추어 지도할 수 있다. 또한 학생들이 어떻게 수업 내용을 받아들이고 기억하며 활용하는지에 대한 지식도 필요하며, 학생들의 학습동기를 증진시키는 방법 등에 대한 지식도 필요하다.

신념 관련 요소에는 교사의 가치관, 인성 및 태도, 교직 소명의식 등이 포함된다. 교사가 교직에 대한 소명감이 있다면 더 열심히 가르치고 학생에게 더 관심을 기울이며 상호작용할 것이다. 학생들을 배려하고 학생의 특성을 잘 이해하기 위해, 효과적인 교수를 하기 위해 끊임없이 연구하며 지속적인 노력을 기울일 것이다. 또한 동료 교사와의 관계 속에서 자신이 맡은 역할을 충실히 수행하는 책임감, 동료 교사의 요구에 공감하고, 공동의 목표를 위해 함께 노력하는 협동심 등도 교사가 갖추어야 할 태도이다.

기술 요소에는 수업 실행, 학급운영, 학교 행정 업무 처리 등이 포함될 수 있다. 수업 실행과 관련된 기술로는 학생들의 학습동기를 유발하는 능력, 학생의 사고를 촉진하는 질문을 하는 능력, 각종 교수·학습 자료를 적절히 활용하는 능력이 필요하다. 또한 효율적인 학습이 이루어지는 환경을 유지하도록 하는 학급운영 능력도 필요하다. 수업 중 학생을 훈육하거나 과제를 제출하거나 수업자료를 준비하는 데 시간을 낭비하지 않아야 하고, 학생들이 적극적으로 학습에 참여하도록 해야 한다. 또한 학교에서 필요한 행정적인 업무를 수행할 수 있는 능력도 필요하다.

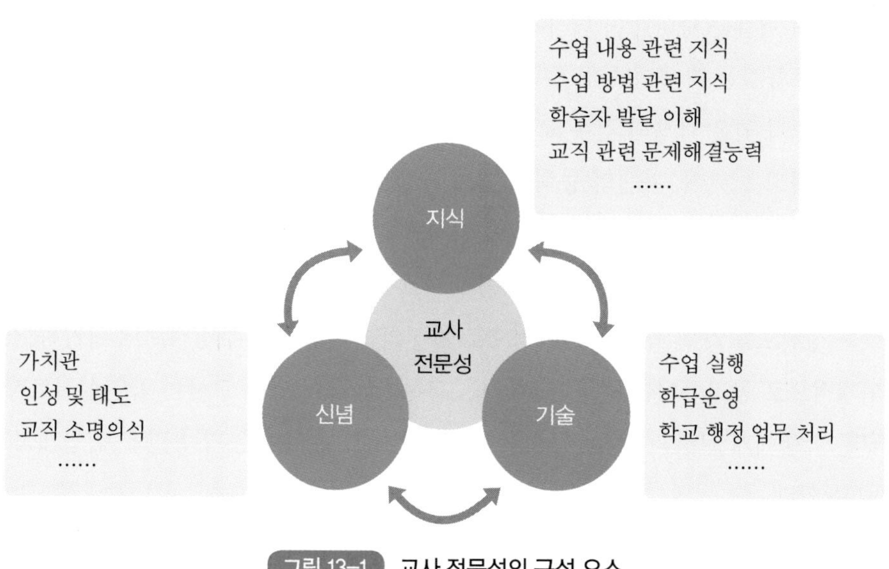

그림 13-1 교사 전문성의 구성 요소

2) 교사효능감

교사효능감
교사가 학생의 학습과 성취에 영향을 미칠 수 있다고 믿으며, 가르칠 때 필요한 여러 행동을 조직하고 실행할 수 있는 능력이 있다고 생각하는 것

교사효능감은 반두라(Bandura, 1986)의 자기효능감 개념에 기반한 것으로, 학생을 효과적으로 잘 가르치고 바람직한 인성을 가진 사람으로 교육할 수 있다는 교사로서의 신념이다. 교사가 학생의 학습과 성취에 영향을 미칠 수 있다고 믿으며, 가르칠 때 필요한 여러 행동을 조직하고 실행할 수 있는 능력이 있다고 생각하는 것이다.

교사효능감이 높은 교사와 낮은 교사는 여러 가지 점에서 차이를 보인다(Ashton, 1984). 교사효능감이 높은 교사는 학생에게 긍정적 영향력을 미칠 수 있다고 생각하며, 학생의 발전을 기대하고 학생의 학습을 자신의 책임이라 생각해서 더 효과적인 교수방법에 대해 고민한다. 학생과 함께 학습목표를 세우고 달성하기 위해 노력한다. 반면, 교사효능감이 낮은 교사는 가르치는 일에 대해 자주 실망하고 좌절한다. 학생이 학습에 실패할 수 있다는 것을 예상하지 못하고, 수업 준비를 제대로 하지 않는다. 학생이 학습하지 못할 때 자신의 문제라고 생각하지 않으며, 학생의 능력이나 동기 혹은 학생의 가정환경 탓을 한다. 학생들에게 실망감이나 무력감을 나타내며 의사결정을 독단적으로 한다.

교사효능감은 학생의 성취 수준에 따라 학생에게 다른 영향을 미칠 수 있다. 학업성취도가 높은 학생의 경우 교사효능감이 높고 낮음에 상관없이 자신의 수행이 적절하다고 느끼며, 자신의 능력에 대해 긍정적으로 평가한다. 그러므로 성취 수준이 높은 학생의 동기나 자아개념에 교사효능감이 큰 영향을 미치지 않는다. 반면, 학업성취도가 낮은 학생의 경우는 교사효능감이 중요한 영향을 미칠 수 있다. 낮은 성취도를 가진 학생은 일반적으로 자신의 학습능력을 부정적으로 평가하고, 외재적으로 동기화되는 경향이 있는데, 교사효능감이 낮은 교사는 학업성취도가 낮은 학생에게 교사의 낮은 기대를 전달하여 학생의 외적 동기 유발을 어렵게 만들 수 있다.

교사효능감이 높은 교사는 열정을 가지고 가르치고, 직무만족도가 높으며, 교직에 전념하는 정도가 높기 때문에 오랫동안 교직에 남을 가능성이 크다(김아영,

2012). 따라서 예비교사나 현직교사들을 교육할 때 교사효능감을 어떻게 높일 것인지 고려해야 한다. 높은 교수효능감을 갖기 위해서 교사는 목표를 설정할 때 숙달목표를 설정하여 교수 기술의 향상에 초점을 두고, 학생의 발전된 부분에 대한 자료를 모으도록 한다. 유능한 교사를 모델로 삼고, 지지를 받으며, 동료교사와 협력하며 수업에 대한 피드백을 받도록 한다(Alderman, 2008). 전문적인 연수를 활용하여 자신의 교수 기술을 향상시키도록 한다.

3) 교사의 기대

교사는 새 학년이 시작되면, 학생의 지난해 성적이나 교사의 평가, 학생의 외모나 행동 등을 통해 학생에 대한 기대를 형성한다. 이러한 교사의 기대는 학생들과 상호작용하는 방식에 영향을 미치며 학생의 학업성취에도 영향을 미친다. 교실에서 교사의 기대효과는 자기충족적 예언과 기대유지 효과로 나타난다.

자기충족적 예언(self-fulfilling prophecy)은 피그말리온 효과라고도 하는데, 로젠탈과 제이콥슨(Rosenthal & Jacobson, 1964)의 연구에서 소개되었다. 한 초등학교에서 비언어적 지능검사를 실시한 후 학급마다 학생 수의 약 20%에 해당하는 학생의 명단을 주면서 이 학생들이 앞으로 놀라울 정도의 발전을 할 것이라고 알려 주었는데 사실 이 명단은 무작위로 뽑힌 것이었다. 8개월 후 똑같은 비언어적 지능검사를 실시하였고, 교사에게 준 명단 속에 있었던 학생들이 의미 있는 지적 성장을 한 것으로 나타났다. 이 연구는 교사의 자기충족적 예언이 교실에서 이루어지고 있음을 보여 주었다. 자기충족적 예언이란 사실은 아니지만 기대가 실현될 것이라는 믿음을 가지고 노력한다면 결국 기대대로 이루어진다는 것이다. 교사가 특정 학생들이 더 큰 발전을 할 것이라고 기대하면 그들을 더 격려하는 방식으로 상호작용하게 되고 결국 교사의 기대와 같이 능력이 향상되는 결과가 나타나는 것이다.

자기충족적 예언
사실이 아니지만 기대하였기 때문에 기대한 바가 실현되는 것

또 다른 교사의 기대효과는 **기대유지 효과**(sustaining expectation effect)이다. 교사는 학생을 처음 만나면 여러 단서를 가지고 학생의 능력을 판단하고 그에 맞추어 학생에게 반응한다. 그런데 어떤 학생이 기대와 다르게 향상된 모습을 보일 때

기대유지 효과
학생의 향상을 인정하지 않고 항상 그 수준일 것이라는 교사의 생각이 실제로 학생의 수행을 그 수준에 머물게 하는 것

교사가 학생의 향상에 맞추어 자신의 기대를 수정하지 않을 수도 있다. 교사의 바뀌지 않는 기대가 학생의 성취를 교사의 기대 수준에 계속 머물게 하기 때문에 이를 기대유지 효과라고 부른다. 실제로 기대유지 효과는 자기충족적 예언 효과보다 더 흔하게 발생한다.

교사는 다양한 요인에 근거하여 학생에 대한 기대를 형성하게 된다. 즉, 부모의 학력과 직업, 교육적 관심과 같은 가정 배경, 단정한 용모와 같은 신체적 특징, 이전 담임교사가 제공한 정보나 학업성취도, 각종 심리 검사 기록, 수업 태도 등이 학생에 대한 기대 형성의 중요한 정보원이 될 수 있다. 교사가 이러한 요인에 근거하여 특정 학생에게 어떤 행동과 성취를 기대하게 되면, 이러한 기대에 근거하여 학생들에게 반응하게 된다. 능력이 적다고 인식된 학생들에게 교사는 질문을 덜 하고, 대답할 시간을 적게 주며, 답을 못할 때 힌트를 제공하기보다는 다른 학생을 지목한다. 학생들은 자신에게 보이는 교사의 반응을 통해 교사가 자신에게 기대하는 것이 무엇인지 알게 되며, 이를 통해 학생의 자아개념이나 성취동기가 달라진다. 교사가 지속적으로 기대에 따라 학생들을 다르게 대하고, 학생들이 이러한 교사의 행동을 거부하지 않는다면 시간이 지남에 따라 학생의 성취 수준이 교사가 그 학생에게 기대했던 수준에 가까워지게 된다(Good & Brophy, 1991).

교사의 지각이나 기대가 학생 개개인에 대한 어떤 단순한 예언 문제가 아니라 다른 학생과의 비교, 차별로 나타날 때 문제가 심각해진다(Brattesani, 1984; Weinstein, 1989). 학업 성적이 높은 학생과 낮은 학생을 교사가 차별하는 것은 학생의 내재적 동기 형성이나 학습 태도 및 결과에 상당한 영향을 미치는 것으로 나타났다. 또한 교사의 그러한 차별성 있는 지각과 기대는 학생에 대한 교사의 정서적 표현이나 행동에도 차이를 가져오며, 그것은 결과적으로 학생이 학습의 성공과 실패에 대한 귀인을 하는 데 영향을 미친다. 타인과의 상호작용에서 다른 사람이 자신에게 주는 작은 단서에도 민감하게 반응하는 타인지향적인 학생일수록 교사에게 의존적이고, 교사를 많이 좋아하는 학생일수록 교사의 기대에 많은 영향을 받는다(Brophy, 1982).

교사 기대의 부정적 효과를 피하는 전략은 다음과 같다(Woolfolk, 2013).

교사 기대의 부정적 효과를 피하는 전략(Woolfolk, 2013)

1. 학생의 시험 결과, 지난 학년의 생활기록부, 다른 교사의 평가에서 얻을 수 있는 정보를 조심스럽게 사용해야 한다.

- 학기 초 지난 학기 생활기록부나 지난 학년 성적을 보지 않는다.
- 다른 교사의 평가를 비판적 · 객관적으로 받아들인다.

2. 집단 편성에서 융통성을 가진다.

- 학생의 성취를 검토해 보고, 새로운 집단 편성을 시도해 본다.
- 다양한 능력의 학생을 같은 집단에 편성한다.

3. 모든 학생에게 도전적인 과제를 제공한다.

- "이 문제는 쉬우니, 선생님은 네가 잘할 수 있으리라는 것을 안다."라고 말하지 않는다.
- 다양한 난이도의 문제를 제공하고, 모든 학생이 추가 점수를 받기 위해 좀 더 어려운 문제를 풀도록 격려한다.

4. 토론 중에 학업성취도가 낮은 학생이 어떻게 반응하는지에 관심을 기울인다.

- 성취도가 낮은 학생에게는 문제를 풀 수 있는 힌트나 시간을 더 준다.
- 좋은 대답에 대해서는 충분히 칭찬해 준다.

5. 평가나 훈육의 절차는 공정하게 한다.

- 똑같은 위반은 똑같이 처벌하는지 확인한다. 무기명 질문지를 통해 교사가 얼마나 공정한지 학생에게 물어볼 수 있다.
- 학생의 정보를 보지 않고 점수를 채점한다. 때로는 다른 교사에게 의견을 물어볼 수 있다.

6. 모든 학생이 학습할 수 있음을 교사가 믿고 있다는 점을 전달한다.

- 기준에 미치지 못하는 과제에는 도움이 되는 구체적인 첨삭을 하여 되돌려 준다.
- 질문에 즉시 답하지 못하는 학생은 기다려 주고 대답을 생각해 낼 수 있도록 도와준다.

7. 모든 학생이 학습과제에 참여하도록 유도한다.

- 각 학생에게 읽고, 말하고, 대답할 기회가 공평하게 주어지고 있는지를 계속 점검한다.
- 누구에게 어떤 일을 하게 했는지 점검한다.

8. 교사의 비언어적 행동을 점검한다.

- '어떤 학생에게는 가까이 접근하고, 어떤 학생에게는 그렇지 않은지' 그리고 '어떤 학생이 다가오면 미소를 짓고, 어떤 학생에게는 인상을 쓰지 않는지' 스스로 점검한다.
- 교사의 말투가 학생에 따라 어떻게 변화하는지 점검한다.

교사는 낮은 기대의 학생을 격려하고자 할 때 과제와 상관이 없는 것이나 덜 중요한 것을 칭찬하곤 한다. 예를 들어, 작문 숙제에 대해 교사가 글의 내용에 대한 칭찬이 아니라 글씨에 대한 칭찬만 하는 것은 별 도움이 되지 않는다. 만일 학생이 과제와 관련 없는 것에 교사가 칭찬하는 것을 자신의 능력 부족으로 받아들인다면 문제는 더 악화된다.

또한 칭찬은 학생의 발달단계 측면을 고려해서 해야 한다. 나이 어린 학생은 노력이나 능력을 비슷한 것으로 인지하기 때문에 노력에 대해 칭찬하는 것을 자신의 능력에 대한 칭찬으로 받아들이지만, 노력과 능력을 다른 것으로 지각하고 있는 고학년 학생에게 지나치게 노력을 칭찬하는 것은 그들의 능력에 대해 교사가 낮은 기대를 하고 있다고 해석할 수 있기 때문에 유의해야 한다.

2. 학급운영

학급운영
생산적이며 효율적인 학습이 이루어지도록 학급환경을 유지하는 것

교사는 수업 시간에 떠드는 학생을 야단치거나 숙제를 언제 누구에게 제출해야 하는지와 같은 질문에 대답하느라 시간을 낭비하게 된다. 교사는 수업 시간이 학습 이외의 다른 무엇인가에 의해서 방해받을 때 그 상황을 분석하고 문제를 해결하기 위해 어떻게 해야 하는지 대처방법을 결정할 수 있어야 한다. **학급운영**

(classroom management)은 효과적인 학습환경을 만들기 위해 문제행동을 예방하고 대처하며, 수업 시간을 잘 활용하여 학생들의 학습이 효과적으로 이루어지도록 돕는 것이다. **훈육**(discipline)은 학생의 잘못된 행동에 대한 교사의 대처이다. 이전에는 학생들의 행동을 통제하기 위해 규칙을 만들고 적용하는 것을 강조하였으나 최근에는 외적 통제를 줄이고 학생들에게 자기조절의 기회를 만들어 주며 자기 훈육을 하는 것을 강조하고 있다.

훈육
학생의 잘못된 행동에 대한 교사의 대처

학급에서 학습 이외의 문제에 시간을 낭비하지 않고 효과적으로 학급을 운영하는 것은 중요하다. 시간이 부족해서 계획한 학습량을 끝까지 마치지 못하거나 충분히 다루지 못한다면 학생이 그 부분의 내용을 잘 학습했으리라고 기대할 수 없다. 충실한 학습이 이루어지기 위해서는 학습에 좀 더 많은 시간을 할애하여야 한다. 그러나 단순히 학습에 시간을 더 할애한다고 해서 저절로 학생의 학업성취가 올라가지는 않으며 주어진 시간을 효과적으로 사용해야 한다. 즉, 학생이 적극적으로 학습에 참여하는 시간을 늘려야 한다.

따라서 수업시간의 질적 관리를 위해 학급운영이 필요하다. 학급운영은 학생을 훈육하는 데 허비되는 노력을 줄여 주기 때문에 숙련된 교사는 문제예방을 위한 학급운영을 중요하게 생각한다. 효과적인 학급운영은 학생의 학습에 대한 참여를 증가시키고 수업 방해 행동을 감소시키며 학생이 수업시간을 효과적으로 사용하게 함으로써 학업성취를 높여 준다.

학급에서 일어나는 문제의 대부분은 규칙이나 수업의 절차를 모르기 때문에 일어난다. 학기 초에 교사가 학생에게 학급 내에서 지켜야 할 규칙, 절차, 위반 시 주어질 제재 등을 분명하고 구체적으로 명시한다면 수업 진행에 지장을 줄 문제를 사전에 예방하는 것은 물론 잘못된 행동을 훈육하느라 보내는 시간을 줄일 수 있다.

1) 학급운영의 계획과 실행

학생들에게 수업 시간에 기대되는 행동과 금지되는 행동이 있는데 이러한 것을 구체화한 것이 규칙(rule)이다. 절차(procedure)는 출석 점검을 하는 것, 과제를 제출하는 것과 같이 학급에서 활동이 진행되는 정해진 단계를 말한다.

교사는 새 학년이 시작되면 학급 내에서 따라야 할 규칙과 절차를 정한 후 학생에게 기대하는 행동이 무엇인지를 명확하게 알려 주어야 한다. 예를 들어, '다른 사람이 말할 때 경청하기'와 같은 규칙을 정하고, 학생들이 이러한 규칙을 볼 수 있도록 게시하는 것이 필요하다. 학급규칙은 학생의 행동에 대한 기준을 세우는 것으로 효과적인 학급운영에 필수 요소이다. 학급규칙의 설정 지침은 다음과 같다(Evertson, 1987). 학급의 규칙은 학교규칙과 일치하도록 정하며, 분명하게 진술해야 한다. 규칙이 있어야 하는 합리적인 이유를 강조해야 하는데, 아무런 근거나 이유 없이 규칙을 지키도록 강요한다면 학생은 규칙을 지키는 것에 대해 의심과 회의감을 갖게 된다. 규칙은 긍정적으로 진술하는 것이 좋은데, '싸움하지 않기'보다는 '친구들과 사이좋게 지내기'로 기술하는 것이 더 좋다. 규칙을 긍정적으로 진술하는 것은 학생에게 긍정적인 기대를 주고 학생의 책임감 형성에 도움이 된다. 규칙의 수는 최소화하며, 규칙을 만들 때 학생을 참여시키는 것이 중요하다. 학급 전체가 참여하여 토의과정을 통해 규칙을 만들면 학생 스스로 적극적으로 규칙을 지키게 된다.

학급운영을 효율적으로 하는 교사는 비효율적인 교사에 비해 학생의 학습진행 정도를 지속적으로 점검해 나가는 데 더 유능하다(Evertson & Emmer, 1982). 학급운영을 잘하는 교사는 개개 학생의 능력에 맞게 과제가 주어졌는지를 조사하고 그에 따라 수업 방식을 바꾸기도 하고 제출해야 할 과제에 대해서도 자세히 설명하였다. 또한 학생이 과제를 정확하게 이해하고 있는지, 과제가 어느 정도 진행되고 있는지를 계속적으로 파악하며, 제출된 과제는 적절한 피드백과 함께 학생에게 되돌려 줌으로써 과제를 완성할 수 있도록 하였다. 효율적인 학급운영이 교사의 감독 아래에서 재미없고 경직된 수업이 이루어지는 것을 의미하는 것은 아니다. 학급에서 수업을 방해하는 바람직하지 않은 행동이 사라짐으로써 수업은 매끄럽게 진행되고, 교사는 학생으로 하여금 협동적인 분위기 속에서 학습에 적극적으로 참여하게 하며 학생과의 상호작용을 더 많이 하게 된다.

2) 성공적인 학급운영의 기술

성공적으로 학급을 운영해 나가기 위해서는 문제가 발생한 후가 아니라 발생하기 전에 예방하는 것이 필요하다. 교사의 행동이 학생의 행동에 미치는 영향을 연구한 쿠닌(Kounin, 1970)은 효율적인 교사와 비효율적인 교사를 비교했을 때, 훈육 면에서는 큰 차이가 없으나 문제행동을 예방하는 면에서는 효율적인 교사가 더 유능함을 밝혔다. 그는 효율적인 학급환경과 교사의 특징을 몇 가지 변인을 통해 설명하였는데 함께 있음, 동시처리, 파문효과, 원활함, 집단경계이다.

함께 있음(withitness)은 교사가 학급에서 어떤 일이 일어나고 있는지 언제나 알고 있음을 말한다. 학급의 일을 교사가 다 알고 있다고 느낄수록 학급 내에서 문제행동이 일어나는 횟수가 줄어든다. 유능한 교사는 '머리 뒤에 눈을 가지고 있는' 것처럼 문제가 발생할 가능성이 있을 때 즉시 개입하고 문제가 심각해지도록 내버려 두지 않는다. 교사는 소수의 학생들과 상호작용하는 것이 아니라 모든 학생과 눈맞춤을 하면서 학급을 둘러보기 때문에 학생은 자기 자신이 항상 교사의 관심을 받고 있다고 느낀다. 반면, 비효율적 교사는 학생의 잘못된 행동에 너무 늦게 개입하고, 엉뚱한 학생을 야단치거나, 학생의 잘못된 행동에 과잉반응을 보인다.

동시처리(overlapping)는 교사가 동시에 여러 상황을 처리하는 것을 말한다. 수업 중에 두 학생이 떠들고 있을 때 교사가 수업을 갑자기 멈추고 두 학생을 불러 세워 야단을 치거나 벌을 준다면, 수업의 흐름이 끊어지고 다른 학생의 수업 집중에도 방해가 될 것이다. 교사는 수업을 진행하며 떠드는 학생 쪽으로 천천히 다가감으로써 학생의 떠드는 행동을 멈추게 한다면 훈육을 위해 낭비되는 시간 없이 학습이 이루어질 것이다.

파문효과(ripple effect)란 교사의 즉각적이고 효과적인 제지로 학생의 문제행동을 효과적으로 처리하는 것이다. 소란한 학급 분위기로 인해 수업 진행이 어려울 때 교사가 이런 분위기를 무시하고 수업을 진행하게 되면, 조용히 수업을 듣고 있던 학생도 떠드는 학생의 행동을 따라 하게 되고 결국 학급 전체에 영향을 주게 된다.

원활함(smoothness)은 강의나 수업이 큰 문제 없이 시작부터 끝까지 진행되는 정도를 말한다. 다양한 수업 활동이 자연스럽게 전환되고, 수업을 지연시키는 요인을 잘 관리하는 것이다. 교사가 수업 내용과 관련 없는 질문을 하거나 학생의 작은 잘못에 불필요한 훈육을 하는 것과 같은 일은 수업의 흐름을 방해한다.

집단경계(group alerting)란 학급의 모든 학생이 주의집중을 할 수 있도록 학급운영을 하는 기술을 말한다. 예를 들어, 질문을 할 때 출석부의 이름을 순서대로 부르면 누가 지적될 것인지 예상하게 되어 학생들은 수업 시간에 지루해하거나 관심을 다른 곳으로 돌리게 된다. 하지만 질문할 때 예상할 수 없는 순서로 하면 잠시 후에 자신이 발표를 할 수도 있다는 생각을 하게 되고 많은 학생이 수업에 집중하게 된다.

3) 학급의 문제를 해결하는 방법

아무리 교사가 유능해도 학급에서 일어나는 모든 문제를 사전에 예방할 수는 없다. 만약 학생이 학급에서 문제행동을 보인다면 교사는 어떻게 대처해야 하는가? 모든 교사는 학급 내에서 학생의 문제행동에 부딪힐 수밖에 없는데, 이때 학급 내의 질서를 확립하기 위하여 훈육(discipline)을 사용해야 한다.

문제행동을 보이는 학생에게 왜 자신의 행동이 문제가 되고 자신이 그 행동에 책임을 져야 하는지 이해하도록 도움을 주는 것이 교사가 할 수 있는 가장 이상적인 방법이다. 그러나 학생이 자신의 행동을 책임질 능력이 없거나 책임질 의지가 없을 때에는 시간 제약과 안전 문제 등을 고려해 본다면 교사가 직접 개입하는 행동주의적 접근이 더 효과적일 수 있다. 훈육에 대한 행동주의적 접근에서는 효율적인 학급운영을 위해 바람직한 행동은 강화하고 바람직하지 못한 행동에는 벌의 사용과 행동수정을 제안한다. 교사는 학생에게 불쾌한 표정을 보이는 것에서부터 언어적으로 질책하거나, **타임아웃**(time-out)을 사용하여 처벌을 한다.

> **타임아웃**
> 강화물을 얻을 수 있는 기회로부터 제외시키는 것

처벌을 사용하는 지침은 다음과 같다. 첫째, 처벌은 가능한 한 적게 사용하여 학급 분위기에 방해가 되지 않도록 한다. 둘째, 문제행동에 대해서 즉시 처벌하고 그 행동에 대해 직접적으로 처벌한다. 셋째, 문제행동을 제거할 정도까지만 처벌한다. 넷째, 논리적이고 체계적으로 감정을 배제한 채 침착하게 처벌한다. 즉, 화난 감정으로 학생을 처벌해서는 안 된다.

슬라빈(Slavin, 1991)의 '최소개입의 원칙(the principle of least intervention)'은 문제행동에 대한 교사의 개입이 수업 진행에 방해가 되거나 다른 학생에게 피해를 주지 않도록 최소한으로 빨리 이루어져야 한다는 것을 의미한다. 학급에서 나타날 수 있는 문제는 한두 번 일어나는 사건(수업시간에 옆 친구와 잡담하기)부터 만성적 문제행동(한 학생이 반복적으로 다른 학생을 괴롭히기)까지 매우 다양하다. 위반행위가 이처럼 다양하기 때문에 교사의 반응 역시 다양할 수 있다. 개입은 가능한 한 수업을 방해하지 않도록 해야 가르치는 시간을 최대한 확보할 수 있다. 학생이 행한 바람직하지 않은 행동의 정도에 따라 교사가 어느 정도 개입해야 하는지를 [그림 13-2]와 같이 구분할 수 있다(Eggen & Kauchak, 2001).

첫째, 바람직한 행동을 칭찬하는 것은 무엇보다도 현명한 개입이다. 학생이 바람직한 행동을 할 때마다 칭찬하는 것은 그 행동을 지속하는 강화물이 되며, 특히 문제행동을 예방하는 데 효과적이다.

둘째, 부적절한 행동을 무시한다. 바람직하지 않은 행동을 감소시키는 한 방법은 학생이 바람직하지 않은 행동을 할 때 교사가 강화를 주던 것을 멈추고 그 행동을 무시하는 것이다.

셋째, 간접적인 신호를 사용한다. 수업시간에 떠들고 있는 학생과 눈을 맞추거

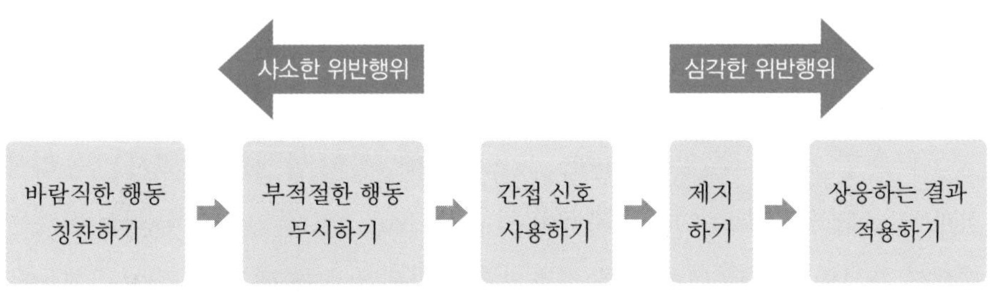

그림 13-2 개입 수준(Eggen & Kauchak, 2001, p. 296)

나 해당 학생 가까이 다가간다. 그래도 떠드는 행동을 멈추지 않으면 가볍게 한 손을 학생의 어깨에 올려놓거나 학생이 집중해야 할 과제를 손으로 가리키는 등의 간접적인 신호를 통해 주의를 환기한다. 이때 교사는 학생이 부적절한 행동을 실제로 멈추었는지를 확인한 후 다시 하던 일로 돌아가야 한다. 이러한 비언어적 메시지를 학생에게 보냄으로써 수업은 중단하지 않고 학급 내의 사소한 문제행동을 줄일 수 있다.

넷째, 제지(desist)를 사용한다. 교사가 학생의 바람직하지 못한 행동에 대해 가장 많이 쓰는 대처법이다. 학생이 어떤 행동을 그만두도록 하는 교사의 언어적 또는 비언어적 의사 전달법으로 "진호야, 조용히 해야지."라고 하며 입에 손가락을 갖다 대거나, 단호한 얼굴 표정을 짓는 것 등이 제지를 사용한 예이다. 교사의 분명하고 단호한 표현과 어조는 제지의 효과에 중요한 영향을 미친다. 또한 교사는 학생의 바람직하지 못한 행동을 학급의 규칙과 규칙의 결과를 연관시켜서 말하는 것이 필요하다.

다섯째, 바람직하지 못한 행동에 상응하는 결과를 적용한다. 즉, 학생의 문제행동을 처벌하는 것이다. 수업 시간에 떠드는 학생을 제지했으나 계속 떠든다면 교실 뒤에 가서 서 있기와 같은 벌을 주는 것이다.

교사가 학생을 훈육할 때 학생이 문제행동을 왜 하는지 그 목적을 파악하는 것이 중요하다. 학생이 문제행동을 하는 이유가 관심을 끌기 위한 것인지, 권력을 얻기 위한 것인지, 보복하기 위한 것인지 등에 따라 개입 방법이 달라져야 한다(Albert, 1996). 예를 들어, 관심을 받기 위해 문제행동을 하는 학생에게는 바람직한 행동을 할 때만 관심을 주는 것으로 반응할 수 있다. 권력을 얻기 위해 문제행동을 하는 학생에게는 교사가 학생과 힘겨루기를 하지 않으면서 학급에서 학생이 자신의 목소리를 낼 수 있는 기회를 제공하여 파괴적인 방식으로 권력을 얻으려는 노력을 감소시킬 수 있다(Hardin, 2012). 문제행동이 발생할 때 교사는 논리적 결과(logical consequences)를 부과해야 한다(Dreikurs & Grey, 1968). 논리적 결과는 학생이 자신의 행동과 그에 따른 결과의 관련성을 알도록 해 주고 잘못된 행동을 고치도록 해 준다. 어떤 학생이 교실에서 뛰다가 책상에 놓인 친구 물건을 떨어뜨

린 경우 교사가 그 학생에게 물건을 주워 주고 사과하게 한다면, 학생은 자신이 뛰어서 친구 물건이 떨어졌다는 것을 알게 될 것이고 앞으로는 교실에서 뛰는 행동을 조절하게 될 것이다.

고든(Gordon, 1989)은 통제와 힘에 의한 훈육이 아니라 교사가 학생에게 긍정적인 영향을 미칠 수 있는 훈육이 필요하다고 주장한다. 그가 개발한 **교사 효율성 훈련**(Teacher Effective Training: TET)에서는 효율적인 의사소통 기술을 발달시켜 교사와 학생 간의 관계를 개선하도록 한다. 교사 효율성 훈련의 가장 핵심적인 방법은 적극적 경청(active listening), 나 메시지(I-message), 아무도 지지 않는 방법(no lose method)이다.

교사 효율성 훈련
고든이 개발한 방법으로 교사와 학생 간의 대화를 통한 의사소통 기술을 발달시키는 데 중점을 둔 훈련

적극적 경청이란 교사가 학생의 말을 판단하거나 비판하지 않고 요약하거나 풀어 다시 정리하면서 학생의 말에 귀를 기울이는 것이다. 이때 학생은 자신의 생각과 감정이 수용되고 이해받고 있다고 느낀다. 적극적 경청의 장점은 학생 스스로 문제의 근원이 무엇인지 생각하고 해결하도록 도움을 주는 것이다. 또한 학생은 교사와 적극적으로 대화하려고 노력하고 교사에 대한 신뢰감을 발달시켜 상호 이해하고 존중하는 교사와 학생 관계로 발전될 수 있다.

적극적 경청
학생의 말을 판단하거나 비판하지 않고 요약하거나 풀어 다시 정리하면서 귀를 기울이는 것

나 메시지는 상대방에 대한 비난 없이 내가 느끼는 감정을 솔직하게 전달하는 의사소통 방법이다. 수업 시간에 떠드는 학생에게 "넌 왜 수업 시간마다 떠드는 거니?"라고 하는 것은 너 메시지(You-message)로 대화하는 것이고, "난 네가 시끄럽게 떠들면 수업을 제대로 할 수가 없어서 속상해."라고 하는 것은 나 메시지로 대화하는 것이다. 너 메시지를 통한 대화는 학생이 비난받았다고 느껴서 자기방어를 하게 만들며 반발심이 생겨 자신의 행동을 바꾸려 하지 않는다. 나 메시지를 통한 대화는 교사가 느끼는 감정을 말하므로 학생에게 반발심을 유발하지 않는다. 나 메시지는 세 가지 요소로 구성된다. 첫째, 학생의 행동을 비난이나 평가 없이 표현한다. 둘째, 그 행동으로 인해 교사가 받는 구체적인 영향을 말한다. 셋째, 교사가 느낀 감정을 솔직하게 전달하는 것이다. 교사가 나 메시지로 대화하면 학생은 자신의 행동이 교사에게 어떤 영향을 미치는지 알게 되고 자신의 행동을 바꾸게 될 것이다.

나 메시지
상대방에 대한 비난 없이 내가 느끼는 감정을 솔직하게 전달하는 의사소통 방법

아무도 지지 않는 방법(no-lose method)은 서로의 욕구를 이야기해서 양쪽 모두가 만족할 수 있는 해결책을 찾는 방법이다. 갈등 상황에서 학생이 교사의 요구를 전적으로 따를 수도 있고 반대로 교사가 학생의 요구를 받아들일 수도 있다. 그러나 두 경우 모두 누군가는 패자가 되기 때문에 좋은 해결 방법은 아니다. 교사와 학생 모두의 요구가 해결되는 방식을 사용하도록 한다. 아무도 지지 않는 방법은 누구든 한 사람만이 전적으로 양보하기를 기대하지 않으며 서로에게 존중하는 마음을 갖도록 한다. 갈등해결을 위해서 다음과 같은 단계를 거친다. 나 메시지와 적극적 경청을 통해 문제가 무엇인지 파악하고, 모든 구성원이 아이디어를 내고 전달하며 평가하여 결정을 내린다. 그 누구도 패자의 느낌을 받지 않도록 합의를 통해 모두 수용할 만한 해결책을 선택한다. 그리고 어떻게 실행할지 결정하고, 실행 후 성공 여부를 평가한다.

제 14 장

학업성취도 평가

우리는 평가라는 단어를 들으면 대학수학능력평가, 중간시험, 기말시험, 수행평가 등을 떠올린다. 평가 결과 점수가 좋으면 기뻐하고, 점수가 나쁘면 실망하며 평가 방식이나 문항에 문제가 있었다고 불만을 표현하기도 한다. 평가만 없으면 행복할 것 같다고 말하는 학생도 있지만 사실 평가가 있기 때문에 학생들은 더 열심히 공부하고, 더 많은 것을 학습한다. 교사는 공정하게 학생들을 평가하고 성적을 처리해서 보고해야 한다. 유능한 교사가 되기 위해 좋은 평가도구를 만들고, 이를 통해 학생의 성취 수준을 파악하고, 그 결과를 학생과 학부모에게 설명하며, 수업 개선 및 학생 지도에 활용할 수 있는 역량을 갖추어야 한다.

1. 학업성취도 평가의 의미 및 목적

학업성취도 평가(evaluation)는 교육목표가 달성되었는지, 교육과정이 효과적으로 운영되고 있는지 판단하기 위해 학습자의 학업성취, 행동, 태도 등에 관한 정보를 수집하고 이를 통해 학생의 성적을 부여하는 것과 같은 의사결정을 하는 것이다.

학급에서 평가를 실시하는 목적은 다음과 같다.

첫째, 교사는 평가를 통해 교수·학습과정을 계획하고 수정할 수 있다(Slavin, 2009). 수업 전 평가를 실시하여 학생들이 알고 있는 것, 할 수 있는 것에 대한 정보를 얻어서 수업목표를 설정하고 수업을 설계한다. 수업 후 평가를 실시하여 학생들이 이러한 수업목표를 얼마나 성취했는지 알게 된다. 학생의 성취도 평가를 통해 수업목표가 적절하게 설정되었는지, 교수방법이 효과적이었는지 등에 대한 정보를 제공받아 수업을 개선할 수 있다.

둘째, 교사는 학생의 발달 수준이나 능력 수준을 평가하여 학생을 이해하고 그에 적합한 교육적 도움을 제공할 수 있다. 평가를 통해 학생의 학업적, 정서적 상태를 파악하고 그 결과에 따라 학생에게 필요한 수업 또는 프로그램을 제공하거

나 연계해 줄 수 있다. 예를 들어, 기초학력 진단평가를 실시하고 기초학력 미달 학생들에게는 방과 후 학생 수준에 맞는 지도를 하는 것이다.

셋째, 학생은 평가를 통해 자신이 무엇을 얼마나 성취했는지 확인하게 된다. 평가 결과를 통해 자신의 강점과 약점을 알 수 있으며, 어느 부분에서 성공적이었는지 어느 부분에서 더 노력을 기울여야 하는지 파악할 수 있다. 자신의 학습 방법이 효과적인지 아닌지 점검할 수 있으며, 평가 결과가 나쁜 경우 더 효과적인 학습 전략을 사용하려 할 것이다.

넷째, 평가는 학생의 학습동기에 영향을 미칠 수 있다. 학생들은 평가에서 좋은 점수를 받기 위해, 부모나 교사의 인정받기 위해, 원하는 대학에 들어가기 위해 열심히 공부한다. 학생들은 평가 결과를 확인한 후 성적이 좋거나 나쁜 것에 대한 원인을 찾는데, 어떻게 귀인하느냐에 따라 동기가 달라진다. 성공을 운으로 귀인하고 실패를 능력 부족으로 귀인하는 것과 같은 귀인 방식은 학습동기를 저하시킨다. 따라서 교사는 학생들이 평가 결과에 대해 잘못된 방식으로 귀인하지 않도록 지도해야 한다. 학생이 실패를 했을 때 노력으로 귀인하거나 전략으로 귀인하여 다음 학습과제에 더 적극적으로 참여하도록 도와야 한다.

다섯째, 평가는 부모에게 자녀를 이해할 수 있는 정보를 제공해 준다. 부모는 자녀가 학교에서 학업 수행을 잘하고 있는지, 어느 영역에 강점이 있고, 약점이 있는지 평가 결과를 통해서 알 수 있다. 이러한 결과를 근거로 자녀의 부족한 학습 영역을 보완하고, 앞으로의 진로 계획을 세우는 데 도움을 줄 수 있다.

2. 학업성취도 평가 설계

학생의 학업성취를 평가하기 위해 평가를 몇 번 할 것인지, 언제 실시할 것인지, 어떤 방식으로 평가할 것인지, 반영 비율은 어떻게 할 것인지 등 평가에 대한 계획은 교수설계를 할 때부터 이루어져야 한다.

좋은 시험 문제를 출제하는 데 있어서 가장 중요한 것은 학생들이 배운 것을 반영해야 한다는 점이다(Sternberg & Williams, 2010). 그러기 위해서 학업성취도 평가는 수업 전 설정한 수업목표와 일치하도록 계획되어야 한다. 만약 수업 전에 평가를 계획하지 않고 교사가 대단원 혹은 중단원이 끝난 후에 시험 문제를 제작한다면 문제가 발생할 수 있다. 예를 들어, 교사가 수업 중에 강조했던 내용을 시험 문제로 출제하지 않을 수 있고 이와 반대로 수업 중에 강조하지도 않았던 내용을 시험에 출제할 수도 있다. 또한 수업에서의 목표는 개념을 적용하는 것이었는데 시험에서는 단순하게 지식을 기억하는 수준에서 문제를 출제할 수도 있다.

학업성취도 평가가 수업목표와 일치되게 할 수 있는 방법 중 하나는 수업목표를 명백하게 세부적으로 진술하는 것이다. 설정된 수업목표는 수업 성과를 평가하는 기준이 된다. 수업목표의 설정은 해당 수업시간에 학생들이 학습해야 할 내용은 무엇인지, 학습된 결과는 어떠한 행동으로 나타나야 하는지를 기술하는 것으로 이원목적분류표를 활용하면 정교화된 수업목표를 설정할 수 있다.

이원목적분류표는 〈표 14-1〉과 같이 수업목표를 내용과 행동의 두 가지 영역을 조합하여 나타낸 표이다. 내용이란 해당 교과목에서 학습해야 할 내용으로 제시되는 지적 요소를 의미하는 것으로, 용어(개념), 절차, 원리, 응용 등을 말한다. 행동이란 학습자가 해당 내용을 학습했을 때 학습자에게 나타나는 행동을 의미하며, 블룸 등(Bloom et al., 1984)이 제안한 인지적 영역에서의 교육목표, 즉 지식, 이해, 적용, 분석, 종합, 평가와 같은 요소를 말한다.

표 14-1 이원목적분류표 예시

내용 \ 행동	지식	이해	적용	분석	종합	평가
용어(개념)	피아제의 인지발달단계를 나열할 수 있다.	…	…	…	…	…
절차	…	…	…	…	…	…
원리	…	…	…	…	…	…
응용	…	…	…	…	…	…
…	…	…	…	…	…	…

이원목적분류표를 작성한 후 교사는 적절한 평가유형을 결정한다. 어떤 경우에는 시험을 보는 것이 적합할 것이고, 어떤 경우에는 수행평가를 실시하는 것이 나을 것이다. 시험을 보는 경우라면 성취기준에 부합되는 문항을 출제한다. 주제별 문항 수는 수업 시간에 그 주제를 배우기 위해 얼마나 시간을 할애했는지에 따라 결정된다. 문항을 제작할 때 교사는 문항의 형식을 결정하고, 문항의 난이도 및 변별도를 고려하여 문항 초안을 작성한다. 문항의 난이도란 문항의 어렵고 쉬운 정도를 의미한다. 너무 쉽거나 어려운 문제는 학생이 알고 있는 정도를 정확하게 평가하지 못한다. 문항의 변별도란 각각의 문항이 학생의 능력을 어느 정도나 정확하게 변별할 수 있는지에 대한 것으로 높은 능력을 가진 학습자와 낮은 능력을 가진 학습자를 잘 가려내는 정도를 말한다. 문항에 대한 초안 작성이 완료되면 교사는 문항의 예시 답안 및 채점기준표를 작성한다.

표 14-2 평가도구 제작 시 작성해야 할 이원목적분류표 예시

문항 번호	내용 영역	성취 기준	행동 영역			난이도			배점	정답
			지식	이해	적용	어려움	보통	쉬움		
1	피아제 인지발달	피아제의 인지발달단계를 나열할 수 있다.	○					○	1	3
2	피아제와 비고츠키 인지발달	피아제의 인지발달과 비고츠키의 인지발달을 비교할 수 있다.		○		○			3	4
총 합계			5	4	8	6	7	4	100	–
비율(%)			29	38	33	29	42	29	100	–

3. 학업성취도 평가의 유형

교실에서 학생들을 어떻게 평가할지 결정하기 위해 교사는 평가의 유형에 대한 지식을 가지고 있어야 한다.

① 규준참조평가와 준거참조평가

규준참조평가
학생의 점수가 다른 학생과 비교하여 어느 정도 수준인지 평가하는 방식으로 상대평가라고도 함

학생의 점수를 어떻게 해석하느냐에 따라 **규준참조평가**(norm-referenced evaluation)와 준거참조평가(criterion-referenced evaluation)로 나눌 수 있다.

규준참조평가는 학생의 점수가 다른 학생과 비교하여 어느 정도 수준인지 평가하는 방식으로 상대평가라고도 한다. 대학에서 30%는 A학점, 30%는 B학점, 나머지는 C 이하 학점을 주는 것과 같은 방식이다. 학생이 집단 내에서 어느 정도 위치에 있는지 알려 주기 때문에 학생을 선발하거나 우열을 가리는 데 유용한 평가이다. 경쟁을 통해 외재적 동기를 유발할 수 있지만 과도한 경쟁 심리가 조장되어 학생들을 위축시키거나 협력적인 또래관계를 방해할 수 있고(Eggen & Kauchak, 2004) 집단의 특성에 따라 상대적인 위치가 달라지는 단점이 있다.

준거참조평가
학생이 미리 정해 놓은 교육목표에 도달했는지 평가하는 방식으로 절대평가라고도 함

준거참조평가는 학생이 미리 정해 놓은 교육목표에 도달했는지 평가하는 방식으로 절대평가라고도 한다. 절대적인 준거(criterion)를 정하고 이에 비추어 학생을 평가하는 것으로, 예를 들어 교육목표의 90% 이상을 달성하면 A 학점, 80~89%를 달성하면 B 학점 등으로 평가하는 방식이다. 학생들의 개인차를 변별하는 데 어려움이 있으나, 교사는 준거참조평가를 통해 학생이 습득해야 할 교육목표나 기술 및 지식을 어느 정도 수행했는지, 학생의 취약점이 무엇인지를 알 수 있다(Omrod, 2006).

② 진단평가, 형성평가, 총괄평가

평가를 교수 · 학습과정에서 어떤 시점에 어떤 목적으로 사용하는지에 따라 진단평가(diagnostic evaluation), 형성평가(formative evaluation), 총괄평가(summative evaluation)로 나누어 볼 수 있다.

진단평가는 교수 · 학습이 시작되기 전에 학생의 특성을 파악하기 위해 사용되는 평가로, 학생 수준에 맞는 교육계획을 세우기 위해 활용된다. 학생이 학습에 필요한 선행 지식을 가지고 있는지 확인하고, 학생 수준에 맞는 교육목표를 설정하고, 학생 특성에 맞는 교수 전략을 사용하기 위해 수업 전 평가를 한다. 학생의 선수학습 정도, 지능, 적성, 학습유형, 동기, 흥미, 학습습관 등을 평가한다.

> **진단평가**
> 교수 · 학습이 시작되기 전에 학생의 특성을 파악하기 위해 사용되는 평가

형성평가는 교수 · 학습과정 중에 실시하는 평가로, 학습 내용을 학생들이 얼마나 이해하고 있는지 확인하기 위해 활용된다. 교사는 형성평가를 통해 자신의 교수방법의 장단점을 파악할 수 있으며 이를 토대로 수업 속도를 조절하거나 지도 방법을 개선할 수 있다. 학생은 형성평가를 통해 자신이 얼마나 잘 수행해 나가고 있는지에 대한 정보를 얻을 수 있다.

> **형성평가**
> 교수 · 학습과정 중에 실시하는 평가

총괄평가는 학기말 시험과 같이 교수 · 학습과정이 끝난 후 교육목표 성취 정도를 파악하기 위해 사용된다. 교사는 총괄평가를 통해 학생들의 성적을 결정하며, 총괄평가 결과로 자격을 인정하기도 한다. 고등학교나 대학교에 입학하기 위한 자료로 활용될 수 있기 때문에 문제를 출제하고 관리하는 데 각별한 주의가 요구된다(황정규 외, 2011).

> **총괄평가**
> 학기말 시험과 같이 교수 · 학습과정이 끝난 후 교육목표 성취 정도를 파악하기 위해 사용되는 평가

4. 좋은 평가도구의 조건

교사가 시험 문제를 출제할 때 학습하지 않은 내용을 출제하거나 너무 어렵거나 쉬운 문제를 출제하고 정답이 모호한 문항을 출제한다면 학생의 성취 수준을 잘못 판단하게 될 수 있다. 교사는 평가도구를 만들 때 신뢰도, 타당도를 고려해야 한다.

① 신뢰도

신뢰도(reliability)는 측정하려는 것을 얼마나 일관되게 안정적으로 오차 없이 측

> **신뢰도**
> 측정하려는 것을 얼마나 일관되게 안정적으로 오차 없이 측정하는지를 의미

정하는지를 의미한다. 4학년 학생의 기초학습능력을 평가하기 위해 평가를 했는데 첫 번째 평가에서는 1학년 수준으로 나왔는데, 2주 후 동일한 평가도구로 두 번째 평가를 했을 때 4학년 수준으로 결과가 나왔다면 아무도 이러한 평가 결과를 믿지 않을 것이다. 교사가 학생에게 어떤 검사도구를 반복해서 실시할 경우 검사 결과는 동일하게 나와야 한다. 평가도구에서 모호한 문항이나 지시문은 신뢰도에 영향을 미치기 때문에 교사는 평가도구를 만들 때 문항이나 지시문을 명확하게 진술해야 한다. 시험 시간이 제한되어 있기는 하지만 문항 수를 충분히 하고, 너무 쉬운 문항과 너무 어려운 문항을 출제하지 않는 것도 신뢰도를 높이는 데 도움이 된다. 주관적인 판단이 개입되는 평가의 경우 교사의 일관성 없는 채점도 신뢰도에 영향을 미치므로, 채점 준거를 미리 만들고 두 번 이상 채점하는 것과 같은 방법을 사용하여 신뢰도를 높일 수 있다.

② 타당도

타당도
평가도구가 측정하고자 하는 것을 얼마나 제대로 측정하고 있는지에 관한 것

타당도(validity)는 평가도구가 측정하고자 하는 것을 얼마나 제대로 측정하고 있는지에 관한 것이다. 평가는 수업목표의 달성 정도를 측정하는 것이므로 수업목표에 부합하는 문항으로 구성되어야 한다. 또한 수업목표의 중요도에 따라 수업 시간의 양이 달라지므로, 수업목표의 비중에 따라 문항 수가 달라지도록 출제해야 한다(Tuckman & Monetti, 2015). 평가문항이 진부하지 않고 창의적이면 좋지만 가르친 내용과 관계없는 문항을 출제해서는 안 된다. 또한 가르친 것을 측정하지 않는 것도 문제가 되므로, 이원목적분류표를 활용하여 문항을 출제하도록 한다. 문항을 출제할 때 모든 학생이 이해할 수 있는 단어를 사용하여 어휘력 부족이나 문화적 배경의 차이로 인한 불이익이 발생하지 않도록 해야 한다.

5. 시험 문항의 유형

학교에서 교사는 학생의 학업성취를 파악하기 위해 시험 문항을 제작해야 하는

경우가 많다. 전통적인 평가는 학생이 선택지 중에서 답을 고르거나, 답을 작성하도록 요구하는 지필평가로, 지필평가에서 활용하는 문항 유형은 선택형 문항, 완성형 문항, 단답형 문항, 논술형 문항으로 나누어 볼 수 있다.

① 선택형 문항

선택형 문항(selected-response test item)은 학생이 주어진 답지 중에서 하나 이상을 선택하는 문항을 의미하며, 선다형(multiple-choice items), 진위형(true-false items), 짝찾기형 문항(matching items)이 있다.

선다형은 질문과 선택지로 구성되는데, 선택지는 하나의 정답과 다수의 오답으로 이루어져 있다. 채점이 쉽고 객관적이지만, 그럴듯한 오답지를 만드는 것이 어렵고 추측해서 정답을 맞힐 수 있는 문제가 있다. 선다형 문제를 만들 때는 오답을 그럴듯하고 매력적으로 만들어야 하며, 선택지의 길이는 비슷하게 하며, 정답이 한 번호에 너무 많이 분포되지 않도록 해야 한다. 문제는 가능한 한 긍정문으로 기술하고, 부정문으로 기술하는 경우에는 밑줄을 그어 부주의로 오답을 하게 되는 경우가 없도록 한다.

다음 중 강원도에 있는 도시는? (　　　)

① 공주　　② 포항　　③ 강릉　　④ 여수

진위형은 학생에게 진술문이 참인지 거짓인지 중에서 하나를 선택하도록 한다. 진위형은 두 가지 중 하나를 고르기 때문에 추측해서 정답을 맞히기가 쉽다. 하나의 진술문은 한 가지 해석만 가능하게 작성하며, 교재에 나온 문장을 그대로 사용하지 않는다. 진술문을 명확히 하고, 참과 거짓 문장의 비율을 비슷하게 출제하도록 한다.

거중기는 정약용이 발명했다. (예 / 아니요)

짝찾기형 문항은 왼쪽에 있는 목록과 오른쪽에 있는 목록을 관련 있는 것끼리 연결하는 문제이다. 왼쪽에 있는 용어와 오른쪽에 있는 그 용어의 설명을 선으로 이어 주는 것과 같은 형태이다. 목록은 같은 성질의 것으로 구성해야 한다. 양측의 목록의 수를 달리해서 마지막에 자동적으로 연결하게 되지 않도록 하는 것이 좋다.

	• 3월 1일
광복절 •	• 7월 17일
개천절 •	• 8월 15일
제헌절 •	• 10월 3일

② 완성형과 단답형 문항

완성형 문항(completion item)은 문장의 처음이나 중간, 끝에 빈칸을 두어 문장을 완성하도록 하는 방식이다. 완성형 문항을 만들 때는 문항당 한두 개 정도의 빈칸을 만들고, 완성해야 할 부분은 핵심적인 내용으로 한다. 빈칸 뒤의 조사가 정답을 추측하는 데 도움을 주지 않도록 해야 하므로 '을(를)', '이(가)'과 같이 둘 다 제시하도록 한다.

완성형 문항의 예

1592년에 일본이 조선을 침입한 전쟁은 (   )이다.

단답형 문항(short-answer item)은 질문에 단어나 어구, 간단한 문장을 써서 답하는 방식이다. 단답형 문항을 만들 때는 한 단어로만 쓰는지, 한 문장으로 쓰는지 명확히 제시하도록 한다. 중요한 내용을 응답하도록 출제하며, 질문은 간단하고 명료하게 서술한다. 완성형 문항이나 단답형 문항은 선택지가 제시되지 않아 회상을 통해 답을 해야 하므로 추측으로 정답을 맞히기 어렵다.

단답형 문항의 예

음력 8월 15일에 송편을 빚고, 햇과일 등의 음식을 준비하여 차례를 지내는 우리나라의 명절은 무엇인가?

③ 논술형 문항

논술형 문항은 주어진 질문에 학생이 여러 문장으로 자유롭게 응답하는 문항 유형으로 쓰기 능력을 많이 필요로 한다. 논술형 문항은 주요 개념이나 사건을 비교·대조하는 것에 이르기까지 다양하고 광범위한 반응을 도출해 낼 수 있어 학생의 통합, 분석, 조직, 평가 능력을 알아보는 데 적합하다.

그러나 작문 능력이 뛰어난 학생이 과대평가될 소지가 있다. 논술형 문항은 소수의 문항밖에 제시할 수 없어 광범위한 내용을 다루기가 어려울 수 있다. 또한 채점하는 데 시간이 오래 걸리고, 채점자의 주관성을 배제하기 어려워 신뢰도에 문제가 생길 수 있다.

논술형 문항을 만들 때는 학생이 어떻게 답안을 작성해야 하는지, 작성해야 할 분량과 답에 포함되어야 할 것이 무엇인지 분명하게 제시한다. 두 개 이상의 논술형 문항을 제시하는 경우 각 문항당 배점을 미리 알려 주고, 각 문제마다 어느 정도 시간을 분배해야 하는지 알려 준다. 채점기준을 만들어 채점의 신뢰도를 높이고, 여러 문항을 제시하고 선택하게 하는 것보다는 모든 학생이 동일한 문항에 다 응답하게 하는 것이 좋다.

논술형 문항의 예

학생들이 폭력적인 언어를 사용하는 이유를 쓰고 이를 줄이기 위한 실질적인 개선 방안을 500자 분량으로 논술하시오.

6. 수행평가

수행평가
학생 스스로 자신의 지식이나 기술을 나타낼 수 있는 산출물을 만들거나, 답을 서술하거나, 행동으로 나타내도록 하는 평가방식

수행평가(performance assessment)는 학생이 학습한 기술이나 지식을 가지고 실제로 무엇인가를 할 수 있는지 평가하는 것이다. 기존의 선다형 시험에서는 선택지에서 답을 고르는 방식으로 평가가 이루어졌다면 수행평가에서는 학생의 실제적 활동을 관찰하여 평가가 이루어진다. 시험 문항을 통해 학생을 평가하는 것보다 학생의 능력이 더 직접적으로 측정되기 때문에 직접평가(direct assessment)라고도 하며, 전통적인 지필평가와 구별되는 다양한 형태의 평가가 포함되기 때문에 대안평가(alternative assessment)라고도 한다. 〈표 14-3〉은 전통적 평가와 수행평가를 비교한 것이다.

표 14-3 **전통적 평가와 수행평가의 특성 비교**(이문복 외, 2015; Wren, 2009)

특성	전통적 평가	수행평가
평가활동	학습자가 응답을 선택	학습자가 과업을 직접 수행
활동 성격	선택지에서 답을 고르는 인위적 활동	학습자의 실제적 활동
인지 수준	지식과 이해를 주로 평가	지식의 응용 · 분석 · 종합적인 수행 능력을 주로 평가
채점의 객관성	정답이 있어 채점의 객관성을 달성하기 쉬움	전통적 평가에 비해 정답이 없어 채점의 객관성을 달성하기 어려움
학습자의 숙달도 증거	학습자의 숙달도를 간접적인 증거를 통해 측정	학습자의 숙달도를 직접적인 증거를 통해 측정

수행평가는 스스로 답을 구성하거나 행동으로 나타내기 때문에 객관적인 정답이 없고 채점은 어렵지만 문제해결력이나 창의성과 같은 상위 수준의 사고기능을 파악하는 데 유용하다. 또한 교육목표가 달성되었는지 파악하기 위해 실제적인 상황에서 관찰하면서 평가하며, 과정을 중시하는 평가이다. 전통적 평가는 한 시간 정도의 시험 시간을 통해 이루어지지만, 수행평가는 며칠, 몇 주, 몇 달에 걸쳐 이루어질 수 있다. 학생 개인이 수행한 것을 평가하기도 하지만 학생들이 집단으로 수행한 것을 평가하기도 한다.

수행평가를 효과적으로 설계하기 위해서 우선 평가하고자 하는 수행의 종류를 명확하게 진술하고, 평가를 결과에 초점을 둘 것인지 문제해결 과정에 초점을 둘 것이지 결정한다. 그리고 배운 것을 실제에 활용할 수 있는 평가환경을 구조화하고, 채점자의 주관이 개입되지 않도록 채점 준거가 잘 정의된 채점기준표(**루브릭**)을 만들도록 한다.

루브릭
학생들의 수행 과정이나 수행 결과물의 수준을 판단하기 위해 준거와 수행 수준을 기술한 평가 척도

채점기준표(루브릭)는 학생들의 수행 과정이나 수행 결과물의 수준을 판단하기 위해 준거와 수행 수준을 기술한 평가 척도이다. 수행평가를 할 때 채점기준표(루브릭)를 사용하면 교사가 학생에게 어떤 수행을 기대하고 있는지를 명확하게 해 주고, 학생이 과제를 명확히 이해하는 데 도움을 준다. 학생의 수행 능력이나 기술에 대해 어떤 점이 강하고 어떤 점이 약한가에 대한 피드백을 줄 수 있기 때문에 결과적으로 수행 능력이나 기술이 향상될 수 있고 학생의 성취를 높일 수 있다(Andrade, 2000; Chapman & Inman, 2009; Morrison & Ross, 1998; Stevens & Levi, 2005).

수행평가의 유형으로는 발표평가, 토의 · 토론 평가, 프로젝트 평가, 실험 · 실습 평가, 포트폴리오 평가 등이 있다. 발표평가는 특정 내용이나 주제에 대해서 자신의 의견이나 생각을 발표하도록 하는 것이다. 토의 · 토론 평가는 특정 주제에 대해 학생들이 서로 토의하고 토론하는 것을 관찰하여 평가하는 방법이다. 프로젝트 평가는 특정한 연구 과제나 산출물을 개발하는 과제 등을 수행하도록 한 다음, 프로젝트의 전 과정과 결과물을 종합적으로 평가하는 방법이다. 실험 · 실습 평가는 학생들이 직접 실험 · 실습을 하고 그에 대한 과정이나 결과에 대한 보고서를

표 14-4 **루브릭 예시**(김성희 외, 2022)

영역 [배점]	하위 요소	성취 수준	기대수행기술
내용 [50] 25/25	명료성과 적절성	상	속담의 활용과 속담의 좋은 점에 초점을 맞춰 내용을 명료하고 적절하게 제시함
		중	속담의 활용과 속담의 좋은 점에 초점을 맞춰 내용을 제시함
		하	속담의 활용과 속담의 좋은 점을 초점화 없이 내용을 제시함
	구체성	상	일상생활에서 속담을 활용한 예를 구체적인 세부 내용을 제시하여 설명함
		중	일상생활에서 속담을 활용한 예를 세부 내용을 일부 제시하여 설명함
		하	속담의 활용과 속담의 좋은 점에 대해 추상적으로만 설명함
표현 [20] 10/10	어휘 및 문장의 적절성	상	속담의 활용과 속담의 좋은 점에 대한 적확한 어휘를 선택하고 자연스러운 문장 구성함
		중	어휘 선택과 문장 표현이 적절함
		하	문장호응이나 어휘 선택이 어색함
	어법의 정확성	상	모든 문장에 어법에 맞는 맞춤법과 띄어쓰기 사용함
		중	대체로 어법에 맞는 맞춤법과 띄어쓰기 사용함
		하	의사전달에 오해를 유발하는 맞춤법과 띄어쓰기 사용함

쓰게 하여 제출된 보고서와 함께 교사가 관찰한 실험 · 실습 과정을 종합적으로 평가하는 방법이다. **포트폴리오**(portfolios) **평가**는 대안적 평가 중 광범위하게 사용되는 형태로 학생들이 일정한 시간 동안 작업해 온 작품 모음집을 미리 정해진 준거에 비추어 평가하는 것이다. 학생은 포트폴리오를 만들며 자신의 성장을 확인할 수 있고, 교사는 학부모 면담을 할 때 포트폴리오를 활용하여 학생의 성취를 알려 줄 수 있다.

포트폴리오 평가
학생들이 일정한 시간 동안 지속적으로 작업해 온 작품 모음집을 미리 정해진 준거에 비추어 평가하는 방식

참고문헌

경기도다문화교육센터 편(2009). 다문화교육의 이론과 실제. 경기: 양서원.

곽금주(2002). 아동 심리평가와 검사. 서울: 학지사.

곽병선 외(2012). 창의 · 인성교육 확산을 위한 교사 전문성 제고 방안 연구. 한국교육개발원 · 한국학교교육연구원, 수탁연구 CR 2012-43-1.

교육부(2013). 학생의 꿈과 끼를 살려 행복교육을 실현하는 중학교 자유학기제 시범 운영계획(안).

교육부(2022a). 2022년 다문화교육 지원계획. 세종: 교육부.

교육부(2022b). 2022 특수교육통계.

국립특수교육원(2009). 특수교육학 용어사전. 서울: 하우.

권석만(2012). 현대심리치료와 상담이론. 서울: 학지사.

권순구, 권미경(2022). 중등 다문화교육 운영 현황 분석. 교육문화연구, 28(5), 551-571.

김동진, 이슬기(2021). 학교 다문화교육의 현황 분석: 연구자, 교사, 학생의 인식을 중심으로. 문화교류와 다문화교육, 10(5), 253-275.

김성희 외(2022). 초등학교 5 · 6학년의 서술 · 논술 문항 및 루브릭 개발: 국어, 수학, 사회, 과학 교과를 중심으로. 서울특별시교육청교육연구정보원.

김승국(2003). 특수교육학. 서울: 양서원.

김아영(2012). 교사전문성 핵심요인으로서의 교사효능감. 교육심리연구, 26(1), 63-84.

김영배(2015). 플립러닝 지원시스템 설계 원리 개발. 부산대학교 대학원 박사학위논문.

김영채(1999). 창의적 문제해결: 창의력의 이론, 개발과 수업. 서울: 교육과학사.

김인(2009). 초등학교 다문화 교육의 현황 및 지향점. 초등교육연구, 22(1), 23-42.

김주현(2022). 양성평등의 관점에서 살펴본 고등학교 '정치와 법' 교과서 삽화 분석. 시민교육연구, 54(1), 1-31.

김현철, 박혜랑(2018). 초중등학교 재학 탈북청소년의 과목별 학업성취 변화양상과 지원 방안. 학습자중심교과교육연구, 18(22), 195-215.

모경환, 부향숙, 구하라, 황혜원(2018). 다문화교육을 위한 교사연수 분석과 발전 방안. 다문화교육연구, 11(3), 287-308.

박영신(1989). 성패귀인의 측정: 학업성패귀인 차원의 재검토. 교육학연구, 27(1), 11-27.

박영주, 전미경(2020). 중 · 고등학교 '기술 · 가정' 교과서 부모삽화에 나타난 성역할 연구. 한국가정과교육학회지, 32(1), 35-50.

박영진, 장인실(2018). 이중언어를 구사하는 다문화가정 자녀 특성에 관한 연구. 다문화사회연구, 11(1), 227-260.

박희훈, 오성배(2014). 다문화가정 자녀의 학교급별 학교생활 적응에 관한 탐색. 한국교육문제연구, 32(2), 35-57.

배호순(1980). 영재판별방법에 관한 이론적 고찰. 교육개발, 2(2), 38-43.

백순근(1999). 수행평가의 이론적 기초. 초등교과교육연구, 3, 26-49.

설동훈 외(2005). 국제결혼 이주여성 실태조사 및 보건복지 지원 정책방안. 서울: 보건복지부.

성태제(2002). 타당도와 신뢰도(개정판). 서울: 학지사.

송은, 임동선(2020). 중학교 2학년 다문화청소년의 이중언어능력과 모국어 사용 정도에 따른 군집분석. 학습자중심교과교육연구, 20(11), 591-612.

신명희(2002). 교수방법의 심리적 기초. 서울: 학지사.

신명희, 박명순, 권영심, 강소연(1998). 교육심리학의 이해. 서울: 학지사.

신명희, 서은희, 송수지, 김은경, 원영실, 노원경, 김정민, 강소연, 임호용(2013). 발달심리학. 서울: 학지사.

신민섭, 홍강의, 조수철(1988). 학습장애평가척도. 서울: 학지사.

안창규, 안현의(2003). 진로적성 진단검사. 서울: 가이던스.

유경재, 한윤영, 하주현(2011). KEDI 창의적 인성검사 개발 및 타당화 연구. 아시아교육연구, 12(4), 217-247.

윤길근, 김성수, 이영훈(2008). 교육심리학. 서울: 신정.

이문복, 윤지환, 김소연, 주헌우, 권서경(2015). 고등학교 영어 말하기 수행평가 지원 시스템 개발 및 시범 적용. 연구보고 RRI 2015-2. 충북: 한국교육과정평가원.

이상로, 김경린(1996). 적성진단검사. 서울: 중앙적성연구소.

이상복, 윤치연(2004). 한국 주의력결핍 · 과잉행동장애 진단검사: 교사 · 부모 · 치료사용. 부산: 테스피아.

이성봉, 김은경, 박혜숙, 양문봉, 정경미, 최진혁(2019). 응용행동분석. 서울: 학지사.

이성진(1996). 교육심리학: 그 학문적 성격과 과제. 교육심리연구, 10(1), 25-48.

이성호(1999). 교수방법론. 서울: 학지사.

이성호(2004). 교육과정개발의 원리. 서울: 학지사.

이소현, 박은혜(2011). 특수아동교육. 서울: 학지사.

이원석(2008). 타당도에 대한 통합적 관점. 교육평가연구, 21(4), 67-79.

이원석(2009). 타당도 분석을 위한 평가적 접근 모형: 통합적 관점. 교육평가연구, 22(4), 1079-1099.

이은해(1997). 아동발달의 평가와 측정. 서울: 교문사.

이혜원, 이혜영(2012). 이주노동자 자녀의 학교생활 적응에 영향을 미치는 요인. 민주사회와 정책연구, 22, 132-161.

임규혁, 임웅(2007). 학교학습 효과를 위한 교육심리학(2판). 서울: 학지사.

임동선, 백수정, 김송이, 한지윤(2020). 다문화 가정 내 모국어 사용에 따른 다문화 청소년의 언어 능력 및 사회적 지지 탐색. 다문화교육연구, 13(3), 141-162.

장인실, 김경근, 모경환, 민병곤, 박성혁, 박철희, 성상환, 오은순, 이윤정, 정문성, 차경희, 차윤경, 최일선, 함승환, 허창수, 황매향(2012). 다문화 교육의 이해와 실천. 서울: 학지사.

장인실, 모경환, 김윤주, 박철희, 임은미, 조현희, 함승환(2022). 다문화교육. 서울: 학지사.

조영달, 박윤경, 성경희, 이소연, 박하나(2010). 학교 다문화 교육의 실태 분석. 시민교육연구, 42(1), 151-184.

최인수, 이채호(2008). 유아 창의성에 영향을 미치는 교사 창의성, 부모 양육태도간의 구조모형 분석. 한국아동학회 2008년도 춘계학술발표논문집, 111-112.

탈북청소년교육지원센터(2022). 2022년 탈북학생 통계 현황.

한국교육과정평가원(2013). 정서 · 행동적 어려움을 지닌 초등학생 지원을 위한 수업전략과 학습환경 설계 방안의 효과성 검증. 충북: 한국교육과정평가원.

한국교육과정평가원(2017). 과정을 중시하는 수행평가, 이렇게 해요!. KICE 연구 · 정책브리프, Vol. 05. 충북: 한국교육과정평가원.

한순미, 김선, 박숙희, 이경화, 성은현(2005). 창의성: 사람, 환경, 전략. 서울: 학지사.

허인수(2000). 수행평가의 적용과 교사들의 반응. 2000년 한국초등교육학회 연차학술대회 자료집.

현경실(2006). 한국음악적성검사(KMAT)의 공인타당도 연구. 이화음악논집, 10(1) 243-263.

홍강의(2014). 소아정신의학. 서울: 학지사.

홍정림, 최은경(2002). 과학과 수행평가에 관한 중등학생의 인식 및 자아효능감 조사. 한국과학교육학회지, 22(2), 230-239.

Ainsworth, M. D. S., Blechar, M., Waters, E., & Wall, S. (1978). *Patterns of attachment*. Hillsdale, NJ: Erlbaum.

Albanese, M. A., & Mitchell, S. (1993). Problem-based learning: A review of literature on its outcomes and implementation issues. *Academic Medicine*, *68*, 52-81.

Alderman, M. K. (2015). **성취동기: 교수-학습에서 성취력을 높이기 위한 방안**. (김종남, 임선아 공역). 서울: 학지사.

Alexander, P. (2006). *Psychology in learning and instruction*. Upper Saddle River, NJ: Prentice Hall.

Alexander, P., Graham, S., & Harris, K. (1998). A perspective on strategy research: Progress and prospects. *Educational Psychology Review*, *10*(2), 129-153.

Allport, G. W. (1961). *Pattern and growth in personality*. New York: Holt, Rinehart & Winston.

Amabile, T. M. (1989). *Growing up creative: Nurturing a lifetime of creativity*. New York: Crown Publishing Group.

American Educational Research Association, American Psychological Association, & National Council on Measurement in Education (1999). Standards for educational and psychological testing. Washington, DC: American Psychological Association.

Ames, C. (1992). Classrooms: Goals, structures, and students motivation. *Journal of Educational Psychology*, *84*(3), 261-271.

Anderson, J. R. (1995). *Learning and memory: An integrated approach*. New York: John Wiley.

Anderson, L., Evertson, C., & Brophy, J. (1979). An experimental study of effective teaching in first-grade reading groups. *Elementary School Journal*, *79*, 193-223.

Anderson, L. W., & Krathwohl, D. R. (Eds.). (2001). *A taxonomy for learning, teaching and assessing: A revision of Bloom's taxonomy of educational objectives* (Complete edition, pp. 67-68). New York: Longman.

Anderson, T. H., & Armbruster, B. B. (1984). Studying. In P. D. Pearson, R. Barr, M. L. Kamil, & P. Mosenthal (Eds.), *Handbook of reading research* (pp. 657-679). New York: Longman.

Andrade, H. G. (2000). Using rubrics to promote thinking and learning. *Educational Leadership*, *57*(5), 13-18.

Andrews, G. R., & Debus, R. L. (1978). Persistence and the causal perception of failure: Modifying cognitive attributions. *Journal of Educational Psychology*, *70*, 154-166.

APA (2013). *The diagnostic and statistical manual of mental disorders* (5th ed.). American Psychiatric Association.

Armstrong, T. (2000). *Multiple intelligences in the classroom* (2nd ed.). Alexandria, VA: Association for Supervision and Curriculum Development.

Ashton, P. T. (1984). Teacher efficacy: A motivational paradigm for effective teacher education. *Journal of Teacher Education*, *35*(5), 28-32.

Ashton, P. T., & Webb, R. B. (1986). *Making a difference: Teachers' sense of efficacy and student achievement*. New York: Longman.

Assor, A., Kaplan, H., Kanat-Maymoon, Y., & Roth, G. (2005). Directly controlling teacher behaviors as predictors of poor motivation and engagement in girls and boys: The role of anger and anxiety. *Learning and Instruction*, *15*, 397-413.

Atkinson, R. L., & Shiffrin, R. (1968). Human memory: A proposed system and its control process. In K. Spence & J. Spence (Eds.), *The psychology of learning and motivation: Advances in research and theory* (Vol. 2). San Diego, CA: Academic Press.

Atkinson, R. L., Atkinson, R. C., Smith E. E., & Bem, D. J. (1990). *Introduction to psychology* (10th ed.). San Diego, CA: Harcourt Brace Jovanovich.

Atkinson, J. W. (1980). Motivational effects on so-called tests of ability and educational achievement. In L. J. Fyans, Jr. (Ed.), *Achievement motivation*. New York: Plenum Press.

Ausubel, D. P. (1968). *Educational psychology: A cognitive view*. New York: Holt, Rinehart & Winston.

Ausubel, D. P. (2000). *The acquisition and retention of knowledge: A cognitive view*. Dordresht: Kluwer Academic Publishers.

Baddeley, A. D. (1986). *Working memory: Theory and practice*. London, UK: Oxford University Press.

Baillargeon, R., Graber, M., DeVos, J., & Black, J. (1990). Why do young infants fail to search for hidden objects? *Cognition*, *36*, 255-284.

Bandura, A. (1963). The role of imitation in personality development. *Journal of*

Nursery Education, *18*, 207-215.

Bandura, A. (1965). Influence of models' reinforcement contingencies on the acquisition of imitative responses. *Journal of Personality and Social Psychology*, *1*, 589-595.

Bandura, A. (1969). *Principles of behavior modification*. New York: Holt, Rinehart & Winston.

Bandura, A. (1973). *Aggression: A social learning analysis*. Englewood Cliffs, NJ: Prentice-Hall.

Bandura, A. (1977). *Social learning theory*. Englewood Cliffs, NJ: Prentice-Hall.

Bandura, A. (1986). *Social foundations of thought and action: A social cognitive theory*. Englewood Cliffs, NJ: Prentice-Hall.

Bandura, A. (1993). Perceived self-efficacy in cognitive development and function. *Educational Psychologist*, *28*, 117-148.

Bandura, A. (1997). *Self-efficacy: The exercise of control*. New York: W. H. Freeman.

Bandura, A., & Walters, R. M. (1963). *Social learning and personality development*. New York: Holt, Rinehart and Winston.

Banks, J. A. (2008). *An introduction to multicultural education* (4th ed.). Boston: Allyn & Bacon.

Banks, J. A. (2016). **다문화교육입문**. (모경환, 최충옥, 김명정, 임정수 공역). 경기: 아카데미프레스. (원저는 2013년에 출판).

Barkley, R. A. (1990). *Attention deficit hyperactivity disorder: A handbook for diagnosis and treatment*. New York: Guilford Press.

Barnes, M. (2013). *Role reversal: Achieving uncommonly excellent results in the student-centered classroom*. Alezandria, VA: ASCD.

Baron-Cohen, S. (2007). **그 남자의 뇌, 그 여자의 뇌**(*The Essential Difference: Men, Woman and the Extreme Male Brain*). (김혜리, 이승복 공역). 서울: 바다출판사. (원저는 2003년에 출판).

Barron, F. (1988). Putting creativity to work. In R. J. Sternberg (Ed.), *The nature of creativity*. New York: Cambridge University Press.

Bar-Tal, D. (1978). Attributional analysis of achievement-related behavior. *Review of Educational Research*, *48*, 259-271.

Baumrind, D. (1991). The influence of parenting style on adolesent competence and substance use. *Journal of Early Adolescence*, *11*, 56-95.

Bem, S. L. (1981). Gender schema theory: A cognitive account of sex typing. *Psychological Review*, *88*, 354-364.

Bennett, C. I. (2009). **다문화교육: 이론과 실제.** (김옥순, 김진호, 신인순 공역). 서울: 학지사. (원저는 2006년에 출판).

Bennett, N. (1976). *Teaching styles and pupil progress*. London: Open Books.

Bennett, N., & Desforges, C. (1988). Matching classroom tasks to students' attainments. *The Elementary School Journal*, *88*, 221-224.

Bergman, J., & Sams, A. (2014). Flipped learning: Gateway to student engagement. International Society for Technology in Education.

Berliner, D. (1979). Tempus educare. In P. Peterson & H. Walberg (Eds.), *Research on teaching: Concepts, findings, and implications* (pp. 120-135). Berkeley, CA: McCutchan.

Berliner, D., & Biddle, B. (1995). *The manufactured crisis: Myth, fraud, and the attack on America's public schools*. New York: Addison-Wesley.

Betts, G. T., & Neihart, M. (1988). Profiles of the gifted & talented. *Gifted Child Quarterly*, *32*(2), 248-253.

Beyer, B. K. (1995). *Critical thinking*. Bloomington, IN: Phi Delta Kappa Educational Foundation.

Biehler, R. F., & Snowman, J. (1990). *Psychology applied to teaching*. Boston: Houghton Mifflin Company.

Bloom, B. S., & Krathwohl, D. R. (1956). *Taxonomy of educational objectives: The classification of educational goals by a committee of college and university examiners. Handbook 1: Cognitive domain.* New York: Addison-Wesley.

Bloom, B. S. (Ed.). (1985). *Developing talent in young people*. New York: Ballantine.

Bloom, B., Englehart, M., Hill, W., Furst, E., & Krathwohl, D. (1984). *Taxonomy of educational objectives: The classification of educational goals. Handbook I: Cognitive domain*. New York: Longman Green.

Blumenfeld, P. C., Soloway, E., Mark, R. W., Krajcik, J. S., Guzdial, M., & Palincsar, A. (1991). Motivation project-based learning: Sustaining the doing, Supporting the learning. *Educational Psychologist*, *26*, 369-398.

Boggiano, A. K., Main, D. S., & Katz, P. A. (1988). Children's preference for challenge: The role of perceived competence and control. *Journal of Personality and Social Psychology*, *54*, 134-141.

Bong, M., & Clark, R. (1999). Comparison between self-concept and self-efficacy in academic motivation research. *Educational Psychologist*, *34*, 139-153.

Borg, W., & Ascione, F. (1982). Classroom management in elementary mainstreaming classrooms. *Journal of Educational Psychology*, *74*, 85-95.

Borich, G. D. (2000). *Effective teaching methods* (4th ed.). Upper Saddle River, NJ: Merrill/Prentice Hall.

Boyatzis, C. J., Matillo, G. M., & Nesbitt, K. M. (1995). Effects of the "Mighty Morphin Power Rangers" on children's aggression with peers. *Child Study Journal*, *25*, 45-55.

Bransford, J., Derry, S., Berliner, D., Hammerness, K., & Beckett, K. L. (2005). Theories of learning and their roles in teaching. In L. Darling-Hammond & J. Bransford (Eds.), *Preparing teachers for a changing world: What teacher should learn and be able to do*. San Francisco: John Wiley & Sons.

Brattesani, K. et al. (1984). Student perceptions of differential teacher treatment as moderators of teacher expectation effects. *Journal of Educational Psychology*, *76*, 236-247.

Bronfenbrenner, U. (1979). *The ecology of human development: Experiments by nature and design*. Cambridge, MA: Harvard University Press.

Brophy, J. E. (1981). Teacher praise: A functional analysis. *Review of Educational Research*, *26*, 5-32.

Brophy, J. E. (1982). Research on the self-fulfilling prophecy and teacher expectancies. Paper presented at the annual meeting of the American Educational Research Association.

Brophy, J. E. (1996). *Teaching problem students*. New York: Guilford Press.

Brophy, J. E. (1998). *Motivating students to learn*. Boston: McGraw-Hill.

Brophy, J. E. (Ed.). (1989). *Advances in research on teaching* (Vol. 1). Greenwich, CT: JAI Press.

Brophy, J. E., & Good, T. (1986). Teacher behavior and student achievement. In M.

Wittrock (Ed.), *Handbook of research on teaching* (3rd ed., pp. 328-375). New York: Macmillan.

Brown, A., Bransford, J., Ferrara, R., & Campione, J. (1983). Learning, remembering, and understanding. In J. Flavell & E. Markman (Eds.), *Handbook of child psychology, Vol. 3: Cognitive development* (4th ed., pp. 77-166). New York: John Wiley.

Bruner, J. S. (1960). Readiness for learning. In J. S. Bruner (Ed.), *The process of education*. Cambridge, MA: Harvard University Press.

Bruner, J. S. (1962). *The process of education*. Cambridge, MA: Harvard University Press.

Caldwell, N. K., Wolery, M., Werts, M. G., & Caldwell, Y. (1996). Embedding instructive feedback into teacher-student interactions during independent seat work. *Journal of Behavioral Education*, *6*, 459-480.

Carroll, J. B. (1993). *Human cognitive abilities: A survey of factor-analytic studies*. NY: Cambridge University Press.

Carroll, J. B. (2003). The higher stratum structure of cognitive abilities: Current evidence supports g and about ten broad factors. *The scientific study of general intelligence: Tribute to Arthur Jensen* (pp. 5-21). Oxford, England: Elsevier.

Chandler, M., & Moran, T. (1990). Psychopathy and moral development: A comparative study of delinquent and nondelinquent youth. *Development and Psychopathology*, *2*(3), 227-246.

Chapman, V. G., & Inman, M. D. (2009). A conundrum: Rubrics or creativity/metacognitive development? *Educational Horizon*, *87*(3), 198-202.

Chuska, K. (1995). *Improving classroom questions: A teacher's guide to increasing students motivation, participation and higher-level thinking*. Bloomington, IN: Phi Delta Kappa Education Foundation.

Clapham, M. M., & Schuster, D. H. (1992). Can engineering students be trained to think more creatively? *Journal of Creative Behavior*, *26*, 156-162.

Colby, A., Kohlberg, L., & Gibbs, J. (1979). The measurement of stages of moral judgement. *Final report to the National Institute of Mental Health*. Cambridge, MA: Center for Moral Development and Education.

Cole, M., Cole, S. R., & Lightfoot, C. (2005). *The development of children* (5th ed.). New York: W. H. Freeman.

Connell, J., & Wellborn, J. (1991). Competence, autonomy, and relatedness: A motivational analysis of self-system processes. In M. Gunnar & L. Sroufe (Eds.), *Self processes in development: Minnesota symposium on child psychology* (Vol. 23, pp. 43-77). Hillsdale, NJ: Lawrence Erlbaum Associates.

Cook, J. L., & Cook, G. (2005). *Child development: Principles and perspectives*. Boston: Allyn & Bacon.

Coopersmith, S. (1967). *The antecedents of self-esteem*. San Francisco: W. H. Freeman.

Crocker, R. K., & Brooker, G. M. (1986). Classroom control and student outcomes in grades 2 and 5. *American Educational Research Journal*, *23*, 1-11.

Cronbach, L. J., & Snow, R. E. (1977). *Aptitudes and instructional methods: A handbook for research on interactions*. New York: Irvington.

Crooks, T. J. (1988). The impact of classroom evaluation practices on students. *Review of Educational Research*, *58*, 438-481.

Cropley, A. J. (1992). *More ways than one: Fostering creativity*. Norwood, NJ: Ablex.

Cropley, A. J. (2004). **창의성 계발과 교육**. (이경화, 최병연, 박숙희 공역). 서울: 학지사. (원저는 2001년에 출판).

Crozier, W. R. (1997). *Individual learners: Personality differences in education*. London: Routledge.

Csikszentmihalyi, M. (1990). *Flow: The psychology of optimal experience*. New York: Harper Collins.

Csikszentmihalyi, M. (1996). *Creativity*. New York: Harper Collins.

Dabrowski, K. (1964). *Positive disintegration*. Boston: Little, Brown.

Dansereau, D. F., Collins, K. W., McDonald, B. A., Holley, C. D., Garland, J., Dickhoff, G., & Evans, S. H. (1979). Development and evaluation of a learning strategy training program. *Journal of Educational Psychology*, *71*, 64-73.

Darley, J. M., Glucksberg, S., & Kinchla, R. (1991). *Psychology* (5th ed.). Engelwood Cliffs, NJ: Prentice-Hall.

Darling-Hammond, L., & Baratz-Snowdon, J. (Eds.). (2005). *A good teacher in every*

classroom: Preparing the highly qualified teachers our children deserve. San Francisco: Jossey-Bass/Wiley.

De Bono, E. (1990). *Lateral thinking*. London: Penguin Books.

Deci, E., & Ryan, R. (1985). *Intrinsic motivation and self-determination in human behavior*. New York: Plenum.

Deci, E., & Ryan, R. (1991). A motivational approach to self: Integration in personality. In R. Dienstbier (Ed.), *Nebraska symposium on motivation: Perspectives on motivation* (Vol. 38, pp. 237-288). Lincoln: University of Nebraska Press.

Deci, E., & Ryan, R. (2000). What is the self in self-directed learning? Findings from recent motivational research. In Gerald A. Straka (Ed.), *Conceptions of self-directed learning*. New York, Munchen-Berlin: Waxmann.

Dempsey, V. (1994). Context, relationships, and shared experiences: The construction of teachers' knowledge. In A. R. Priilaman, D. J. Eaker, & D. M. Kendrick (Eds.), *The tapestry of caring: Education as nurturance*. Norwood, NJ: Ablex.

Dolye, W. (1983). Academic work. *Review of Educational Research*, *53*, 159-200.

Dowson, M., & McInerney, D. (2001). Psychological parameters of students' social and work avoidance goal: A qualitative investigation. *Journal of Educational Psychlogy*, *93*, 35-42.

Dunkin, M., & Biddle, B. (1974). *The study of teaching*. New York: Holt, Rinehart & Winston.

Dunn, R., & Dunn, K. (1992). *Teaching secondary students their individual learning styles*. Boston: Allyn & Bacon.

Dunn, R., Dunn, K., & Price, G. E. (1979). *Learning style inventory*. Lawrence, KS: Price Systems.

Dweck, C. (1975). The role of expectations and attributions in the alleviation of learned helplessness. *Journal of Personality and Social Psychology*, *31*, 674-685.

Dweck, C., & Leggett, E. (1988). A social cognitive approach to motivation and personality. *Psychological Review*, *95*, 256-273.

Ebbinghaus, H. (1885). *Memory: A Contribution to experimental psychology*. New York: Columbia University Press.

Eberle, B. (1971). *Scamper*. Buffalo, NY: DOK Publishers.

Eccles, J. S., Wigfield, A., & Schiefele, U. (1998). Motivation to succeed. In W. Damon (Series Ed.) & N. Eisenberg (Vol. Ed.), *Handbook of child psychology: Vol. 3, Social, emotional and personality development* (5th ed., pp. 1017-1095). New York: Wiley.

Eggen, P., & Kauchak, D. (2001). *Educational psychology: Windows on classrooms* (5th ed.). Upper Saddle River, NJ: Merrill/Prentice-Hall.

Eggen, P., & Kauchak, D. (2004). *Educational psychology: Windows on classrooms* (6th ed.). Upper Saddle River, NJ: Pearson Prentice Hall.

Eggen, P., & Kauchak, D. (2010). *Educational psychology: Windows on classrooms* (8th ed.). Upper Saddle River, NJ: Pearson Education.

Eisenberg, N., & Fabes, R. A. (1998). Prosocial development. In W. Damon (Series Ed.) & N. Eisenberg (Vol. Ed.), *Handbook of child psychology, Vol. 3. Social, emotional, and personality development* (5th ed., pp. 701-778). New York: Wiley.

Eisenberg, N., Fabes, R. A., & Spinard, T. L. (2006). Prosocial development. In W. Damon & R. Lerner (Eds.), *Handbook of child psychology, Vol. 3, Social, emotional, and personality development* (6th ed., pp. 647-702). Hoboken, NJ: John Wiley & Sons.

Eisenberg, N., & Strayer, J. (Ed.). (1987). *Empathy and its development*. Cambridge: Cambridge University Press.

Elliot, A., & McGregor, H. (2000). Approach and avoidance goals and autonomous-controlled regulation: Empirical and conceptual relations. In A. Assor (Chair), *Self-determination theory and achievement goal theory: Convergences, divergences, and educational implications*. Symposium conducted at the annual meeting of the American Educational Research Association, New Orleans, LA.

Emerson, M. J., & Miyake, A. (2003). The role of inner speech in task switching: A dual-task investigation. *Journal of Memory and Language*, *48*, 148-168.

Emmer, E., Evertson, C., Clements, B., & Worsham, M. (1997). *Classroom management for secondary teachers*. Upper Saddle River, NJ: Prentice Hall.

Erikson, E. H. (1963). *Childhood and society* (2nd ed.). New York: Norton.

Erikson, E. H. (1968). *Identity: Youth and crisis*. New York: Norton.

Evertson, C. M. (1987). Managing classrooms: A framework for teachers. In D. Berliner

& B. Rosenshine (Eds.), *Talks to teachers* (pp. 54-74). New York: Random House.

Evertson, C. M. (1997). *Classroom management for elementary teachers* (4th ed.). Needham, MA: Allyan & Bacon.

Evertson, C. M., & Emmer, E. T. (1982). Effective management at the beginning of the school year in junior high classes. *Journal of Educational Research*, *74*, 485-498.

Evertson, C. M., Emmer, E. T., & Brophy, J. E. (1980). Predictors of effective teaching in junior high mathematics classroom. *Journal of Research in Mathematics Education*, *11*, 167-178.

Felder, R. M., & Brent, R. (2003). Designing and teaching courses to satisfy the ABET Engineering Criteria. *Journal of Engineering Education*, *92*(1), 7-25. Retrieved from www.ncsu.edu/felder-public/Papers/ABET_Paper_(JEE).pdf

Feldhusen, J. F., & Goh, B. E. (1995). Teachers attitudes and practices in teaching creativity and problem solving to economically disadvantaged and minority children. *Psychological Reports*, *37*, 1161-1162.

Feldman, D. H. (1994). *Beyond universal in cognitive development* (2nd ed.). Norwood, NJ: Ablex.

Flavell, J. H. (1985). *Cognitive development* (2nd ed.). Englewood Cliffs, NJ: Prentice-Hall.

Flynn, J. R. (1999). Searching for justice: The discovery of IQ gains over come. *American Psychologist*, *54*, 5-20.

Fostering, F. (1985). Attributional retraining: A review. *Psychological Bulletin*, *98*, 595-512.

Freud, S. (1926). *Inhibitions, symptons and anxiety* (Standard Edition, Vol. 20). London: Hogarth Press.

Freud, S. (1936). *The ego and the mechanisms of defense*. New York: International Universities Press.

Freud, S. (1960). *A general introduction to psychoanalysis*. New York: Washington Square Press.

Furrer, C., & Skinner, E. (2003). Sense of relatedness as a factor in children's academic engagement and performance. *Journal of Educational Psychology*, *95*(11), 148-161.

Gaddy, M. L. (1998). Reading and studying from high-lighted text: Memory for information highlighted by others. Paper presented at the annual meeting of the American Educational Research Association. San Diego, CA.

Gage, N. L., & Berliner, D. C. (1992). *Educational psychology* (5th ed.). Boston: Houghton Mifflin.

Gagné, R. M. (1985). *The conditions of learning and theory of instruction* (4th ed.). New York: Holt, Rinehart & Winston.

Gagné, R., & Briggs, L. (1979). *Principles of instructional design*. New York: Holt, Rinehart & Winston.

Gardner, H. (1993). *Creating minds: An anatomy of creativity seen through the lives of Freud, Einstein, Picasso, Stravinsky, Eliot, Graham, and Gandhi*. New York: Harper Collins.

Gardner, H. (1999). *Intelligences reframed: Multiple intelligences for the 21st century*. New York: Basic Books.

Garger, S., & Guild, P. (1984). Learning style: The crucial difference. *Curriculum Review*, *23*, 9-12.

Gelman, R. (2000). Domain specificity and variability in cognitive development. *Child Development*, *71*, 854-856.

Getzels, J. W., & Jackson, P. W. (1962). *Creativity and intelligence*. New York: Wiley.

Gilligan, C. (1977). In a different voice: Women's conceptions of self and morality. *Harvard Educational Review*, *47*, 481-517.

Gilligan, C. (1982). *In a different voice: Sex differences in the expression of moral judgment*. Cambridge, MA: Harvard University Press.

Glaser, R. (1962). *Training research and education*. Pittsburgh, PA: University of Pittsburgh Press.

Goddard, R. D. (2001). Collective efficacy: A neglected construct in the study of schools and student achievement. *Journal of Educational Psychology*, *93*(3), 467-476.

Goddard, R. D., Hoy, W. K., & Woolfolk-Hoy, A. (2000). Collective teacher efficacy: Its meaning, measure, and impact on student achievement. *American Educational Research Journal*, *37*(2), 479-507.

Goldstein, L. S., & Lake, V. E. (2000). "Love, love and more love for children": Exploring preservice teachers' understandings of caring. *Teaching and Teacher Education*, *16*(1), 861-872.

Good, T., & Brophy, J. E. (1991). *Looking in the classroom* (5th ed.). New York: Harper Collins.

Good, T., & Marshall, S. (1984). Do student learn more in heterogeneous or homogeneous groups? In P. L. Peterson, L. C. Wilkinson, & M. Hallinan (Eds.), *The social context of instruction* (pp. 15-38). New York: Academic Press.

Gordon, T. (1981). Crippling our children with disruption. *Journal of Education*, *163*, 228-243.

Gottfried, A. (1985). Academic intrinsic motivation in elementary and junior high school students. *Journal of Educational Psychology*, *82*, 525-538.

Gottfried, A. E., Fleming, J. S., & Gottfried, A. W. (1994). Role of parental motivational practices in children's academic intrinsic motivation and achievement. *Journal of Educational Psychology*, *86*(1), 104-113.

Graham, S., & Weiner, B. (1996). Theories and principles of motivation. In D. Berliner & R. Calfee (Eds.), *Handbook of educational psychology* (pp. 63-84). New York: Macmillan.

Gregg, V. R., Gibbs, J. C., & Basinger, K. S. (1994). Patterns of developmental delay in moral judgment by male and female delinquents. *Merrill-Palmer Quarterly*, *40*, 538-553.

Gronlund, N. E. (1993). *How to make achievement tests and assessments* (5th ed.). Boston: Allyn & Bacon.

Gronlund, N. E. (2008). *How to write and use instructional objectives* (8th ed.). Upper Saddle River, NJ: Prentice Hall.

Guilford, J. P. (1956). Structure of intellect. *Psychological Bulletin*, *53*, 267-293.

Guilford, J. P. (1959). Three faces of intellect. *American Psychologist*, *14*, 469-479.

Guilford, J. P. (1988). Some changes in the structure of the intellect model. *Educational and Psychological Measurement*, *40*, 1-4.

Halford, G., & Andrews, G. (2006). Reasoning and problem solving. In D. Kuhn & R. Siegler (Vol. Eds.), *Handbook of child psychology, Vol. 2: Cognition, perception, and language* (6th ed., pp. 557-608). Hoboken, NJ: John Wiley & Sons.

Hallahan, D. P., & Kauffman, J. M. (2000). *Exceptional learners* (8th ed.). Boston: Allyn & Bacon.

Hallahan, D. P., & Sapona, R. (1983). Self-monitoring of attention with learning-disabled children: Past research and current issues. *Journal of Learning Disabilities*, *16*, 616-620.

Hallahan, D. P., Lloyd, J. W., Kauffman, J. M., Weiss, M. P., & Martinez, E. A. (2005). *Introduction to learning disabilities* (5th ed.). Boston: Allyn & Bacon.

Harkness, S., Edwards, C. P., & Super, C. M. (1981). The claim to moral adequacy of a highest stage of moral judgment. *Developmental Psychology*, *17*, 595-603.

Harlow, H. F., & Zimmerman, R. R. (1959). Affectional responses in the infant monkey. *Science*, *130*, 421-432.

Harrow, A. (1972). *A taxonomy of the psychomotor domain: A guide for developing behavioral objectives*. New York: Mckay.

Hergenhahan, B. R. (1982). *An introduction to theories of learning*. Englewood Cliffs: NJ: Prentice-Hall.

Herrnstein, R. J., & Murray, C. (1994). *The Bell Curve: Intelligence and class structure in American life*. New York: Free Press.

Heward, W. L. (2009). *Exceptional children: An introduction to special education* (9th ed.). Upper Saddle River, NJ: Merrill/Prentice Hall.

Hill, W. F. (2002). *Learning: A survey of psychological interpretations* (7th ed.). Boston: Allyn & Bacon.

Hocevar, D. (1981). Measurement of creativity: Review and critique. *Journal of Personality Assessment*, *45*, 450-464.

Inhelder, B., & Piaget, J. (1958). *The growth of logical thinking*. New York: Basic Books.

Jackson, P. (1968). *Life in classrooms*. New York: Holt, Rinehart & Winston.

Jacobsen, D. A., Eggen, P., & Kauchak, D. (2002). *Methods for teaching: Promoting student learning*. Upper Saddle River, NJ: Merrill/Prentice Hall.

Jetton, T., & Alexander, P. (1997). Instruction importance: What teachers value and what students learn. *Reading Research Quarterly*, *32*, 290-308.

Johnson, D. (1981). Naturally acquired learned helplessness: The relationship of school failure to achievement behavior, attributions, and self-concept. *Journal of Educational Psychology*, *73*, 174-180.

Johnson, D., & Johnson, R. (1994). *Learning together and alone: Cooperation, competition, and individualization* (4th ed.). Boston: Allyn & Bacon.

Jonassen, D. H., & Grabowski, B. L. (1993). *Handbook of individual differences: Learning & instruction*. Hillsdale, NJ: Lawrence Earlbaum Associates.

Jones, E. (1963). *The life and work of Sigmund Freud*. New York: Anchor Books.

Jones, M. C. (1924). A laboratory study of fear: the case of peter. *The Pedagogical Seminary and Journal of Genetic Psychology*, *31*, 308-315.

Joyce, B., Weil, M., & Calhoun, E. (2004). *Models of teaching*. Englewood Cliffs, NJ: Prentice Hall.

Kagan, J., Rosman, B. L., Day, D., Albert, J., & Phillips, W. (1964). Information processing in the child: Significances of mental growth. *Grade Teacher Magazine*, *79*, 123-130.

Karateken, C. (2004). A test of the integrity of the components of Baddeley's model of working memory in attention-deficit/hyperactivity disorder (ADHD). *The Journal of Child Psychology and Psychiatry and Allied Disciplines*, *45*(5), 912-926.

Kaufman, A. S., & Kaufman, N. L. (1983). *K-ABC administration and scoring manual*. Circle Pines, MN: American Guidance Service.

Kelly, T. A. (2001). The art of Innovation: Lessons in Creativity from IDEO, America's Leading Design Firm (Vol. 10). Broadway Business.

Khattri, N., Reeve, A. L., & Kane, M. B. (1998). *Principles and practices of performance assessment*. Mahwah, NJ: Lawrence Erlbaum Associates.

Khattri, N., & Sweet, D. (1996). Assessment reform: Promises and challenges. In M. B. Kane & R. Mitchell (Eds.), *Implementing performance assessment: Promises, problems, and challenges*. Mahwah, NJ: Lawrence Erlbaum Associates.

Kibby, M. Y., Marks, W., & Morgan, S. (2004). Specific impairment in developmental reading disabilities: A working momeory approach. *Journal of Learning Disabilities*, *37*(4), 349-363.

Kiewra, K. A. (1991). Aids to lecture learning. *Educational Psychologist*, *26*, 37-53.

Klassen, R. M., & Chiu, M. M. (2010). Effects of teachers' self-efficacy and job satisfaction: Teacher gender, years of experience, and job stress. *Journal of Educational Psychology*, *102*(3), 741-756.

Knox, P. L., Fagley, N. S., & Miller, P. M. (2004). Care and justice moral orientation among African American college students. *Journal of Adult Development*, *11*(1), 41-45.

Kohlberg, L. (1963). The development of children's orientations toward moral order, Pt 1 Sequence in the development of moral thought. *Vita Humane*, *6*, 11-33.

Kohlberg, L. (1966). A cognitive-developmental analysis of children's sex-role concepts and attitudes. In E. E. Maccoby (Ed.), *The development of sex-differences* (pp. 82-173). Palo Alto, CA: Stanford University Press.

Kohlberg, L. (1969). Stage and sequence: The cognitive-developmental approach to socialization. In D. A. Goslin (Ed.), *The development of sex differences*. Stanford, CA: Stanford University Press.

Kohlberg, L. (1975). The cognitive-development approach to moral education. *Phi Delta Kappan*, *56*, 670-677.

Kohn, A. (1993). *Instructor's resource guide for Kalat's introduction to psychology* (3rd ed.). Pacific Grove, CA: Brooks/Cole.

Kolb, D. A. (1985). *The learning style inventory: Technical manual*. Boston: McBer & Company.

Kounin, J. S. (1970). *Discipline and group management in classrooms*. New York: Holt, Rinehart & Winston.

Krathwohl, D. R., Bloom, B., & Masia, B. (1964). *Taxonomy of educational objectives: The classification of educational goals: Handbook 2. Affective domain*. New York: Mckay.

Krathwohl, D. R., Bloom, B. S., & Masia, B. B. (1984). *Taxonomy of educational objectives: Handbook 2. Affective domain*. New York: Addison-Wesley.

Kruger, A. C. (1992). The effect of peer and adult-child transactive discussions on moral reasoning. *Merrill-Palmer Quarterly*, *38*(2), 191-211.

Kubie, L. S. (1958). *Neurotic distortion of the creative process*. Lawrence: University of Kansas Press.

Kuhn, D., & Dean, D. (2004). Metacognition: A bridge between cognitive psychology and educational practice. *Theory into Practice*, *43*(4), 268-273.

Kuilk, J. A., Bangert, R. L., & Williams, G. W. (1983). Effects of computer-based teaching on secondary school students. *Journal of Educational Psychology*, *75* (1), 19-26.

Lahaderne, H. (1968). Attitudinal and intellectual correlates of attention: A study of four sixth-grade classrooms. *Journal of Educational Psychology*, *59*, 320-324.

Lazelere, R, E. (2000). Child outcomes of non-abusive and customary physical punishment by parents: An updated literature review. *Clinical Child and Family Psychology Review*, *3*, 199-221.

Lepper, M., & Hodell, M. (1989). Intrinsic motivation in the classroom. In C. Ames & R. Ames (Eds.), *Research on motivation in education* (Vol. 3, pp. 73-105). San Diego, CA: Academic Press.

Lerman, D. C., & Iwata, B. A. (1995). Prevalence of the extinction burst and its attenuation during treatment. *Journal of Applied Behavior Analysis*, *28*, 93-94.

Lerner, J. W., Lowenthal, B., & Lerner, S. R. (1995). *Attention deficit disorders: Assessment and teaching*. Pacific Grove, CA: Brooks/Cole.

Levin, B. B. (2001). *Energizing teacher education and professional development with problem-based learning*. Alexandria, VA: Association for Supervision and Curriculum Development.

Levina, R. E. (1938). *Voprosy Psikhologii*, *14*, 105-115.

Linn, R. L., & Gronlund, N. E. (2000). *Measurement and assessment in teaching* (8th ed.). Upper Saddle River, NJ: Prentice Hall.

Lysakowski, R., & Walberg H. (1981). Classroom reinforcement and learning: A quantitative synthesis. *Journal of Educational Research*, *75*, 69-77.

MacKinnon, D. W. (Ed.). (1961). *The creative person*. Berkeley: University of California Extension.

Mager, R. F. (1975). *Preparing instructional objectives*. Belmont, CA: Fearon.

Mager, R. F. (1997). Preparing instructional objectives: A critical tool in the development of effective instruction. Atlanta, GA: The Center for Effective Performance.

Main, M., & Solomon, J. (1990). Procedures for identifying infants as disorganised/disoriented during the Ainsworth strange situation. In M. T. Greenberg, D. Cicchetti, & E. M. Cummings (Eds.), *Attachment in the preschool years: Theory, research, and intervention* (pp. 121-160). The University of Chicago Press.

Marcia, J. E. (1980). Identity in adolescene. In J. Adelson (Ed.), *Handbook of adolescent psychology* (pp. 159-187). New York: John Wiley.

Marx, R., & Walsh, J. (1988). Learning from academic tasks. *The Elementary School Journal*, *88*(3), 207-219.

Maslow, A. H. (1954). *Motivation and personality*. New York: Harper & Row.

May, R. (1975). *The courage to create*. New York: Norton.

McDermott, P., Mordell, M., & Stoltzfus, J. (2001). The organization of student performance in American schools: Discipline, motivation, verbal learning, and nonverbal learning. *Journal of Educational Psychology*, *93*(1), 65-76.

McDevitt, T., & Ormrod, J. (2002). *Child development and education*. Upper Saddle River, NJ: Merrill/Prentice Hall.

McLeod, J., & Cropley, A. (1989). *Fostering academic excellence*. Oxford: Pergamon Press.

Mead, M. (1935). *Sex and temperament in three primitive societies*. New York: Morrow.

Messick, S. (1995). Validity of psychological assessment. *American Psychologist, 50*(9), 741-749.

Midgley, C., Kaplan, A., & Middleton, M. (2001). Performance-approach goals: Good for what, for whom, under what circumstances, and at what cost? *Journal of Educational Psychology*, *93*(1), 77-86.

Milgram, S. (1963). Behavioral study of obedience. *Journal of Abnormal and Social Psychology*, *67*, 371-378.

Mischel, W. (1986). *Introduction to personality* (4th ed.). New York: Holt, Rinehart & Winston.

Moller, A. C., Deci, E. L., & Ryan, R. M. (2006). Choice and ego-depletion: The moderating role of autonomy. *Personality and Social Psychology Bulletin*, *32*(8), 1024-1036.

Moore, K. (1992). *Classroom teaching skills* (2nd ed.). New York: McGraw-Hill.

Morgan, C. T., & King, R. A. (1966). *Introduction to psychology* (3rd ed.). New York: McGraw-Hill.

Morgan, M. (1984). Reward-induced decrements and increments in intrinsic motivation. *Review of Educational Research, 54*, 5-30.

Morrison, G. R., & Ross, S. M. (1998). Evaluating technology-based processes and products. *New Directions for Teaching & Learning, 74*, 69-77.

Mullin, C. R., & Linz, D. (1995). Desensitization and re sensitization to violence against women: Effects of exposure to sexually violent Alms on judgment of domestic violence victims. *Journal of Personality and Social Psychology, 69*, 449-459.

Murray, H. A. (1938). *Explorations in personality*. New York: Oxford University Press.

National Joint Committee On Learning Disabilities. (Ed.). (1994). Learning disabilities: Issues on definition (Revised). A position paper of the National Joint Committee on Learning Disabilities. In *Collective perspectives on issues affecting learning disability: Position paper and statement* (pp. 61-66). Austin, TX: Pro-ed.

Nisan, M. (1992). Beyond intrinsic motivation: Cultivating a sense of the desirable. In F. Oser, A. Dick, & J. L. Party (Eds.), *Effective and responsible teaching: The new synthesis* (pp. 126-139). San Francisco: Jossey-Bass.

Nodding, N. (2001). The caring teacher. In V. Richardson (Ed.), *Handbook of research on teaching* (4th ed., pp. 99-105). New York: Macmilan.

Nuthalls, G. (1999). Learning how to learn: The evolution of students' minds through the social processes and culture of the classroom. *International Journal of Educational Research, 31*(3), 141-256.

Ohlsson, S. (1984). Restructuring revisited: Summary and critique of the gestalt theory of problem solving. *Scandinavian Journal of Psychology, 25*, 65-78.

Ormrod, J. E. (2000). *Educational psychology: Developing learners* (3rd ed). Upper Saddle River, NJ: Merrill/Prentice Hall.

Ormrod, J. E. (2006). *Educational psychology: Developing learners* (5th ed.). Upper Saddle River, NJ: Merrill/Prentice Hall.

Osborn, A. F. (1963). *Applied imagination: Principles and procedures of creative problem-solving*. New York: Charles Scribner's.

Paivio, A. (1991). Dual coding theory: Retrospect and current status. *Canadian Journal of Psychology*, *45*, 255-287.

Pashler, H., & Carrier, M. (1996). Structures, processes, and the flow of information. In E. Bjork & R. Bjork (Eds.), *Memory* (pp. 3-29). San Diego, CA: Academic Press.

Piaget, J. (1952). *The language and thought of the child*. London: Routledge & Kegan-Paul.

Piaget, J. (1965). *The moral judgment of the child*. New York: The Free Press.

Pintrich, P. R. (2003). A motivational science perspective on the role of student motivation in learning and teaching contexts. *Journal of Educational Psychology*, *95*(4), 667-686.

Pintrich, P. R., & Schunk, D. H. (1996). *Motivation in education: Theory, research, and application*. Englewood Cliffs, NJ: Merrill/Prentice Hall.

Pintrich, P. R., & Schunk, D. H. (2002). *Motivation in education: Theory, research, and application* (2nd ed.). Upper Saddle River, NJ: Prentice Hall.

Porter, A. (1993). School delivery standards. *Educational Researcher*, *22*, 24-30.

Power, F. C., Higgins, A., & Kohlberg, L. (1989). *Lawrence Kohlberg's approach to moral education*. New York: Columbia University Press.

Ratelle, C. F., Guay, F., Vallerand, R. J., Larose, S., & Senecal, C. (2007). Autonomous, controlled, and amotivated types of academic motivation: A person-oriented analysis. *Journal of Educational Psychology*, *4*, 734-746.

Reid, D. J., & Johnson, M. (1999). Improving teaching in higher education: Student and teacher perspectives. *Educational Studies*, *25*(3), 269-281.

Renzulli, J. S. (1978). What makes giftedness? Re-examining a definition. *Phi Delta Kappan*, *60*, 180-181.

Renzulli, J. S. (Vol. Ed.). (2004). Identification of students for gifted and talented programs. In S. M. Reis (Ed.), *Essential readings in gifted education, 2*. Thousand Oaks, CA: Corwin Press.

Renzulli, J. S., & Reis, S. M. (1997). *The schoolwide enrichment model: A how to guide for educational excellence* (2nd ed.). Mansfield Center, CT: Creative Learning Press.

Resnick, D. P., & Resnick, L. B. (1996). Performance assessment and the multiple functions of educational measurement. In M. B. Kane & R. Mitchell (Eds.), *Implementing performance assessment: Promises, problems, and challenges*.

Mahwah, NJ: Lawrence Erlbaum Associates.

Rhodes, M. (1961). An analysis of creativity. *Phi Delta Kappan*, *42*, 305–310.

Rimm, S., & Davis, G. A. (1976). GIFT: An instrument for the identification of creativity. *The Journal of Creative Behavior, 10*(3), 178–182.

Rimm, S., & Davis, G. A. (1980). Five years of international research with GIFT: An instrument for the identification of creativity. *The Journal of Creative Behavior, 14*(1), 35–46.

Robertson, J. (2000). Is attribution training a worthwhile classroom intervention for K–12 students with learning difficulties? *Educational Psychology Review*, *12*(1), 111–134.

Robinson, F. P. (1961). *Effective study*. New York: Harper & Row.

Rosenshine, B. (1971). *Teaching behaviors and student achievement*. London: National Foundation for Educational Research in England and Wales.

Rosenshine, B. (1986). Synthesis of research on explicit teaching. *Educational Leadership*, *43*(7), 60–69.

Rosenthal, R., & Jacobson, L. (1968). *Pygmalion in the classroom*. New York: Holt, Rinehart & Winston.

Roth, G., Assor, A., Niemiec, C. P., Ryan, R. M., & Deci, E. L. (2009). The emotional and academic consequences of parental conditional regard: Comparing conditional positive regard, conditional negative regard, and autonomy support as parenting practices. *Developmental Psychology*, *45*, 1119–1142.

Ryan, R. M., & Deci, E. L. (2000a). Intrinsic and extrinsic motivations: Classic definitions and new directions. *Contemporary Educational Psychology*, *25*, 54–67.

Ryan, R. M., & Deci, E. L. (2000b). Self-determination theory and the facilitation of intrinsic motivation, social development, and well-being. *American Psychologist*, *55*, 68–78.

Ryans, D. G. (1960). *Characteristics of effective teachers, their descriptions, comparisons and appraisal: A research study*. Washington, DC: American Council on Education.

Sadoski, M., & Paivio, A. (2001). *Imagery and text: A dual coding theory of reading and writing*. Mahwah, NJ: Lawrence Erlbaum Associates.

Savage, T. (1991). *Discipline for self-control*. Upper Saddle River, NJ: Prentice Hall.

Schneider, B. (2002). Social capital: A ubiquitous emerging conception. In D. L. Levinson, P. W. Cookson, Jr., & A. R. Sadovnik (Eds.), *Education and sociology: An encyclopedia* (pp. 545-550). New York: Routledge Falmer.

Schunk, D. (1984). Self-efficacy perspective on achievement behavior. *Educational Psychologist*, *75*, 48-58.

Schraw, G., & Lehman, S. (2001). Situational Interest: A review of the literature and directions for future research. *Educational Psycholgy Review*, *13*(1), 23-52.

Schunk, D. H. (1987). Peer models and children's behavioral change. *Review of Educational Research*, *57*, 149-174.

Scott, C. L. (1999). Teachers' biases toward creative children. *Creativity Research Journal*, *12*, 321-328.

Selman, R. L. (1980). *The growth of interpersonal understanding*. New York: Academic Press.

Shaffer, D. R., & Kipp, K. (2013). *Developmental psychology: Childhood and Adolescence* (10th ed.). Belmont, CA: Cengage.

Shih, S. S. (2008). The relation of self-determination and achievement goals to Taiwanese eighth graders' behavioral and emotional engagement in school-work. *The Elementary School Journal*, *108*, 313-334.

Shuell, T. (1996). Teaching and learning in a classroom context. In D. Berliner & R. Calfee (Eds.), *Handbook of educational psychology*. New York: Macmillan.

Shulman, L. (1986). Those who understand: Knowledge growth in teaching. *Educational Researcher*, *15*(2), 4-14.

Siegler, R. S. (2006). Microgenetic analyses of learning. In D. Kuhn & R. S. Siegler (Eds.), *Handbook of child psychology, Vol. 2: Cognition, perceptions, and language* (6th ed., pp. 464-510). Hoboken, NJ: John Wiley & Sons.

Simpson, E. (1972). *The Classification of educational objectives: Psychomotor domain*. Urbana, IL: University of Illinois Press.

Simpson, E. J. (1972). *The classification of educational objectives, psychomotor domain*. ERIC Document ED010368, Educational Resource Information Center.

Skinner, B. F. (1957). *Verbal learning*. New York: Appleton Century Crofts.

Skinner, B. F. (1968). *The technology of teaching*. New York: Appleton Century Crofts.

Slavin, R. E. (1987). Ability grouping and student achievement in elementary schools: A best evidence synthesis. *Review of Educational Research*, *57*, 293-336.

Slavin, R. E. (1991). *Educational psychology: Theory and practice* (3rd ed.). Englewood Cliffs, NJ: Prentice-Hall.

Slavin, R. E. (2003). *Educational psychology: Theory and practice* (7th ed.). Boston: Allyn & Bacon.

Slavin, R. E. (2009). *Educational psychology: Theory and practice* (9th ed.). Boston: Pearson/Merrill.

Slavin, R. E. (2018). *Educational psychology theory and practice* (12th ed.). Toronto: Pearson.

Slotte, V., & Lonka, K. (1999). Reveiw and process effects of spontaneous note-taking on text comprehension. *Contemporary Educational Psychology*, *24*(1), 1-20.

Smith, S. M., & Dodds, R. A. (1999). Incubation. In M. A. Runco & S. R. Pritzker (Eds.), *Encyclopedia of creativity* (Vol. 2, pp. 39-43). San Diego: Academic Press.

Snowman, J. (1986). Learning tactics and strategies. In G. Phye & T. Andre (Eds.), *Cognitive classroom learning: Understanding, thinking problem solving* (pp. 243-273). New York: Academic Press.

Snyderman, M., & Rothman, S. (1987). Survey of expert opinion on intelligence and aptitude testing. *American Psychologist*, *42*, 137-144.

Sousa, D. A. (2006). *How the brain learns*. Thousand Oaks, CA: Corwin Press.

Spearman, C. (1904). "General intelligence" objectively determined and measured. *American Journal of Psychology*, *15*, 201-293.

Spinath, B., & Spinath, F. M. (2005). Longitudinal analysis of the link between learning motivation and competence beliefs among elementary school children. *Learning and Instruction*, *15*, 87-102.

Stallings, J., & Kaskowitz, D. (1974). *Follow through classroom observation evaluation, 1972-73*. Menlo Park, CA: Sanford Research Institute.

Sternberg, R. J. (1998). Applying the triarchic theory of human intelligence in the classroom. In R. J. Sternberg & W. M. Williams (Eds.), *Intelligence, instruction, and assessment* (Vol. 2, rev. ed., pp. 79-84). Alexandria, VA: Association for

Supervision and Curriculum Development.

Sternberg, R. J. (Ed.). (1988). *The nature of creativity: Contemporary psychological perspectives*. New York: Cambridge University Press.

Sternberg, R. J., & Lubart, T. I. (1996). Investing in creativity. *American Psychologist, 51*(7), 677-688.

Sternberg, R. J., & Wagner, R. K. (1993). The geocentric view of intelligence and job performance is wrong. *Current Directions in Psychological Science*, *2*, 1-5.

Sternberg, R. J., & Williams, W. M. (2002). *Educational psychology*. Boston: Allyn & Bacon.

Sternberg, R. J., & Williams, W. M. (2010). **교육심리학(2판)**. (김정섭, 신경숙, 유순화, 이영만, 정명화, 황희숙 공역). 서울: 시그마프레스. (원저는 2009년에 출판).

Stevens, D. D., & Levi, A. (2005). *Introduction to rubrics: An assessment tool to save grading time, convey effective feedback, and promote student learning*. Herndon, VA: Stylus Publishing.

Stipek, D. (1996). Motivation and instruction. In D. Berliner & R. Calfee (Eds.), *Handbook of educational psychology* (pp. 85-113). New York: Macmillan.

Stipek, D. (2002). *Motivation to learn: Integrating theory and practice* (4th ed.). Boston: Allyn & Bacon.

Strike, K. (1990). The legal and moral responsibility of teachers. In J. Goodlad, R. Soder, & K. Sirotnik (Eds.), *The moral dimension of teaching* (pp. 188-223). San Francisco: Jossey-Bass.

Sullivan, H. S. (1953). *The interpersonal theory of psychiatry*. New York: Norton.

Tannenbaum, A. J. (1983). *Gifted children-psychological and educational perspectives*. New York: Macmillan.

Taylor, C. W. (1960). Identifying creative individuals. In E. P. Torrance (Ed.), *Creativity: Second Minnesota conference on gifted children* (pp. 3-21). Minneapolis, MN: University of Minnesota, Center for Continuation Study.

Teddlie, C., & Stringfield, S. (1993). *Schools make a difference: Lessons learned from a 10-year study of school effects*. New York: Teachers College Press.

Terman, L. M. (1925). *Genetic studies of genius: Vol. 1. Mental and physical traits of a thousand gifted children*. Stanford, CA: Stanford University Press.

Thayer-Bacon, B. J., & Bacon, C. S. (1996). Caring professors: A model. *Journal of General Education*, *45*(4), 255-269.

Thomas, E. L., & Robinson, H. A. (1972). *Improving reading in every class: A sourcebook for teachers*. Boston: Allyn & Bacon.

Thompson, G. (2008). Beneath the apathy. *Educational Leadership*, *65*(6), 50-54.

Thurstone, L. L. (1938). *Primary mental abilities*. Chicago: University of Chicago Press.

Tierney, R. J., Carter, M. A., & Desai, L. E. (1991). *Portfolio assessment in the reading-writing classroom*. Norwood, MA: Christopher-Gordon Publishers.

Tolman, E. C., & Honzik, C. H. (1930). Introduction and removal of reward and maze performance in rats. *University of California Publications in Psychology*, *4*, 257-275.

Torrance, E. P. (1965). *Rewarding creative behavior*. Engiewood Cliffs, NJ: Prentice-Hall.

Torrance, E. P. (1981). Predicting the creative behavior of elementary school children (1958-1980) and the teachers who made the difference. *Gifted Child Quarterly*, *25*, 55-62.

Torrance, E. P. (1988). The nature of creativity as manifested in its testing. In R. J. Sternberg (Ed.), *The nature of creativity: Contemporary psychological perspectives* (pp. 43-75). New York: Cambridge University Press.

Torrance, E. P. (1995). *Why fly?: A philosophy of creativity*. Norwood, NJ: Ablex publishing Co.

Torrance, E. P., & Ball, O. E. (1984). *The torrance tests of creative thinking streamlined (revised) manual figural A and B*. Bensenville, IL: Scholastic Testing Service.

Treffinger, D. T., Isaksen, S. G., & Dorval, V. B. (2000). *Creative approaches to problem solving: A framework for change*. Kendall Hunt Publishing Company.

Vaillant, G. E. (2002). *Aging well: Surprising guideposts to a happier life from the landmark Harvard Study of Adult Development*. Boston: Little, Brown and Company.

Vansteenkiste, M., Lens, W., & Deci, E. L. (2006). Intrinsic versus extrinsic goal contents in self-determination theory: Another look at the quality of academic motivation. *Educational Psychologist*, *41*, 19-31.

Vygotsky, L. S. (1956). *Izbrannye psikhologicheskie issledovaniya* [Selected psychological investigations]. Moscow: Izdatel'stvo Akademii Pedagogicheskikh Nauk.

Walberg, H. (1986). Synthesis of research on teaching. In M. C. Wittrock (Ed.), *Handbook of research on teaching* (3rd ed., pp. 214-229). Upper Saddle River, NJ: Merrill/Prentice Hall.

Wallas, G. (1926). *The art of thought*. New York: Harcourt Brace.

Wallach, M. M., & Kogan, N. (1965). *Modes of thinking in young children*. New York: Holt, Rinehart & Winston.

Wang, M., Haertel, G., & Walberg, H. (1993). Toward a knowledge base for school learning. *Review of Educational Reaserch*, *63*(3), 249-294.

Ware, H., & Kitsantas, A. (2007). Teacher and collective efficacy beliefs as predictors of professional commitment. *The Journal of Educational Psychology*, *100*(5), 303-310.

Waters, E., & Sroufe, L. A. (1983). Social competence as a developmental construct. *Developmental Review*, *3*, 79-97.

Watson, J. B. (1925). *Behaviorism*. New York: Norton.

Webb, K., & Blond, J. (1995). Teacher knowledge: The relationship between caring and knowing. *Teaching and Teacher Education*, *11*(6), 611-625.

Webb, N. M., & Palincsar, A. S. (1996). Group Processes in the Classroom. In D. C. Berliner & R. C. Calfee (Eds.), *Handbook of educational psychology* (pp. 841-873). New York: Simon & Schuster Macmillan.

Wechsler, D. (2003). *Wechsler intelligence scale for children* (4th ed.). San Antonio, TX: The Psychological Corporation.

Wehmeyer, M. L., Kelchner, K., & Richards, S. (1996). Essential characteristics of self-determined behaviors of adults with mental retardation and developmental disabilities. *American Journal on Mental Retardation*, *100*, 632-642.

Weiner, B. (1974). *Achievement motivation and attribution theory*. Morristown, NJ: General Learning Press.

Weiner, B. (1980). *Human motivation*. New York: Holt, Rinehart & Winston.

Weiner, B. (1986). *An attributional theory of motivation and emotion*. New York:

Springer-Verlag.

Weiner, B. (1992). *Human motivation: Metaphors, theories, and research*. Newbury Park, CA: Sage.

Weinstein, R. (1989). Perceptions of classroom processes and student motivation: Children's views of self-fulfilling prophecies. In C. Ames & R. Ames (Eds.), *Research on motivation in education, Vol. 3: Goals and cognition*. New York: Harper & Row.

Weinstein, R. (1998). Promoting positive expectations in schooling. In N. Lampert & B. McCombs (Eds.), *How students learn: Reforming schools through learner-centered education* (pp. 81-111). Washington, DC: American Psychological Association.

Weisberg, R. W. (1986). *Creativity: Genius and other myths*. New York: Freeman.

Wentzel, K. R. (1997). Student motivation in middle school: The role of perceived pedagogical caring. *Journal of Educational Psychology*, *89*(3), 411-419.

Wertsch, J. V., & Tulviste, P. (1994). Lev Semyonovich Vygotsky and contemporary developmental psychology. In R. D. Parke, P. A. Ornstein, J. J. Rieser, & C. Zahn-Waxler (Eds.), *A century of developmental psychology* (pp. 333-356). Washington, DC: American Psychological Association.

Westby, E. L., & Dawson, V. L. (1995). Creativity: Asset or burden in the classroom? *Creativity Research Journal*, *8*, 1-10.

Wigfield, A., & Eccles, J. S. (2002). The development of competence beliefs and values from childhood through adolescence. In A. Wigfield & J. S. Eccles (Eds.), *Development of achievement motivation* (pp. 92-120). San Diego: Academic Press.

Wiggins, G. (1995). What is rubric? A dialogue on design and use. In R. E. Blum & J. A. Alter (Eds.), *A handbook for student performance assessment in an era of restructing*. Alexandria, VA: Association for Supervision and Curriculum Development.

Wilen, W. (1991). *Questioning skills for teachers* (3rd ed.). Washington, DC: National Education Association.

Williams, C., & Zacks, R. (2001). Is retrieval-induced forgetting an inhibitory process? *American Journal of Psychology*, *114*, 329-354.

Williams, R. (1987). Current issues in classroom behavior management. In J. Glover

& R. Ronning (Eds.), *Historical foundations of educational psyshology* (pp. 203–230). New York: Plenum Press.

Witkin, H. A., Moore, C., Goodenough, D., & Cox, P. (1977). Field-dependent and field-independent cognitive style and their education implication. *Review of Educational Research*, *47*, 1-64.

Wittrock, M. C. (1991). Generative teaching of comprehension. *Elementary School Journal*, *92*, 169–184.

Wittrock, M. C. (1992). An empowering conception of educational psychology. *Educational Psychologist*, *27*, 129–142.

Wolf, R. M. (1964). The identification and measurement of environmental process variables related to intelligence. Unpublished doctoral dissertation, University of Chicago.

Wood, K., Bruner, J. S., & Ross, G. (1976). The role of tutoring in problem solving. *Journal of Child Psychology and Psychiatry*, *17*, 89–100.

Woolfolk, A. E. (2007). *Educational psychology* (10th ed.). Boston: Allyn & Bacon.

Woolfolk, A. E. (2013). *Educational psychology* (12th ed.). Boston: Allyn & Bacon.

Woolfolk, A. E., Winne, P. H., & Perry, N. E. (2006). *Educational psychology* (3rd Canadian ed.). Toronto: Pearson.

Wren, D. G. (2009). Performance assessment: A key component of balanced assessment system. Research Brief. Virginia Beach: Virginia Beach City Public Schools. Department of Research, Evaluation, and Assessment.

Zimmerman, B. J. (2002). Becoming a self-regulated learner: An overview. *Theory into Practice*, *41*, 64–70.

Zimmerman, B. J., Bandura, A., & Martinez-Pons, M. (1992). Self motivation for academic attainment: The role of self-efficacy beliefs and goal-setting. *American Educational Research Journal*, *29*, 663–676.

마음사랑(https://maumsarang.kr)

인싸이트(https://inpsyt.co.kr)

테스피아(http://www.tespia.kr)

찾아보기

인명

내용

저자 소개

신명희(Synn, Myunghi)

연세대학교 문과대학 교육학과(학사)

경북대학교 대학원 교육심리학과(석사)

미국 오하이오 주립대학교 심리학 전공(Ph.D.)

현 연세대학교 교육학과 퇴임교수

강소연(Kang, Soyeon)

연세대학교 문과대학 영어영문학과(학사)

연세대학교 대학원 교육학과(석사)

연세대학교 대학원 교육심리 전공(교육학 박사)

전 연세대학교 공과대학 공학교육혁신센터 부교수

김은경(Kim, Eunkyung)

연세대학교 교육과학대학 교육학과(학사)

연세대학교 대학원 교육학과(석사)

연세대학교 대학원 교육심리 전공(교육학 박사)

전 숭실대학교 교직과 교수

현 (주)호스트 대표

김정민(Kim, Jungmin)
연세대학교 문과대학 국어국문학과(학사)
연세대학교 대학원 교육학과(석사)
연세대학교 대학원 교육심리 전공(교육학 박사)
현 연세대학교 강사, 청소년상담사

송수지(Song, Sooji)
서울여자대학교 사회과학대학 교육심리학과(학사)
연세대학교 대학원 교육학과(석사)
연세대학교 대학원 교육심리 전공(교육학 박사)
현 장로회신학대학교 겸임교수

원영실(Won, Youngsil)
서울대학교 음악대학 국악과(학사)
서울대학교 대학원 음악학과(석사)
연세대학교 대학원 교육심리 전공(교육학 박사)
현 연세대학교 교육대학원 강사

알기 쉬운 교육심리학

Educational Psychology

2025년 3월 20일 1판 1쇄 인쇄
2025년 3월 25일 1판 1쇄 발행

지은이 • 신명희 · 강소연 · 김은경 · 김정민 · 송수지 · 원영실
펴낸이 • 김진환
펴낸곳 • (주)학지사
04031 서울특별시 마포구 양화로 15길 20 마인드월드빌딩
대표전화 • 02-330-5114 팩스 • 02-324-2345
등록번호 • 제313-2006-000265호

홈페이지 • http://www.hakjisa.co.kr
인스타그램 • https://www.instagram.com/hakjisabook

ISBN 978-89-997-3324-6 93370

정가 19,000원